W0094330

WERNER JUNG

DAS MODERNE
KÖLN

DER
HISTORISCHE
STADTFÜHRER

J.P. BACHEM VERLAG

Für Gustavo

Bibliografische Information
Der Deutschen Bibliothek
Die Deutsche Bibliothek verzeichnet
diese Publikation in der Deutschen
Nationalbibliografie; detaillierte
bibliografische Daten sind im Internet
über http://dnb.ddb.de abrufbar.

Titelbilder, oberer Teil:

großes Foto: Hohenzollernbrücke und Dom
vom Deutzer Ufer aus gesehen, um 1925

kleines Bild oben: Gemälde von Heinrich
Hoerle, 1932 (v.l.n.r.: Willi Ostermann, Konrad
Adenauer, die Diseuse Trude Alex – Frau von
Hoerle –, der Boxer Hein Domgörgen und
der Maler selbst)

links: Hohenzollernbrücke und Dom, 1945

rechts: Die Bastei, um 1930

Titelbilder, unterer Teil:

großes Foto: Köln-Arena und Dom, 2004

links oben: Bau der Oper, 1955

rechts oben: 1. FC Köln als deutscher Meister
1964, v.l.n.r.: Hans Schäfer, Fritz Ewert,
Hans Sturm, Leo Wilden, Helmut Benthaus,
Christian Müller, Karl-Heinz Thielen,
Fritz Pott, Wolfgang Overath, Heinz Hornig,
Toni Regh, Paul Hemmersbach, Harald
Schumacher, Wolfgang Weber

1. Auflage 2006

© J.P. Bachem Verlag, Köln 2006

Lektorat: Severin Roeseling, Köln

Aktuelle Fotos: Boris Loehrer

Reproduktionen / Gestaltung:

Reprowerkstatt Wargalla, Köln /

Hans Schlimbach AGD, Köln

Druck:

Druckerei J.P. Bachem GmbH & Co. KG, Köln

Printed in Germany

ISBN 3-7616-1861-1

www.bachem.de

Inhalt

Ein neuer Blick auf Köln:
»Der historische Stadtführer«

Eigentlich dachte ich, ich würde meine Heimatstadt kennen: hier bin ich geboren (und das auch noch auf Karnevalssonntag), hier bin ich aufgewachsen und habe studiert, und zudem habe ich mich seit vielen Jahren beruflich wie privat mit der Stadtgeschichte befasst und darüber geschrieben. Doch beim Schreiben dieses Buches kam ich oftmals aus dem Staunen nicht mehr heraus: Jahrzehntelang bin ich an Orten vorbeigegangen, wo ein Blick nach unten oder nach oben genügt hätte, um Spuren vergangener Zeiten zu entdecken. Zu solchen informativen und vergnüglichen Entdeckungstouren lade ich Sie nun herzlich ein.

Nach den Büchern von Gerta Wolff »Das römisch-germanische Köln«, Carl Dietmar »Das mittelalterliche Köln« und meinem Buch »Das neuzeitliche Köln« schließt sich mit der Veröffentlichung dieses vierten Bandes über »Das moderne Köln« der Kreis: Die Kölner Stadtgeschichte liegt nunmehr als historische Stadtführer vollständig vor. Beim »historischen Stadtführer« stehen die einzelnen Epochen im Mittelpunkt. Es geht darum aufzuzeigen, was an die verschiedenen historischen Epochen in der Stadt erinnert. Einführende Texte, Dokumente, Biographien und die Spurensuchen bei den Stadtrundgängen lassen ein Bild der jeweiligen Zeit entstehen. Manch Verschüttetes und Verborgenes gibt es zu entdecken.

Die Kölner verfügen über ein ausgeprägtes Lokalbewusstsein. Doch der zur Schau getragene Stolz auf die Stadt steht in einem merkwürdigen Kontrast zu dem nachlässigen Umgang mit ihrer Geschichte. Wer also glaubt, dass die immer wieder betonte Liebe der Kölnerinnen und Kölner zu ihrer Stadt sich niederschlägt in deren sorgsame Behandlung, sieht sich getäuscht. Vom Gegenteil kann man sich leider überall im Kölner Stadtbild überzeugen. Nicht allein die verheerenden Zerstörungen im Zweiten Weltkrieg haben das alte Köln weggewischt. Nach 1945 wurde ebenso viel abgerissen und zerstört wie im Krieg selbst. Vieles hätte wiederhergestellt werden können. Doch der nach 1945 bestimmenden Generation waren die Bauten des Historismus des ausgehenden 19. und beginnenden 20. Jahrhunderts verhasst. Besonders an den Ringen ist diese Kulturschande erkennbar: Hier ging nach dem Krieg mehr Bausubstanz verloren als während des Krieges, etwa das Opernhaus, das Hohenstaufenbad oder das Kunstgewerbemuseum.

Es waren Nachlässigkeit, Ignoranz und Hybris, aber auch ökonomische Interessen der jeweiligen Zeit, die den notwendigen Respekt vor dem Vergangenen und den wohl verstandenen Sinn für Tradition vermissen ließen. Bis auf den heutigen Tag! Jede Zeit scheint die gleichen Fehler machen zu wollen. Die unsägliche Debatte über den Abriss der Oper von Wilhelm Riphahn am Offenbachplatz, eines der bedeutendsten Bauwerke des Wiederaufbaus, endete zwar glücklicherweise mit dem Erhalt der Oper. Doch jetzt steht das Schauspielhaus zur Disposition, obwohl es zusammen mit der Oper und anderen Gebäuden ein Ensemble von Riphahn-Bauten bildet. Nur zwei weitere – von leider allzu vielen – Beispielen seien genannt: Den Abriss der Hauptpost, der mit Zustimmung des Stadtkonservators erfolgte!, halte ich für eine der schlimmsten Sünden der Denkmalpflege in der jüngsten Vergangenheit. Etwas weiter die Straße hinunter wird bald durch den Abbruch des ehemaligen Gebäudes der Axa-Versicherung an der Gereonstraße/Mohrenstraße eine weitere Lücke in den Straßenzug des Banken- und Versicherungsviertels gerissen. Das Gebäude steht erst gar nicht unter Denkmalschutz. »Der historische Stadtführer« will daher auch ein Plädoyer für den Denkmalschutz in der Stadt sein – manchmal leider auch gegenüber den offiziellen Denkmalschützern.

Zum Schluss möchte ich Dank sagen. Zuerst und vor allem sei Hans Schlimbach für die herausragende Gestaltung des Buches gedankt. Dank gebührt auch dem Kartografen Thomas Böhne, dem Fotografen Boris Loehrer und dem Lektor Severin Roeseling. Besonders zu danken habe ich für Anregungen und kritische Durchsicht des Manuskripts Wolfram Hagspiel und Georg Mölich sowie für viel Geduld und gute Ratschläge Gustavo Cabrera Oliveros. Für ihre kompetente Hilfe bei der umfangreichen Bildbeschaffung danke ich Marina Fröhling und Anna C. Wagner vom Rheinischen Bildarchiv, Jürgen Müller vom Centrum Schwule Geschichte, Brigitte Holzhauser und Thomas Deres vom Historischen Archiv der Stadt Köln, Martin Scherpenstein vom NS-Dokumentationszentrum der Stadt Köln sowie Werner Schäfke und Rita Wagner vom Kölnischen Stadtmuseum.

Zuletzt noch ein **Tipp für die Touren:** Sie können die Touren zu Fuß oder mit dem Fahrrad zurücklegen. Die Touren können sie nach Ihren eigenen Wünschen unterteilen und an anderen Tagen fortsetzen. Auch dieser Hinweis soll nicht fehlen: Ziehen Sie sich bequeme Schuhe an, da es sich mitunter um lange Wege handelt.

Köln, im November 2005
Werner Jung

Adenauer-Zeit

Blick vom Dom auf die Hohenzollern-brücke und die Messe, um 1930. rechte Seite: Rathaus, Spanischer Bau und Dom, 1930er Jahre

Die Jahre zwischen dem Ausbruch des Ersten Weltkrieges und dem Beginn der NS-Diktatur waren eine Zeit von schweren Krisen: die Not der Kriegsjahre, die Inflationszeit in den zwanziger Jahren bis hin zur Weltwirtschaftskrise, schließlich die politische Auflösung und das Ende der Demokratie. Aber es waren auch Jahre des wirtschaftlichen und kulturellen Aufbruchs. Große, kühne Projekte wurden entwickelt, von zukunftsweisender, geradezu visionärer Kraft, ohne die Köln heute nur ein Schatten seiner selbst wäre. Diese Zeit ist ganz eng mit dem Namen einer Person verbunden: Konrad Adenauer. Er bildet das Scharnier zwischen den Epochen, denn er wurde, nachdem er bereits seit 1906 städtischer Beigeordneter war, 1917 – also noch zu Zeiten des Kaiserreichs – zum Oberbürgermeister gewählt und blieb es, bis die Nazis ihn im März 1933 vertrieben und nach deren schmachvollem Ende kehrte er 1945 für einige Monate wieder in dieses Amt zurück. Adenauer trieb als großer Modernisierer und engagierter Stadtentwickler die großen Projekte bis ins Einzelne voran: die Anlage des Grüngürtels, die Neugründung der Universität, die Ansiedlung des Westdeutschen Rundfunks und der Ford-Werke in Köln. Er prägte ganz wesentlich die Geschicke der Stadt in der Epoche der Weimarer Republik, weswegen ich sie schlicht »Adenauer-Zeit« nenne.

Hohenzollern-brücke, Blick über das Industriegelände Deutz und Mülheim, um 1930

Die Menschenmenge wartet vor dem Verlagshaus DuMont Schauberg in der Breite Straße auf die Nachricht vom Kriegsausbruch
rechts: Lazarett im Volksgarten, 1917

Erster Weltkrieg und Novemberrevolution

Bei Ausbruch des Ersten Weltkrieges am 4. August 1914 herrschte auch in Köln wie in ganz Deutschland in weitesten Teilen der Bevölkerung großer Jubel. Enthusiastisch meldeten sich viele Männer als Kriegsfreiwillige. Der Auszug der Truppen der Kölner Garnison wurde von einer Menschenmenge begeistert begleitet. Auf den Zügen in Richtung Frankreich stand in Kreideschrift: »Jeder Stoß ein Franzos, jeder Schuß ein Ruß!«. Aber rasch wich die Begeisterung der bitteren Realität des Krieges. Kurze Zeit nach seinem Ausbruch begannen die Verwunde-

Kölner Eisenbahnschaffnerinnen zur Zeit des Ersten Weltkrieges

Neue Frauenrolle

Die ersten Straßenbahnschaffnerinnen, die im März 1915 ihren Dienst aufnahmen, sorgten noch für Aufsehen. Aber bald gehörten Frauen, denen vor dem Krieg noch viele Berufe verwehrt wurden, auch in bisherigen »Männerberufen« zum Alltag. Die Frauen hatten vor allem in den für die Kriegswirtschaft wichtigen Betrieben körperlich schwere und gefährliche Arbeit zu leisten, bei einer täglichen Arbeitszeit von zehn bis vierzehn Stunden. Trotz ihres großen Einsatzes wurden sie immer noch nicht gleichberechtigt behandelt. Sie verdienten in allen Branchen weniger als ihre männlichen Kollegen. Frauen zeigten sich streikbereiter als Männer. Rund zwei Drittel der über 1400 Kölner Straßenbahnerinnen legten Mitte Juni 1917 für drei Tage die Arbeit nieder und lösten damit eine Welle weiterer Streiks aus, die sich bis in den Herbst hineinzogen. Die Not hatte sie dazu getrieben. Selbst die Direktion der Straßenbahn hatte ihnen bestätigt, dass sie wegen des Hungers nicht in der Lage waren, ihren Dienst weiter zu verrichten. Nach dem Krieg, als die heimkehrenden Soldaten wieder mit Arbeit versorgt werden mussten, war für viele Frauen das Ende ihres beruflichen Lebens eingeläutet: Sie mussten heim zum Herd.

Französische Kriegsgefangene in Wahn 191[...]
Engländer (im Vordergrund), »Zouaves tirailleurs«, und A[...]
(Französische Waffenbrüder).

tentransporte. Bereits im Herbst 1914 befanden sich bis zu 9 000 Verwundete in Kölner Lazaretten. Köln wurde als frontnahe Großstadt zu einer Drehscheibe für die militärische Versorgung der Westfront. Industriebetriebe wurden auf Rüstungsproduktion umgestellt. Frauen ersetzten bald zunehmend die eingezogenen Männer.

Für die **Lebensmittelversorgung** der Bevölkerung während des Krieges war Konrad Adenauer als Erster Beigeordneter zuständig. Im April 1915 wurde er zum Vorsitzenden der neu geschaffenen »Lebensmittelkommission« berufen. Schon in den ersten Tagen vor und nach dem Kriegsausbruch begann man, Vorräte an Getreide und Mehl, Fleisch und Wurst und vieles mehr anzulegen. Die im Dezember 1914 gekauften 1000 Stück Jungvieh wurden in den Hallen der wegen des Kriegsausbruchs vorzeitig geschlossenen Werksbundausstellung untergebracht, selbst in der Festhalle. Doch im Verlauf des Krieges verschlechterte sich die Versorgungslage der Bevölkerung mit Lebensmitteln und Gütern des täglichen Bedarfs zusehends. Es begann ein Kampf ums tägliche Überleben. 1916 waren alle wichtigen Lebensmittel rationiert. Die Kölner unternahmen nun häufig Hamsterfahrten ins Vorgebirge, um wenigstens – illegal – Kartoffeln und Eier zu erwerben. Katastrophale Ausmaße nahm die Versorgung der Bevölkerung im »Steckrübenwinter« zwischen Anfang und Frühsommer 1917 an. Auf dem Höhepunkt der Krise im Juni 1917 wurde die Kartoffelzuteilung eingestellt und als Ersatz u.a. getrocknete oder eingesalzene Steckrüben sowie Runkelrüben ausgegeben. Seit Juli 1916 wurden fahrbare Küchen in Betrieb genommen, die älteren und armen Menschen eine warme Mahlzeit für 20 Pfennigen anboten.

Französische Kriegsgefangene in Wahn, 1914
rechts: **Essensausgabe bei einer Notküche** während des Krieges
links: **»Kölner Sparbrot«** – eine Erfindung von **Konrad Adenauer**

Um die Not zu lindern, zeigte sich Adenauer von seiner er-
finderischen Seite. Gemeinsam mit den Inhabern der Rheinischen Brotfabrik, Jean und Josef Oebel, entwickelte er 1916 das
»Kölner Sparbrot«; ein Schrotbrot, das aus Mais, Reis und Ger-
ste gebacken wurde, weil es an Getreide mangelte. Allzu gut
sollte das Brot nicht schmecken, um keinen Anreiz zum über-

Seid willkommen tapfre Krieger! Einer Welt Jhr hieltet stand
Jn Euch grüsst die wahren Sieger. Dankerfüllt das Vaterland!

**Rückmarsch der
deutschen Truppen
durch Köln (rechts:
über die Hänge-
brücke), im Novem-
ber 1918**

flüssigen Essen zu bieten. Insgesamt war die Versorgung der
Bevölkerung mit Nahrungsmitteln während des gesamten
Krieges gesichert, was Adenauer allgemeine Anerkennung
einbrachte. Doch waren auch gravierende Probleme nicht zu
übersehen. Der Schwarzmarkt blühte ebenso wie der Schleich-
handel. Wer reich war, kam nach wie vor an alles heran. Im
Juli 1917 sah sich die Stadtverwaltung genötigt, wenigstens
das öffentliche Ausstellen von Delikatessen in den Schaufenstern zu unterbinden.

Die Menschen wollten nun Frieden. 1917 war es zu ersten
Streiks gekommen, bei denen Frauen eine treibende Rolle
spielten. Am 31. Januar 1918 folgten 10 000 Kölner Arbeiter
einem Aufruf von USPD (einer Abspaltung der SPD) und des
Spartakus-Bundes (Vorläufer der KPD) zum Streik. Am Pfingst-
sonntag, dem 18. Mai 1918, forderte der erste schwere Flieger-
angriff auf Köln 41 Tote. Die militärische Niederlage zwang
schließlich die Reichsleitung zur Kapitulation. Am Ende des
Krieges waren 15 000 Kölner auf den Schlachtfeldern gefallen.
Am 7. November 1918 brach in Köln als erster Stadt Deutschlands die Novemberrevolution aus [→ S. 30 ff.]. Zwei Tage später
ging das Kaiserreich unrühmlich unter, und es wurde die Republik ausgerufen. Das Waffenstillstandsabkommen brachte

für Köln einschneidende Veränderungen: Das linksrheinische Gebiet wurde von alliierten Truppen besetzt, und in Köln zogen britische Truppen ein [→ *S. 22 ff.*]. Auch der Rücktransport der Truppen ging durch das Verkehrsdrehkreuz Köln.

Adenauer mit Zentrumspolitikern (von links): Johannes Rings, Adenauer, Hugo Mönnig und Johannes Dech, um 1930

Politische Entwicklung und frühe Krisen

Die Novemberrevolution bewirkte in der Kommunalpolitik zwei wesentliche Veränderungen: Zum ersten Mal, seitdem es den altehrwürdigen, 700 Jahre alten Rat der Stadt Köln gab (erste Erwähnung 1216), konnten nun **Frauen wählen** und gewählt werden [→ *S. 41 f.*]. Zudem wurde das Dreiklassenwahlrecht abgeschafft, das nach wie vor in Preußen für die Kommunal- und Landtagswahlen – trotz aller Proteste und Demonstrationen – gegolten hatte. Zum ersten Mal gehörten nun auch Sozialdemokraten der Stadtverordnetenversammlung an, von denen – im Vorgriff auf die zu erwartenden Änderungen – drei bereits 1917 zu Stadtverordneten ernannt wurden. Die **dominierende politische Kraft** in Köln während der Weimarer Republik wurde das **Zentrum.** Der große Erfolg der SPD von 1912, als sie zum ersten Mal dem Zentrum den Reichstagswahlkreis abringen konnte, blieb Episode. Dies lag vor allem an der Spaltung der Arbeiterbewegung. Der SPD war mit der KPD ein

Stadtverordneten- wahlen in Köln 1919 – 1933

			39,6	NSDAP
			28,3	Zentrum
			13,2	SPD
			11,1	KPD
			5,4	DNVP
			1,4	DVP
			0,4	DDP
%	5.10. 1919	4.5. 1924	17.11. 1929	12.3. 1933

zunehmend wichtiger Gegner entstanden, der sie 1932 sogar überflügelte. Die Deutschnationale Volkspartei (DNVP) erreichte in Köln nur einen Bruchteil der Stimmen, die sie reichsweit erhielt. Die Nachfolgeparteien der einst mächtigen Liberalen, die die Kommunalpolitik während des Kaiserreiches bestimmt

Reichstagswahlen
1920 – 1933 in Köln

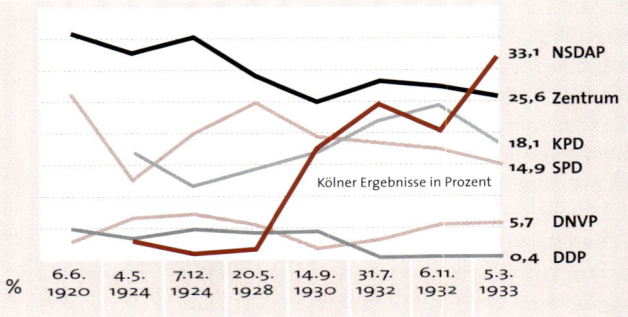

Kölner Ergebnisse in Prozent

33,1	NSDAP
25,6	Zentrum
18,1	KPD
14,9	SPD
5,7	DNVP
0,4	DDP

% | 6.6. 1920 | 4.5. 1924 | 7.12. 1924 | 20.5. 1928 | 14.9. 1930 | 31.7. 1932 | 6.11. 1932 | 5.3. 1933

hatten, blieben unbedeutend. Lediglich die Deutsche Volkspartei (DVP) kam in den zwanziger Jahren auf zehn Prozent.

Die Geschicke der Kommunalpolitik bestimmte in erster
Linie Konrad Adenauer als **Oberbürgermeister,** im Wesentlichen gestützt auf das Zentrum als stärkste Fraktion in der
Stadtverordnetenversammlung: ein nicht immer ganz einfa-
ches und spannungsfreies Verhältnis unter Parteifreunden.
Da das Zentrum nicht über die absolute Mehrheit verfügte,
nahm Adenauer zeitweilig die Sozialdemokraten als Juniorpartner mit ins Boot oder schreckte notfalls auch nicht davor
zurück, die Stimmen der Kommunisten einzuwerben, wie
beim Bau der Mülheimer Brücke [→ *S. 55 ff.*]. In der Weimarer
Republik besaß der Oberbürgermeister qua Amt eine starke
Stellung, da nach wie vor die Rheinische Städteordnung von
1856 galt. Er war Leiter der Verwaltung und damit Vorgesetzter
aller städtischen Behörden, zugleich führte er den
Vorsitz im Rat, in der er volles Stimmrecht

Die Altstadt am
Heumarkt,
um 1930

hatte. Sein Votum gab bei Stimmengleichheit den Ausschlag. Nach 1945 wurde nach englischem Vorbild die Trennung zwischen dem Amt des Oberbürgermeisters als Repräsentant der Stadt und Vorsitzendem des Rates und dem Oberstadtdirektor als Chef der Verwaltung vollzogen. Erst durch eine Kommunalreform besitzt der Oberbürgermeister seit 1999 wieder die alte Machtfülle – wie weiland Adenauer und seine Vorgänger.

Die ersten Jahre der jungen und von vielen ungeliebten Republik waren von **Krisen** bestimmt: 1920 gelang es nur durch einen entschlossenen Generalstreik den Kapp-Lüttwitz-Putsch abzuwenden. In Köln wurde damals mit 200 000 Teilnehmern eine der größten Demonstrationen in der Geschichte der Stadt durchgeführt. Anlässlich der Ermordung von Reichsaußenminister Walter Rathenau demonstrierten sogar rund 250 000 Menschen, gut ein Drittel der Bevölkerung, auf dem Neumarkt für die Republik. 1923 wurde zum ersten bedeutenden Krisenjahr der Republik: Der Ruhrbesetzung durch französische und belgische

Notgeld, September 1923

Truppen folgte eine extreme Wirtschaftskrise mit einer Hyperinflation, die größte Teile der Arbeiterschaft und des Mittelstandes verarmen ließ und dauerhaft das Vertrauen in die Demokratie erschütterte. Während der Krise von 1923 lebte auch die separatistische Rheinlandbewegung wieder auf, die die Rheinprovinz als selbstständigen Staat außerhalb des Verbandes des Deutschen Reiches gründen wollte. Davon zu unterscheiden sind die unmittelbar nach Kriegsende entstandenen starken Bestrebungen, eine selbstständige »Westdeutsche Republik« als Bundesstaat im Rahmen des Deutschen Reiches bei gleichzeitiger Zerschlagung des übermächtigen Preußens zu schaffen. Diese Idee hatten zeitweilig große Teile des Zentrums und auch Adenauer unterstützt.

Zukunftsvisionen: Großprojekte trotz Krise

Trotz der großen Not und der akuten Bedrohung der Demokratie in den ersten Nachkriegsjahren wurde gerade damals eine Reihe von weit in die Zukunft der Stadt reichenden Entscheidungen für Großprojekte getroffen. So wurde 1919 die **Universität** wiedergegründet – vom späteren ersten Rektor, Christian Eckert, und Konrad Adenauer energisch betrieben. Schon bald erwarb sich die Universität, die neben Frankfurt die einzige deutsche Stadtuniversität war, einen guten Ruf [→ *S. 79 ff.*]. Bahnbrechend für die gesamte Stadtentwicklung wirkte sich die durch den Versailler Vertrag erzwungene **Schleifung der Kölner Festung** aus. Im August 1920 wurde mit der Sprengung der Festungsanlagen begonnen. Auf dem früheren Festungsrayon entstand der **Grüngürtel,** Kölns »grüne Lunge« [→ *S. 75 ff.*].

Der Wegfall der Festungsanlagen bot die Chance für den Ausbau Kölns zur modernen Großstadt. Dieser Aufgabe widmete sich Fritz Schumacher, einer der bedeutendsten deutschen Stadtplaner, den Adenauer für drei Jahre nach Köln holen konnte. Bereits 1923 legte Schumacher sein **städtebauliches Gesamtkonzept** unter dem Titel »Köln. Entwicklungsfragen einer Groszstadt« vor. Die Schrift trug ganz wesentlich auch die Handschrift Adenauers. Darin wurden zahlreiche Vorschläge für die Planung und Bebauung verschiedener Stadtbereiche und für den ehemaligen Festungsrayon, den Inneren Grüngürtel, entwickelt. Allerdings wurden von diesem umfassenden Gesamtkonzept lediglich der Aachener Weiher und der Stichkanal verwirklicht. Im ehemaligen Rayongebiet wurden

Deutzer Brücke und Altstadt, um 1920

Grün- und Erholungsflächen und mit dem 1923 eröffneten Müngersdorfer Stadion eine große Sportstätte geschaffen.

Wichtig für die Stadtplanung der kommenden Jahre war die **Eingemeindung** von Worringen 1922, das neue Industriegelände in Niehl einschließlich eines neuen Handelshafens sowie der Bau des 1924 eingeweihten Messegeländes in Deutz, das Köln zu einem der führenden **Messe**plätze Deutschlands machte [→ *S. 50 ff.*]. Die Internationale Presseausstellung (Pressa) 1928 galt als Höhepunkt der damaligen Zeit [→ *S. 52 ff.*]. Zu einem Symbol des aufstrebenden Köln wurde auch das Hochhaus am Hansaring [→ *S. 66 ff.*], damals das höchste profane Gebäude Deutschlands. Wichtige Erfolge für die Zukunft Kölns waren 1926 die Verlegung der **Westdeutschen Rundfunk** AG (Werag) von Münster nach Köln [→ *S. 61 ff.*] und im Oktober 1929 die Ansiedlung

Hohenzollernring,
1930er Jahre

**Der Hafen, Lager-
haus und Dom,
um 1930**

der Ford-Werke in Köln. Köln entwickelte sich in den zwanzi-
ger Jahren darüber hinaus zu einem Zentrum der Kunst. Der
Dadaismus hatte hier kurzfristig (mit Max Ernst und Johannes
Theodor Baargeld) einen Schwerpunkt [s. S. *35 f.* und *72 ff.*].

Wirtschaftliche und politische Destabilisierung

Köln hatte in den zwanziger Jahren durch die großen zukunfts-
weisenden Projekte eine imponierende Entwicklung zur Metropole des Rheinlandes zurückgelegt. Doch selbst in den viel
gepriesenen »Goldenen Zwanzigern« war die wirtschaftliche
und soziale Lage der Stadt bedrückend. Die Wohnungsnot
zwang viele Kölner in zum Teil menschenunwürdigen Unter-
künften zu hausen, etwa in den Blechhütten und Bretterbuden
der Schrebergärten. Der Kampf gegen die Wohnungsnot stellte
daher eine kommunalpolitisch vordringliche Aufgabe dar,
wobei die Stadt sehr früh auf den sozialen Wohnungsbau
setzte [→ *S. 43 ff.*].

Die Weltwirtschaftskrise, die mit dem New Yorker Börsen-
krach am 24. Oktober 1929, dem »Schwarzen Freitag«, begann,
bedeutete auch in Köln wie in Gesamt-Deutschland einen tiefen Einschnitt. Schon zuvor war die Zahl der Erwerbslosen
hoch (21 000 bzw. 12 Prozent 1925; 50 000 bzw. 23 Prozent 1928).

Rhein bei Nacht
um 1930

Doch jetzt stieg sie nach spektakulären Zusammenbrüchen von Banken und Unternehmen – allein in Köln gab es 5 000 Konkurse – rapide an: 70 000 im Oktober 1930 und rund 110 000 im Juli 1932. Knapp ein Drittel der Bevölkerung lebte im März 1933 vom Arbeitslosengeld oder von der »Stütze«. Reichsweit kletterte die **Erwerbslosigkeit** im Winter 1931/32 auf den Höchststand von 6,128 Millionen. Die langen Schlangen vor dem Arbeitsamt (bzw. Wohlfahrtshaus) in der Badstraße

Alter Markt,
1930er Jahre

prägten sich bei vielen Kölnern tief ein [→ *S. 27 ff.*]. Die stark zurückgehenden Steuereinnahmen und die gleichzeitig empor schnellenden Ausgaben für das Wohlfahrtswesen sowie die vielen teuren Großprojekte wirkten sich auch auf die städtische Haushaltslage verheerend aus: Die Stadt war pleite, seit Herbst 1932 zahlungsunfähig. Städtische Bauarbeiten wurden stillgelegt, darunter auch der Universitätsneubau, und kommunale Aufgaben wurden reduziert, was wiederum die Erwerbslosigkeit erhöhte.

Die sozialpsychologischen und politischen Auswirkungen der Krise waren gravierend. Sie untergrub das Vertrauen eines Großteils der Bevölkerung in die Demokratie, denn viele hatten schon bei der Krise von 1923 ihr Vermögen verloren und waren nun innerhalb weniger Jahre zum zweiten Mal betroffen. Eine **politische Radikalisierung** ungeahnten Ausmaßes war die Folge: Nationalsozialisten und Kommunisten waren die politischen Gewinner der Krise. Bei den Reichstagswahlen im September 1930 verzeichnete die NSDAP einen Erdrutschsieg [→ S. 71 f.]. Auch in Köln war die politische Krise deutlich spürbar: Das Klima der politischen Auseinandersetzung verschärfte sich zu Beginn der dreißiger Jahre. Straßenkampf und politische Gewalt waren an der Tagesordnung. Beim Wahlkampf zu

den Reichstagswahlen im Juli 1932 waren bei über 60 schweren Zusammenstößen wie durch ein Wunder nur drei Todesopfer zu beklagen. Einen Höhepunkt erreichte die Krise im Juli 1932, als die Reichsregierung Papen mittels eines Staatsstreichs die preußische Regierung Braun absetzte. Dieser sogenannte »Preußenschlag« wirkte sich auch in Köln durch die Absetzung des Polizeipräsidenten folgenreich aus. Die Weichen für die Machtübernahme der Nationalsozialisten ein halbes Jahr später waren gestellt.

Rheinpanorama von Deutz aus gesehen mit Hängebrücke und Groß St. Martin, um 1930

Adenauer-Zeit

Rundgang

Unser Treffpunkt für den Rundgang ist das **1** **Hahnentor** am Rudolfplatz. Hier begann auch die erste Tour im Band »Das neuzeitliche Köln«. Andere Epoche – gleiches Ereignis – gleicher Ort: Wieder besetzten fremde Truppen die Stadt. Wie die Franzosen am 6. Oktober 1794, so marschierten am 6. Dezember 1918 **britische Truppen** durch das Hahnentor bzw. am Hahnentor vorbei, denn nach der Schleifung der Stadtmauer war es dort ja geräumiger geworden. Es war vor allem Kavallerie, unterstützt von einigen bewaffneten Wagen. Die Truppen kamen direkt von den Schlachtfeldern Nordfrankreichs und Belgiens. Die Soldaten trugen noch die Blechhelme, Bajonette und Gasmasken, die sie in den Schützengräben erhalten hatten. Anders als die Franzosen kamen die Briten nicht zerlumpt oder verdreckt in die Stadt. Die Truppen waren nach dem Waffenstillstand angewiesen worden, sich zu waschen und zu schrubben, Waffenrock und Pferdehalfter zu putzen, was Tage dauerte.

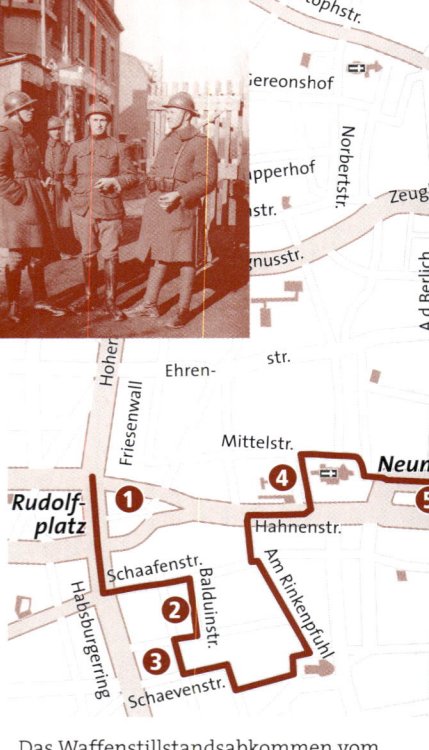

Britische Wachsoldaten (rechts: im Kilt), um 1919

Das Waffenstillstandsabkommen vom 11. November 1918 hatte bestimmt, dass das linksrheinische Gebiet besetzt werden sollte. Der britische Sektor umfasste 2,1 Millionen Menschen, die nun von 280 000 britischen Soldaten verwaltet wurden. Der Stab für das gesamte Rheinland hatte seinen Sitz in Köln. Hier waren bis Ende 1919 bereits 55 000 britische Soldaten stationiert. Ein Jahr später waren es noch die Hälfte und 1925, ein Jahr vor dem Abzug, noch über 9 000 Soldaten. Die Bevölkerung traf die Besatzung hart. Trotz allgemeiner Wohnungsnot mussten zigtausende Soldaten untergebracht

Bekanntmachung.

Auf Anordnung des Chefs der englischen Militärpolizei wird von

heute Nacht 12 Uhr die englische Zeit

statt der deutschen eingeführt. Alle Uhren sind mit diesem Zeitpunkt um eine Stunde zurückzustellen.

Cöln, den 11. Dezember 1918.

Der Oberbürgermeister.

Bekanntmachung der britischen Besatzung

werden. 88 Schulen, 52 Hotels und über 2 000 Privatwohnungen wurden requiriert, Möbel und Gebrauchsgegenstände beschlagnahmt. Die Stadt baute mehr als tausend Wohnungen für britische Soldaten und Offiziere und ihre Familienangehörigen. Die Briten beschlagnahmten alles, was sie brauchten, u.a. Häuser und Teppiche, Autos und Pferde.

Innerhalb der britischen Zone galt das Kriegsrecht. Die Briten schränkten die Presse- und Versammlungsfreiheit ein und ordneten an, dass die Kölner erstmals einen Personalausweis mit sich führen mussten und für Reisen in unbesetztes Gebiet einen Passierschein benötigten. Die nächtliche Ausgangssperre von 21 bis 6 Uhr wurde bald

fallen gelassen, ebenso die als besonders schikanös empfundene Pflicht, britische Offiziere und britische Fahnen zu grüßen. Für die Kölner Wirtschaft hatte die Besatzung katastrophale Auswirkungen: Die Verbindungen Kölns zum Rheinland waren anfänglich abgeriegelt, später stark beeinträchtigt. Die Erwerbslosigkeit stieg durch die heimkehrenden Soldaten und die in der Rüstungsindustrie nicht mehr benötigten Arbeiter stark an.

Beer-Prices

Here is retailed: **home·brewed**
pure **LAGER-BEER** with high
fermentation and **DARK-BEER**

Glass of ⁵⁄₂₀ litre = **25** Pfg.
„ „ ⁴⁄₂₀ „ = **20** „
The litre = **80** Pfg.

Kölsch mit englischen Preisen

Der **Besatzungsalltag** von Tausenden
Soldaten war vor allem durch Langeweile geprägt, die man sich häufig
durch Fußballspielen vertrieb. Nach
den Entbehrungen in den Schützengräben suchten die Soldaten auch sexuelle Abenteuer. Die Prostitution
florierte. In den Inflationsjahren, gip-
felnd im Jahr 1923, wurden die in Ster-
ling bezahlten Soldaten zu kleinen
Königen in der Stadt und zu gern ge-
sehenen Gästen in den Kneipen und
Clubs. Gelegentlich kam es zu Streite-

Britischer Ehrenfriedhof auf dem Südfriedhof

reien zwischen Kölnern und Soldaten,
bei denen während der siebenjährigen
britischen Besatzungszeit 18 Deutsche
starben und 283 verletzt wurden. Doch
insgesamt entspannte sich das an-
fangs äußerst schwierige Verhältnis
der Kölner Bevölkerung zu den Besatzern zusehends, und die Briten führten bald ein verhältnismäßig mildes
und liberales Regiment. Zwischen der
Militärführung unter Militärgouver-
neur Charles Ferguson und Oberbürgermeister Adenauer entwickelte sich
rasch eine vertrauensvolle Zusammenarbeit. Auf dem Südfriedhof befindet
sich ein Gräberfeld mit Gräbern von
2 463 britischen Soldaten. Mehr als
1 000 von ihnen starben nicht als
Kriegsgefangene, sondern als Angehörige der »British Army of Occupa-
tion« während der Besatzungszeit.

Wir gehen nun ein Stück den Habsburger Ring entlang (Richtung Barbarossaplatz), biegen in die Schaafenstraße ein und gehen dann auf der

rechten Seite bis zur zweiten Querstraße: die **2** **Balduinstraße.** Bei Haus Nr. 6 befand sich das **Geburtshaus** von **Konrad Adenauer,** es wurde allerdings im Zweiten Weltkrieg zerstört. Eine Gedenkplatte mit einer eingearbeiteten Skulptur Adenauers nebst einer Zusatzplakette erinnern am Nachfolgebau seit 1976 – dem 100. Geburtstag Adenauers – daran. Aller-

Das Geburtshaus von Konrad
Adenauer, der Nachfolgebau in
der Balduinstraße 6.
rechts: Gedenktafel am Haus

dings ist die Tatsache, dass Adenauer 1945 nochmals Kölner Oberbürgermeister war, keiner Erwähnung wert. Es war also eine der damals üblichen Hausgeburten, die Konrad Adenauer am 5. Januar 1876 zur Welt brachte. Er war das dritte Kind der Eheleute Johann Konrad und Helene Adenauer.

Der Vater war als Beamter im mittleren Dienst bei der Kölner Justiz am Appellhof beschäftigt und hatte es dort bis zum Kanzleirat gebracht. Die Adenauers lebten in eher kleinbürgerlichen Verhältnissen. Der Vater vermittelte seinen Kindern preußische Tugenden wie Ordnungsliebe, Spar-

Adenauer über Köln und die Kölner

»Sie wissen, daß ich hier geboren bin, daß ich hier meine Jugend verbracht habe, daß dieser Stadt die Kraft meiner Mannesjahre gegolten hat. Aber was ich dieser Stadt gegeben habe, das hat mir dieser Boden und diese Stadt hundertfach wiedergegeben. Denn was ich bin – im Guten wie im Schlechten – das ist gewachsen auf diesem Boden und geformt worden von dieser Umgebung und in dieser Atmosphäre.« *(Dankesrede zur Verleihung der Kölner Ehrenbürgerschaft 1951)*

Klüngel-Definition Adenauers

»Ich weiß auch nicht, was Klüngel ist. Aber das ist in Köln nun mal so: Man kennt sich und man hilft sich.«

Für das im Krieg zerstörte Glockenspiel am Rathausturm hatte Adenauer nach dem Zweiten Weltkrieg eine großzügige Spende geleistet. Auf einer Glocke ließen Kölner Handwerker folgenden Spruch verewigen:
»Unse Schirmhär, dä Kunrad, dä janz jroß hück regiert, Hät als Meister der Bürger dat am Rothus durch der Klüngel geliehrt.«

samkeit und Strebsamkeit. Da er selbst das Abitur hatte nicht machen können, bemühten sich die Eltern vor allem sehr darum, ihren Kindern eine gute Schulbildung zu sichern.

Konrad Adenauer (1876-1967)

begann nach dem Abitur zunächst mit einer Banklehre und studierte dann Jura. Seine Ausbildungszeit absolvierte er u.a. am Land- und Amtsgericht in Köln und wurde 1905 Hilfsrichter beim Landgericht Köln. 1906 wurde er als Zentrumsmitglied zum Beigeordneten der Stadt Köln gewählt. Ihm kam dabei zugute, dass seine 1904 geheiratete Frau Emma Weyer aus allerbestem Kölner Hause stammte (Oberbürgermeister Max Wallraf war ein Onkel seiner Frau), und dass er den Vorsitzenden der Zentrumsfraktion im Kölner Stadtrat, Justizrat Hermann Kausen, während dessen Erkrankung juristisch vertreten hatte. Obwohl noch vergleichsweise jung, wurde er bereits 1909 zum Ersten Beigeordneten und damit zum Stellvertreter des Oberbürgermeisters ernannt. 1917 wählte der Rat Adenauer zum Oberbürgermeister – als Nachfolger von Max Wallraf, der in Berlin Staatssekretär geworden war. Gewählt wurde Adenauer zunächst für zwölf Jahre und dabei mit einem sehr hohen Jahresgehalt von 42 000 Mark ausgestattet (doppelt so viel wie der Reichspräsident erhielt). Adenauer war der bedeutendste Kölner Oberbürgermeister des 20. Jahrhunderts: Er hatte wesentlichen Anteil an der Verwirklichung der zahlreichen Großprojekte. Sein politischer Einfluss ging in der Weimarer Republik jedoch weit über Köln hinaus: Zweimal (1921 und 1926) war er als Reichskanzler im Gespräch, bekleidete von 1921 bis 1933 das zweithöchste Amt in der Republik, das des Präsidenten des Preußischen Staatsrats, war seit 1926 Mitglied des angesehenen Reichswirtschaftsrats und besaß zudem in der Zentrumspartei einigen Einfluss. Dennoch erfolgte seine Wiederwahl als Oberbürgermeister 1929 nur äußerst knapp mit zwei Stimmen Vorsprung. Er hatte sich mit seiner dominierenden, für seine Gegner oft selbstherrlichen Art nicht nur Freunde geschaffen. Vom politischen Gegner und selbst in seiner eigenen Partei wurden offen die hohen Ausgaben für seine ehrgeizigen Großstadtprojekte kritisiert. Zudem war Adenauer mit seinem persönlichen Einkommen, einer sehr verlustreichen Börsenspekulation und seinen guten Verbindungen zur Bankenlobby ins Kreuzfeuer der Kritik geraten.

Am 13. März 1933 wurde er von den neuen nationalsozialistischen Machthabern aus dem Amt gejagt [→ S. 104 ff.]. Er lebte seitdem zurückgezogen in Rhöndorf bei Bonn von einem Ruhegehalt, das man ihm gewährte. Im Zuge der nach dem Attentat auf Hitler durchgeführten »Gewitteraktion« wurde Adenauer im August 1944 verhaftet und im Deutzer Messelager interniert. Im September 1944 wurde er nochmals verhaftet und bis November im Gestapogefängnis Brauweiler inhaftiert. Auf Vorschlag der amerikanischen Militärs übernahm Adenauer am 4. Mai 1945 erneut das Amt des Oberbürgermeisters, wurde aber bereits am 6. Oktober 1945 unter bis heute ungeklärten Umständen von den neuen britischen Besatzern entlassen. Adenauer machte aber rasch bundespolitisch Karriere: 1946 wurde er Vorsitzender der CDU in der britischen Zone, 1950 ihr Bundesvorsitzender. Er übernahm das Amt des Präsidenten des Parlamentarischen Rates, der das Grundgesetz ausarbeitete. Von 1949 bis 1963 war er der erste Bundeskanzler der Bundesrepublik Deutschland. 1951 wurde Adenauer die Ehrenbürgerschaft der Stadt Köln verliehen. Seine Figur findet sich selbstverständlich auch auf dem Ratsturm (drittes Obergeschoss, Nordseite).

Städtisches Wohlfahrtshaus,
Ecke Badstraße/Mauritiuswall,
um 1920

Zur nächsten Station geht es über die Rubensstraße nach rechts und den Mauritiuswall zur **3 Schaevenstraße.** Sie wurde 1963 nach Peter Josef Schaeven, einem führenden Ratsmitglied des Zentrums bzw. der CDU, benannt und hieß zuvor Badstraße nach dem Hohenstaufenbad am Ring, das man nach 1945 nicht wieder aufgebaut hat. Auf der gegenüberliegenden Seite an der Ecke Badstraße/Mauritiuswall befand sich das **Wohlfahrtshaus** der Stadt Köln. Es entstand in den Jahren 1908–10 nach den Entwürfen von Felix Krüger. Das im Krieg beschädigte Haus wurde Ende der fünfziger Jahre abgerissen. In dem Wohlfahrtshaus

wurden Arbeitsnachweis, Arbeitslosenversicherung, Wohnungsnachweis und andere Fürsorgeeinrichtungen untergebracht. Das auf der gegenüberliegenden Seite befindliche Haus wurde nach dem Krieg wieder aufgebaut und war als »Haus Goldfinger« in den Jahren 1913/14 nach den Entwürfen von Robert Stern errichtet worden. Es war ursprünglich ein Kontorgebäude mit verschiedenen Kleiderfabrikationen und Büros und wurde erst seit Ende der zwanziger Jahre auch vom Wohlfahrtshaus genutzt. In der NS-Zeit

Arbeitslose im Arbeitsamt
(Wohlfahrtsamt), um 1930

Bericht eines Arbeitslosen, August 1932

»Ich bin seit 2 Jahren arbeitslos und beziehe für meine sechsköpfige Familie eine monatliche Unterstützung von 54,65 Mark. Unser viertes Kind kam Samstag zur Welt: meine Frau liegt also noch im Wochenbett. Von der Unterstützung entfällt pro Kopf auf den Monat rund 9 Mark, das macht auf den Tag 30 Pfennig. Aber nicht genug damit, dass wir entsetzlich Hunger leiden, die Verhältnisse, unter denen wir wohnen müssen, sind einfach fürchterlich. Wir haben ein Zimmer, das 3,20 Meter lang und 2,40 Meter breit ist und in dem ich nur ein 0,90 Meter breites Bett und ein Kinderbett aufstellen kann. Unser zweitältestes Kind ist im vierten Jahr; es hat aber in dieser Zeit noch kein Bett gesehen. Es schläft auf zwei Stühlen. Das eine Bett, das wir besitzen, besteht nur aus Stücken und ist total verschlissen. Wir schlafen nur auf Seegras. Ein einziges Zimmer und 1 1/2 Betten für eine fünfköpfige Familie – ein Kind ist bei meiner Schwiegermutter untergebracht – wer soll das aushalten?« *(aus der »Sozialistischen Republik« vom 4. August 1932)*

August Sander:
Arbeitsloser

wurde es »arisiert«, enteignet. Nutznießerin war die Stadt Köln, in deren Besitz es überging und der es bis vor wenigen Jahren auch gehörte. Der jüdische Eigentümer Ferdinand Muhr und seine Frau Frieda wurden 1942 nach Theresienstadt deportiert und kamen dort ums Leben.

Das Haus ist vielen Kölnerinnen und Kölnern zumindest von den Erzählungen der Eltern und Großeltern ein Begriff: Hier symbolisierte sich die große Wirtschaftskrise seit Ende der zwanziger Jahre. Die langen Schlangen von wartenden Arbeitslosen vor dem Wohlfahrtshaus in der Badstraße, die ihr »Stempelgeld« abholen wollten, gehörten nun zum täglichen Bild. Arbeitslosengeld und Arbeitslosenhilfe wurden nur persönlich ausgezahlt. Im Keller des Gebäudes sind noch heute die Türen vorhanden, die in der Mitte eine Ablage hatten, auf die die Arbeitslose sein Stempelbuch legte, um seinen Stempel und erst damit sein Geld zu erhalten.

Auf dem Höhepunkt der Krise Mitte bis Ende 1932 waren in Köln 110 000 Menschen, rund ein Drittel der erwerbsfähigen Bevölkerung ohne Arbeit. Allein Felten & Guilleaume baute seine Belegschaft von 17 000 im Jahr 1929 auf 9 000 im Jahr 1931 ab. Wer nicht erwerbslos wurde, hatte mit Kurzarbeit und erheblichem Lohnabbau zu rechnen. Am härtesten traf es die beschäftigten Frauen in der Kölner Industrie. Frauen unter 18 Jahren verdienten bei der Stollwerck AG im März 1932 lediglich 28 Pfennige in der Stunde; dies entsprach bei einer Arbeitszeit von 48 Stunden 13,44 Mark in der Woche. Die sozialen Leistungen für die Erwerbslosen waren mehr als dürftig und wurden zwischen 1929 und 1933 um ein Drittel gekürzt. Es gab drei Stufen des sozialen Abstiegs: Arbeitslosenunterstützung, Krisenunterstützung, Wohlfahrtsunterstützung. Die Zahl der Erwerbslosen, die nur noch Wohlfahrtsunterstützung erhielten, verdoppelte sich innerhalb von drei Jahren auf 62 Prozent. Im März 1933 wurden in Köln über 230 000 Menschen vom Wohlfahrtsamt bzw. Arbeitsamt unterstützt: knapp ein Drittel der Bevölkerung!

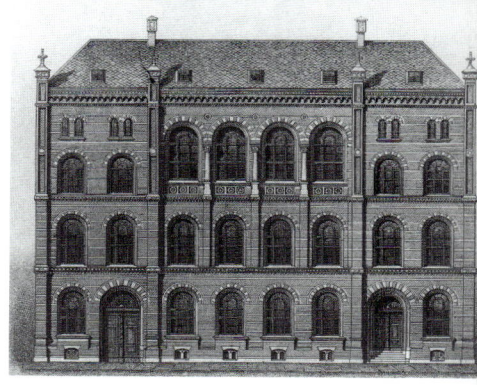

**Apostel-Gymnasium,
Lithographie um 1860**

Vom früheren Wohlfahrtshaus geht es zur Apostelnkirche, über die Schaevenstraße, Arndtstraße, an der neugotischen katholischen Kirche St. Mauritius vorbei in die Straße Am Rinkenpfuhl hinein bis zur Hahnenstraße. Wir kommen dabei an der Schaafenstraße 7 vorbei, wo die Familie Adenauer seit Ende der 1880er Jahre wohnte. An der **4** **Apostelnkirche** standen die beiden Schulen, die **Adenauer** besuchte: die Knabenschule an St. Aposteln und das »Königliche Katholische Gymnasium an der Apostelnkirche«, vulgo: **Apostel-Gymnasium.** Das berühmte Gymnasium ist Opfer der NS-Stadtplanung geworden: Es musste der Verbreiterung der Hahnenstraße zur monströsen Aufmarschstraße weichen und wurde in Lindenthal wieder errichtet. Am Amerikahaus (ungefähr in der Mitte) erinnert eine runde, hinter Glas befindli-

**Denkmal
Konrad Adenauers**

che Gedenktafel daran, dass Konrad Adenauer hier von 1885 bis 1894 die Schule besuchte. Übrigens war er kein überragender Schüler, aber doch guter Durchschnitt. Am nördlichen Seitenschiff von St. Aposteln an der Apostelnstraße steht seit 1995 ein **Denkmal Adenauers.** Die Bronzestatue ist eine Stiftung Kölner Bürger und wurde im Beisein des damaligen Bundeskanzlers Helmut Kohl am 1. Juli 1995 enthüllt. Um den Standort hatte es parteipolitischen Streit gegeben: Die CDU war mit ihrem Antrag, das Denkmal vor dem Rathaus aufstellen zu lassen, nicht durchgekommen. Der gewählte Standort des Denkmals erinnert an das in der Nähe gelegene Geburtshaus und ihre Wohnung, an Schule und Pfarrkirche der Familie Adenauer.

Wenn man das Denkmal betrachtet, weiß man nicht, ob es mehr dem weiten, pelzbesetzten Mantel Adenauers als diesem selbst gewidmet ist. Die Figur Adenauers scheint sich in dem überdimensionier-

Rheinische Zeitung

Nr. 261

Köln am Rhein. Freitag den 8. November 1918. 27. Jahrgang

Revolution!

Der Volkssturm.

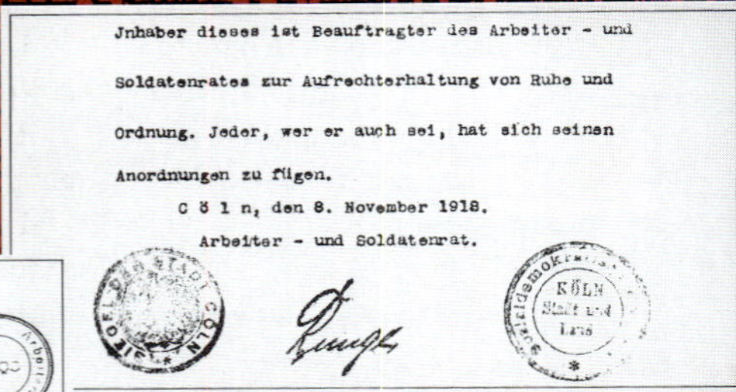

[Fraktur column text, largely illegible]

Inhaber dieses ist Beauftragter des Arbeiter - und Soldatenrates zur Aufrechterhaltung von Ruhe und Ordnung. Jeder, wer er auch sei, hat sich seinen Anordnungen zu fügen.

C ö l n , den 8. November 1918.

Arbeiter - und Soldatenrat.

Sicherheitsdienst des **Arbeiter- u. Soldatenrat Cöln**

oben: Titelseite der Rheinischen Zeitung vom 8. November 1918
links: Armbinde **rechts:** Ausweis für den Sicherheitsdienst

ten Mantel zu verlieren. Der Kopf wurde nach einem Altersfoto angefertigt und zeigt ihn daher als Greis mit stark eingefallenen Wangen, obwohl er doch in seinen jüngeren Jahren Kölner Oberbürgermeister war. Vielleicht sollte man einfach das Kölner Adenauer-Denkmal mit dem im Frühjahr 2005 in Berlin aufgestellten Denkmal tauschen. Dort erscheint er vergleichsweise jugendlich, obwohl er erst im hohen Alter Bundeskanzler wurde.

Es geht nun die Ecke herum zum **5** **Neumarkt.** Oft schon wurde auf dem zentralen Platz Kölns Geschichte geschrieben. So auch, als im November 1918 die **Revolution in Köln** ausbrach. Am besten setzen wir uns auf eine Bank auf dem Neumarkt, um die Geschichte einer der seltsamsten Revolutionen, die die Welt je gesehen hat, zu erfahren. Früher als im gesamten Deutschen Reich wurde in Köln am

8. November 1918 auf dem Neumarkt die Republik ausgerufen – und zwar die »sozialistische Republik«. Einen Tag bevor der Sozialdemokrat Philipp Scheidemann in Berlin die »Republik« und der Kommunist Karl Liebknecht die »sozialistische Republik« ausriefen. Und dies kam so: Die Revolution in Köln begann am 7. November 1918 – früher als andernorts – übrigens wie bei der Revolution von 1848 [→ *s. Das neuzeitliche Köln, S. 112ff.*]. Ein großer Trupp von Matrosen war in Köln eingetroffen, um die hier im zentralen Stammgefängnis für Marinegefangene einsitzenden Matrosen der Wilhelmshavener Flottenmeuterei von 1917 zu befreien. Ihre Anführer Max Reichpietsch und Albin Köbis waren 1917 in Köln erschossen worden. Ihr Grab befindet sich heute noch in Wahn, doch der Abstecher würde uns jetzt

zu weit weg führen. Die Ankunft der Matrosen am Bahnhof ließ eine große Menschenmenge zusammen kommen. Herbeigeeilte Vertreter der SPD und der USPD kamen aber bei der schreienden Menge nicht zu Wort. Daraufhin wurde für den folgenden Tag, den 8. November vormittags, zu einer Massenkundgebung auf dem Neumarkt aufgerufen. Doch die Matrosen blieben am Abend des 7. November nicht untätig: Sie befreiten aus den Gefängnissen nicht nur ihre Kameraden, sondern wahllos Gefangene, darunter auch normale Verbrecher.

Es gelang vor allem dem Kölner SPD-Vorsitzenden Wilhelm Sollmann, das Militär von einem Eingreifen abzuhalten und damit ein Blutbad zu verhindern. Eine Kompanie des Infanterie-Regimentes 29 aus Rodenkirchen marschierte am Morgen des 8. November auf, um zu den Revolutionstruppen überzulaufen. Um zehn Uhr versammelte sich eine Menge von mehreren Tausend Menschen – in der Mehrzahl Soldaten und Matrosen – auf dem Neumarkt. Die Revolution legte nicht die gesamte Stadt lahm: Die meisten Kölner waren zur Arbeit gegangen. In vielen Geschäften und Betrieben ging der Alltag weiter. Es sprachen Sollmann, der zur zentralen Gestalt in den Tagen der Revolution wurde, und der USPD-Vertreter Peter Hecker. Sie standen auf dem Dach eines Autos und schüttelten sich – mit zwei anderen Vertretern ihrer Parteien – als Symbol der Versöhnung der zerstrittenen Arbeiterparteien unter dem Jubel der Menge die Hände. Doch wenige Tage danach sollte der Streit weiter gehen. In den Reden wurde eine Erklärung verlesen [*siehe Kasten*].

Auf der Versammlung wurde ein »Arbeiter- und Soldatenrat« gewählt, der paritätisch mit Vertretern der SPD und der USPD besetzt war. Der Versammlung auf dem Neumarkt folgten weitere große Versammlungen im Gürzenich und in der Bürgergesellschaft am gleichen Vormittag. Um

An die Kölner Bürgerschaft!

Die Arbeiter und Soldaten Kölns haben einen Arbeiter- und Soldatenrat gebildet. Er hat die Aufgabe, die Revolution, die auch unsre Stadt erfasst hat, in geordnete Bahnen zum Siege des Volkes durchführen zu helfen. Die Ziele der Bewegung sind:
1. Sofortiger Friede,
2. Vereidigung des Heeres auf die Verfassung,
3. Freilassung sämtlicher politischer Gefangener,
4. Abschaffung aller Dynastien im Deutschen Reiche,
5. Einstellung aller militärischen Einberufungen,
6. Annullierung der Kriegsanleihen.
Arbeiter, Soldaten, Bürger Kölns! Helft uns, die Ordnung aufrecht zu erhalten. Keine Angriffe auf das Leben und die Ehre! Keine Plünderungen! Wer sich gegen die öffentliche Ordnung vergeht, wird von unsern Streifwachen sofort festgenommen. Man wende sich bei Ordnungsstörungen sofort an den A.-S.-Rat im Rathause. Wir ersuchen alle Behörden, ihre Tätigkeit unter unsrer Kontrolle fortzusetzen. Das geschäftliche Leben der Stadt soll seinen geregelten Verlauf gehen. Vorwärts für Freiheit und Ordnung! Es lebe die sozialistische Republik!
Der Arbeiter- und Soldatenrat

ein Blutvergießen zu vermeiden, hatte am Neumarkt und an anderen Stellen die Entwaffnung der revolutionären Soldaten begonnen. So kam es zu der denkwürdigen Szene, dass die erste Sitzung des gerade gegründeten

ren Stempel anzuschaffen« und zudem als Abzeichen Rosetten anfertigen zu lassen. Die größte Leistung des Arbeiter- und Soldatenrates bestand in der gelungenen Organisation des Durchmarschs der zurückkehrenden Truppen durch Köln. Die Revolutionäre erließen nächtliche Ausgangssper-

Wilhelm Sollmann (1881–1951) stammte aus Thüringen und siedelte zusammen mit seiner Familie 1897 nach Köln über. Den Besuch eines Gymnasiums setzte er nicht fort, sondern begann eine kaufmännische Lehre und besuchte gleichzeitig die Abendschule der Kölner Handelshochschule. Von 1901 bis 1911 war er als Handlungsgehilfe bei den Kölner Ölwerken Stern-Sonneborn beschäftigt. 1903 trat er in die SPD ein und engagierte sich besonders in der Nüchternheits-(Anti-Alkohol-)Bewegung – und das ausgerechnet in Köln! – und in der sozialdemokratischen Jugendbewegung. 1911 wurde er Lokalredakteur, dann politischer Redakteur und schließlich von 1920 bis 1933 Chefredakteur der »Rheinischen Zeitung«. 1917 gehörte er zu den ersten drei ernannten SPD-Stadtverordneten und blieb dies bis 1924. In dieser Zeit führte er die Stadtratsfraktion. Sollmann gehörte dem Parteivorstand an. 1919 war er Mitglied der Weimarer Nationalversammlung und von 1920 bis 1933 des Deutschen Reichstags. Höhepunkt seiner politischen Karriere war das Amt des Reichsinnenministers, das er jedoch nur von August bis November 1923 ausübte. Nach der Machtübernahme der Nationalsozialisten wurde Sollmann am 9. März 1933 von SA und SS brutal misshandelt. Er floh danach ins Saargebiet und gab dort die Zeitung »Deutsche Freiheit« heraus. 1936 ausgebürgert, emigrierte er 1937 in die USA. Er übernahm dort eine Professur für Staatswissenschaften und trat vor allem als Publizist hervor. Nach dem Ende der NS-Zeit kehrte er nicht wieder nach Deutschland zurück. Die Stadt ehrt Sollmann mit einer Figur auf dem Ratsturm (drittes Obergeschoss, Ostseite).

Die Revolution in Köln

Ein Bericht über Tatsachen von **W. Sollmann**
Mitglied des Arbeiter- und Soldatenrates in Köln

Preis: 50 Pfennig

★ 1918 ★
Verlag der „Rheinischen Zeitung"
Gilsbach & Co. Köln

Arbeiter- und Soldatenrates in einem Hinterzimmer der nahegelegenen Wirtschaft Schmitz in der **Fleischmengergasse 57** inmitten von aufgehäuften Gewehren und sogar Maschinengewehren stattfand. Die Ergebnisse der Beratung waren dagegen weniger martialisch: Es wurde u.a. die Bildung von Kommissionen beschlossen – und »für jede Kommission einen besonde-

Titelseite der Schrift von Wilhelm Sollmann

ren, verboten den Ausschank alkoholischer Getränke und kritisierten heftig, dass Soldaten die Kölner Straßenbahnen benutzten, ohne zu bezahlen. Vor allem stellten sie für die heimkehrenden Soldaten Bescheinigungen aus.

Plakat mit dem Aufruf
zur Volksversammlung
am 17. November 1918

Arbeiter, Soldaten, Offiziere, Bürger Cölns!

Sonntag, den 17. November, nachmittags 3 Uhr,
In sämtlichen Sälen des **Gürzenichs**, der **Lese**, Langgasse,
des **Coloniahauses**, Aachenerstr., des **Fränkischen Hofs**, Komödienstr.,
der **Bürgergesellschaft**, Röhrergasse
und für **Mülheim** bei **Mack**, Mülheimer Freiheit

grosse öffentliche

Volks-Versammlungen.
Thema in allen Versammlungen:

Die deutsche

Revolution.

Es werden sprechen:
Dr. **Erdmann**, **Horcks**, **Fuchsius**, **Meerfeld**, **Müller**,
Muth, **Runge**, **Schäfer**, **Schulte**, **Sollmann**, **Stöcker**.
Die für Sonntagvormittag 11 Uhr angekündigte Versammlung der **U.S.P.**
im Gürzenich findet aus diesem Grunde **nicht statt.**
Arbeiter- u. Soldatenrat, Cöln.

Selbst Sollmann machte sich später über ihre »Stempelwut« lustig. Adenauer, der noch einen Tag zuvor versucht hatte, den Umsturz militärisch zu unterdrücken und die revolutionären Matrosen festnehmen zu lassen, musste feststellen, dass loyale Truppen nicht zu finden waren und der Festungskommandant geflohen war. Daher stellte auch er sich auf den Boden der Tatsachen und überließ dem Arbeiter- und Soldatenrat im Rathaus einige Räume, nebst Schreibmaschinen und Telefon. Als am 9. November die Nachricht von der Abdankung des Kaisers, der Ausrufung der Republik

und der Ernennung Eberts zum Reichskanzler in Köln eintraf, kündigte Sollmann die baldige Selbstauflösung des Rates an – einen Tag nach seiner Gründung! Seine Begründung war bezeichnend genug: »Von Köln aus könne der Sozialismus nicht verkündet werden«. Der »Arbeiter- und Soldatenrat« werde nur so lange bestehen, wie es in Deutschland keine funktionierende Zentralgewalt gebe. Um diese zu schaffen, hatten die Sozialdemokraten sich schon früh für die Einberufung der Nationalversammlung ausgesprochen. Am 10. November beschloss der »Arbeiter- und Soldatenrat« die Bildung eines Wohlfahrtsausschusses, dem nun unter dem Vorsitz von Oberbürgermeister Adenauer Vertreter bürgerlicher Parteien gleichgewichtig mit Sozialdemokraten angehörten. Damit gab der »Arbeiter- und Soldatenrat« bereits drei Tage nach seiner Gründung alle wesentlichen Befug-

Die »Revolution« im Urteil der »Revolutionäre«

»Nie wohl ist eine Revolution von so gewaltigem Ausmaß in solcher Ruhe vorübergegangen.« *(»Rheinische Zeitung« vom 12. November 1918)*
»Unsre erste Sorge galt, wie es echten Deutschen auch in einer großen Revolution geziemt, der Wiederherstellung und Aufrechthaltung der Ordnung.« *(Wilhelm Sollmann selbstironisch in seiner bereits im Dezember 1918 erschienenen Broschüre »Die Revolution in Köln«)*

Neumarkt mit Richmodishaus, Cordshaus
und Straßenbahnhaltestelle. Im Hintergrund
Polizeipräsidium (rechte Seite), um 1925

nisse wieder freiwillig aus der Hand,
um sie den alten Gewalten zurückzu-
geben. Adenauer schmückte sich mit
der Binde des »Arbeiter- und Soldatenrates« und war wieder Herr von Köln.
Den Mehrheitssozialdemokraten war
die frisch gewonnene Macht offenkundig nicht geheuer, sie wollten sie so
schnell wie möglich an die bisherigen
Gewalten zurückgeben. Sie hatten sich
an die Spitze der Revolution gestellt,
um sie so rasch wie möglich zu beenden und sie in geordnete Bahnen zu
lenken. Für die SPD war die Revolution
in Köln am 14. November 1918 zu Ende;
man hakte die Ereignisse bereits als
»Revolutionswoche« ab und machte
das, worin man eingeübt war: Vorbe-
reitungen für den Wahlkampf zur Nationalversammlung. Die letzte Sitzung

des Arbeiter- und Soldatenrates fand
am 18. Dezember statt; aufgelöst wurde er von den britischen Besatzern.

Der Neumarkt war auch in der Zeit
der Weimarer Republik einer der wichtigsten Plätze in Köln mit einer Reihe
beeindruckender Bauten. Ein **Rund-
blick über den Neumarkt** anhand
alter Fotos verdeutlicht dies.

Unsere nächste Station ist die **6 Antoniterkirche,** die wir über die Schildergasse erreichen. Dort befindet sich
seit 1952 im Nebenchor ein Abguss des
Todesengels von Ernst Barlach. Barlach schuf den Todesengel, dem er die
Gesichtszüge von Käthe Kollwitz verlieh, 1927 für den Güstrower Dom als
Ehrenmal für die Toten des Ersten
Weltkrieges. Die Originalfigur wurde
1937 entfernt und 1941 eingeschmolzen. Der Abguss, der in der Antoniter-

kirche zu sehen ist, wurde nach dem erhalten Gipsmodell angefertigt. Heute gilt der Todesengel als ein Mahnmal für die Opfer der beiden Weltkriege.

Todesengel von
Ernst Barlach

An der **7** **Schildergasse 37** (Ecke An St. Agatha) stand einst die **Brauerei Winter.** Heute befindet sich an diesem Ort eine Buchhandlung. Nichts erinnert daran, dass hier im April 1920 ein Höhepunkt kölnischen Kulturlebens statt fand: die Ausstellung **»Dada Vorfrühling«.** Köln war in diesen Jahren neben Zürich, Berlin und Paris ein Zentrum des Dadaismus. Nach dem ersehnten Ende des von ihnen verhassten Weltkriegs engagierte sich eine Reihe Kölner Künstler für die Gestaltung einer neuen Welt und einer neuen Gesellschaft. Sie versuchten mit neuen Darstellungsformen, die das Absurde und Paradoxe benutzten, die bürgerliche Ordnung zu provozieren. Max Ernst [→ S. 70] und der Bankierssohn Alfred F. Gruenwald, die sich die Künstlernamen Dadamax oder auch dadafex maximus bzw. Johannes Theodor Baargeld oder zentrodada gaben, sowie Hans Arp gründeten die »Dada-Zentrale W/3« (= Weststupiden geteilt durch drei), auch »Gruppe D« genannt. Bereits 1919 hatte die Gruppe ihre erste Ausstellung im Kölnischen Kunstverein gezeigt, wobei bereits unterschiedliche Ansätze deutlich wurden [→ S. 72 ff.]. Die Ausstellung in der Brauerei Winter war eine Notlösung: Entrüstet hatte der Direktor des Kunstge-

Ausstellung ein Beil beigegeben mit der Aufforderung an die Besucher, alles zu zerstören, was nicht gefiel. Die zerstörten und gestohlenen Kunstwerke wurden immer wieder durch neue ersetzt. Viele Jahrzehnte später hat Ernst für ein 1974 erschienenes Buch von Werner Spies über seine Collagen zwei seiner Arbeiten rekonstruiert. Die Ausstellung war der Höhepunkt des Dadaismus in Köln. Das Interesse war groß, doch die Mehrzahl der Bürger war geschockt: »Entrüstung

Max Ernst über den Dadaismus

»Für uns damals in Köln war DADA in erster Linie eine geistige Stellungnahme. Im Gegensatz zu dem, was man im allgemeinen glaubt, wollte DADA nicht die Bürger schrecken. Die Bürger waren schon schockiert. Nein, DADA war ein Ausbruch einer Revolte von Lebensfreude und Wut, war das Resultat der Absurdität, der großen Schweinerei dieses blödsinnigen Krieges. Wir jungen Leute kamen wie betäubt aus dem Krieg zurück, und unsere Empörung musste sich irgendwie Luft machen. Dies geschah ganz natürlich mit Angriffen auf die Grundlagen der Zivilisation, die diesen Krieg herbeigeführt hatte – Angriffe auf die Sprache, Syntax, Logik, Literatur, Malerei und so weiter.«

oben: Titelseite eines vierseitigen Heftes zur Dada-Ausstellung.
Rechts: Plakat und Handzettel zur Wiedereröffnung der Ausstellung

werbemuseums die Arbeiten von Ernst und Baargeld aus der Ausstellung der Arbeitsgemeinschaft Kölner Künstler im dortigen Museum verbannt.
In der Brauerei war die Ausstellung im Lichthof zu besichtigen, zu dem man nur durch die Herrentoilette (»mit Zugang durch einen für ›Herren‹ reservierten Raum«) gelangen konnte. Max Ernst und Johannes Theodor Baargeld zeigten ihre Collagen, Bilder und Objekte. Die Künstler hatten der

und Skandalszenen« führten zu einer eintägigen Schließung der Ausstellung durch die Polizei. Der Umzug von Max Ernst nach Paris im Frühjahr 1922 bedeutete auch das Ende von Dada Köln. In seinem Gemälde »Rendezvous der Freunde«, das im Museum Ludwig zu sehen ist, hat er einige seiner Kölner Freunde verewigt [→ *Museums-Tour S. 300*]

Zur nächsten Station geht es durch das gegenüber liegende kleine Perlengäßchen, nach links den Perlenpfuhl entlang zur **8** **Glockengasse 17–23.** Wo sich heute die Kölner Ladenstadt

Alexander Moissi und Emil Jannings gastierten hier. Alle 14 Tage gab es neue Inszenierungen. Hartung brachte aus Berlin eine Reihe bekannter Schauspieler mit. Heinrich George, der in Berlin bereits ein Star war, wurde Mitglied des Kölner Ensembles und trat etwa

Schauspielhaus Glockengasse, um 1920
rechts: **Heinrich George** in Eugene O'Neills
»Der haarige Affe«, 1924

befindet, eröffnete am 1. September 1872 das erste städtische **Schauspielhaus** seine Pforten. Es wurde zur Spielstätte für Schauspiel und Operette, als 1902 am Rudolfplatz ein eigenes Opernhaus den Betrieb aufgenommen hatte. 1924 wurde mit Gustav Hartung einer der prominentesten deutschen Regisseure als Kölner Schauspielintendant engagiert. Er inszenierte modernes Theater, u.a. Georg Kaiser, Carl Sternheim und Fritz von Unruh. Unter Hartung fand auch die deutsche Erstaufführung von Pirandellos »Sechs Personen suchen einen Autor« statt.

1924 in Eugene O'Neills »Der haarige Affe« auf. Doch die Ära Hartung mit ihrem anspruchsvollen Programm dauerte nur ein Jahr. Bereits 1925 verließ er Köln wieder wegen kleinkarierter Kritik aus kirchlichen Kreisen, auch wenn Adenauer ihn gerne gehalten hätte. Der Grund lag in einem Theaterskandal, der nicht im Schauspielhaus, sondern in den von Hartung gegründeten Kammerspielen in der Bismarckstraße stattfand. Hartung hatte »Giovanni und Annabella« von John Ford, einem Zeitgenossen Shakespeares, inszeniert. Ein Inzeststück, mit betörender Sinnlichkeit dargestellt, das einen ungeheueren Skandal auslöste. Hartung ging nach Berlin. Ihm folgte Ernst Hardt, der ebenfalls moderne Autoren inszenierte, u.a. brachte er mit »Leben Eduards II.« den ersten Bertolt Brecht in Köln auf die Bühnen. Hardt sollte aber nach nicht ganz zwei Jahren eine andere Karriere machen [→ S. 63].

In der Nähe des Schauspielhauses, in der Gertrudenstraße am Neumarkt, befand sich das riesige **Reichshallen-Theater.** Unter dem Namen »Circus Carré« verfügte es über 3 000 Sitzplätze; nach Umbauten, die aufgrund von Sicherheitsvorschriften erfolgten, waren es immer noch über 2 000

Plätze. Die hier dargebotenen Aufführungen entsprachen dem Geschmack eines breiten Publikums: Zirkus, Operette, Varieté, Ball und Tanz.

Einen opulenten Theaterskandal hatte 1926 das Opernhaus zu vermelden. Bei der Aufführung von »Der wunderbare Mandarin« von Béla Bartók kam es zu Tumulten. Der anwesende Komponist wurde ausgepfiffen. Die »Kölnische Volkszeitung« bezeichnete Bartóks Werk als »widermusikalische Angelegenheit« und warf dem Opernchef Eugen Szenkar vor, er bevorzuge »radikal-moderne« Musik und als Ungar seine Landsleute, ohne Rücksicht auf die Bedürfnisse des Kölner Publikums. Das Stück wurde daraufhin durch Adenauer abgesetzt.

Dischhaus,
um 1930

Von der Glockengasse überqueren wir die Tunisstraße bis zur **9** **Brücken-straße.** Dort sehen wir bereits nach wenigen Metern den großen Bau vom **Dischhaus.** Es handelt sich um eines der bedeutendsten Bauwerke in Köln und eines der wichtigsten und bekanntesten Bauwerke der zwanziger Jahre, ein Musterbeispiel des modernen Bauens. In den Jahren 1929 und 1930 wurde es als städtisches Verwaltungsgebäude errichtet. Ihm musste das von Carl Damian Disch 1848 errichtete Hotel weichen, dessen Namen immerhin im Nachfolgebau weiterlebte. Am Eingang findet sich der markante Schriftzug. Die Architekten Bruno Paul und sein Schwager Franz Weber trugen den Forderungen des Neuen Bauens in vollendeter Weise Rechnung. Sie konzipierten den Eckbau nach dem Vorbild der Stuttgarter und Chemnitzer Kaufhäuser der Firma Schocken von Erich Mendelssohn (1928/30). Der Bau ist ganz auf die Ecklage ausgerichtet. Ins Auge springt zunächst der ungemein elegante Schwung der Fassade, ihre »unendliche« Krümmung. Sie wird durch die durchlaufenden Fenster- und Brüstungsbänder betont. Kunsthistoriker sprechen dabei so nett wie prägnant von »Querbänderung der Fensterzonen«. Der Treppenturm an der rechten Seite mit seinen senkrechten Fensterschlitzen und aufgesetzten Fahnenmasten schafft nicht allein einen Ausgleich zu den Fensterzonen, sondern verstärken den Endruck, bei dem Gebäude handele es sich um einen riesigen Ozeandampfer. Das zurückgesetzte Dachgeschoss bekräftigt das Bild eines Dampfers. Ein besonderes

Dischhaus und St. Kolumba, um 1930

Schmuckstück stellt die Treppe mit ihren geschwungenen Linien dar. Nur mühsam – so die ehemalige Stadtkonservatorin Hiltrud Kier – konnte der im Zweiten Weltkrieg beschädigte Bau Anfang der achtziger Jahre vor dem Abbruch bewahrt werden. Bei der insgesamt gelungenen Sanierung wurde leider auf das für die Außenerscheinung so wichtige oberste Geschoss verzichtet. Ähnlich wie das Dischhaus wurde übrigens das Haus Hohe Pforte 9 – 11 gebaut, das ebenfalls einen wichtigen Beitrag zum Neuen Bauen darstellt. Die Architekten waren hier Clemens Klotz und Josef Fieth. Eine Besichtigung wollen wir uns jedoch verkneifen, da es uns zu weit von unserer Tour wegführt.

Von hier aus erreichen wir über die Brückenstraße die nächste Station, das 10 **Rathaus.** Es war auch in der Weimarer Republik Sitz von Rat und Verwaltung. Hier residierten Oberbürgermeister Adenauer und seine Beigeordneten. Die Diensträume des Oberbürgermeisters befanden sich im Historischen Rathaus. Die Stadtverwaltung hatte sich mit ihren 15 800 Mitarbeiter/innen zu einem modernen Dienstleistungsunternehmen entwickelt. Der Rat hieß in der Weimarer Republik Stadtverordnetenversammlung. Sie tagte, wo der heutige Rat ebenfalls zusammentritt, im Spanischen Bau. Da die Zahl der Stadtverordneten 1919 auf 95 stieg, wurden die Sitzungen in der Aula der Uni-

versität in der Claudiusstraße abgehalten, bis 1921 der Sitzungssaal vergrößert wurde. Die Novemberrevolution hatte politisch – neben der Einführung der Republik – zumindest zwei wichtige Neuerungen beim Wahlrecht gebracht: Zum ersten Mal in Deutschland konnten nun **Frauen wählen und gewählt werden,** und zudem wurde für die Kommunalwahlen das diskrimi-

Rathaus, rechts Spanischer Bau, um 1930

OB Adenauer im Kreis seiner
Beigeordneten, 1926

**Die 1919 gewählten ersten
weiblichen Stadtverordneten**

Henriette Ackermann (KPD)
Minna Bachem-Sieger (Zentrum)
Elisabeth Darius (Zentrum)
Hedwig Hahn (DDP)
Sibylla Hartmann (Zentrum)
Maria Hoffmann (Zentrum)
Luise Kaiser (SPD)
Elisabeth Kirschmann-Röhl (SPD)
Luise Nemnich (DVP)
Anna Schulte (SPD)
Wilhelmine Schumacher-Köhl (Zentrum)
Josefine van Thiel (Zentrum)

nierende **Dreiklassenwahlrecht abgeschafft.** Das alte Männer- und Hono-
ratiorengremium war damit passé,
ein modernes Kommunalparlament
geschaffen. Frauen wählten mehrheitlich nicht jene Partei, die sich das
Frauenwahlrecht als erste auf ihre
Fahnen geschrieben hatte, die SPD,
sondern das Zentrum. Am 30. Oktober
1919 trat der Rat zu seiner konstituie-
renden Sitzung zusammen. Für die
frisch gewählten ersten zwölf weiblichen Stadtverordneten dürfte es ein
aufregender Tag gewesen sein. Zum
ersten Mal in der Geschichte der Stadt,
zum ersten Mal seit Bestehen des über
700 Jahre alt-ehrwürdigen Rates – der
erstmals 1216 erwähnt wurde – zogen
Frauen als Mitglieder des Rates in das
Rathaus ein. Doch dieses fürwahr historische Ereignis wurde keines Wor-

tes gewürdigt. Nur die Anrede wurde
auf ein »Meine Damen und Herren«
erweitert. In der darauf folgenden
Sitzung am 6. November 1919 sprach
als **erste Frau** im Kölner Rat Elisabeth
Röhl (später: Kirschmann-Röhl) von
der SPD. Sie hielt sogleich stellvertre-
tend für den Fraktionsvorsitzenden
eine längere Rede zum einem sozial-
politischen Antrag ihrer Fraktion.

Die ersten Sätze einer Frau im Rat der Stadt Köln

»Meine Herren und Damen! Meine Fraktion hat mich beauftragt, an Stelle des Kollegen Sollmann, den ich hiermit ent-
schuldigen möchte, die Reihe von Fragen zu begründen, die
schon zur vorigen Sitzung von unsrer Fraktion an die Stadtverwaltung gestellt worden sind. Unsre endgültige Stellungnahme zu der Beantwortung dieser Fragen werden wir uns vorbe-
halten. Die Fragen, die wir gestellt haben, berühren die drei
großen Alltäglichkeiten unsers Lebens: Nahrung, Kleidung,
Wohnung. Für die breite Masse der Bevölkerung sind das so
hochwichtige, so brennende Dinge, daß wir nicht umhin kön-
nen, die Stadtverwaltung zu ersuchen, uns eine in etwa befriedigende Antwort auf
diese Fragen zu geben. ... Als Hausfrau und Mutter und als eine Frau, die an diejenigen
denkt, die auf die Milchversorgung angewiesen sind, stelle ich weiter die Frage: Ist die
Milchversorgung für die kommenden Monate sichergestellt?« *(Elisabeth Röhl in der
Sitzung der Stadtverordnetenversammlung vom 6. November 1919)*

Eine Gemeinsamkeit der Frauen – zumindest in frauenpolitischen Fragen
– stellte sich in den folgenden Jahren
nur ganz selten ein. Die erste Initiative der »Frauen aller Fraktionen« gab
es 1920: Die Frauen richteten sich gegen die geringere Bezahlung von
Frauen bei gleicher Arbeit innerhalb
der Stadtverwaltung. 1925 setzten
»Frauen sämtlicher Fraktionen« mehr
Geld für die Waisenpflege und die
Jugendfürsorge durch. Doch dieses
gemeinsame Vorgehen blieb eine
Ausnahme. Partei- und Standesgrenzen
waren stärker als Frauensolidarität.
Nur zu bezeichnend ist es, dass ein
gemeinsames Foto der Ratsfrauen
nicht bekannt ist. Frauen ließen sich
zudem in unbedeutendere, gemeinhin als »frauenspezifisch« geltende
Ausschüsse abdrängen. Im Finanz-
und Personalausschuss sucht »Mann«
sie lange vergeblich. Nachdem die
Nationalsozialisten an die Macht gekommen waren, wurden den Frauen
ihr Recht wieder genommen: Die Stadt
kannte wieder nur »Rats-Herren«
[→ S. 106 f.].

Vom Rathaus gehen wir ein Stück
weiter zu **11 Alt St. Alban.** In der
Kirchenruine sind die Statuen »Die
trauernden Eltern« von Käthe Kollwitz
zu sehen, die sie zum Andenken an
ihren im Ersten Weltkrieg gefallenen
Sohn geschaffen hatte. Die Eltern tragen die Gesichtszüge von Käthe Kollwitz und ihrem Mann. Es handelt sich

»Die trauernden Eltern«
von Käthe Kollwitz

also eigentlich um ein Denkmal für die Toten des Ersten Weltkrieges, das 1954 dort als Mahnmal für die Opfer beider Weltkriege aufgestellt wurde [→ *S. 108 ff.*].

Ein Stück weiter haben wir nun den **12** **Gürzenich** erreicht. Im Ersten Weltkrieg war am 20. Juni 1915 vor dem Gürzenich die Figur des **Kölschen Boors** aufgestellt worden. Eine dreieinhalb Meter

gab. Der Kölsche Boor hat die Wirren der Zeit überstanden und ist heute im Kölnischen Stadtmuseum zu besichtigen. Im Ersten Weltkrieg sind 15 000 Kölner Soldaten gefallen und einige Zivilisten durch Bombenabwürfe ge-

Der Kölsche Boor, 1914

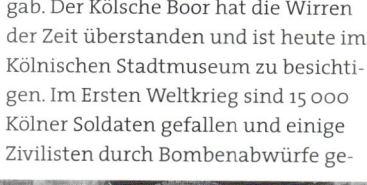

hohe Lindenholzfigur, die dem Bremer Roland ähnelt. Zum Mindestpreis von einer Mark wurden Eisennägel in die Figur geschlagen, damit sie bald – als Symbol der Wehrhaftigkeit – eine eiserne Rüstung aus Nägeln erhalten sollte. Schon bald war der »Boor« mit Nägeln übersät. Die Spendenbereitschaft der Kölnerinnen und Kölner war groß: Bis Kriegsende kamen durch die Benagelung 1,6 Millionen Mark zusammen. Zugute kam das Geld den Kölner Kriegswitwen und Kriegswaisen, von denen es bald immer mehr

tötet worden. Wie stets in seiner Geschichte war der Gürzenich auch häufig Ort für politische Veranstaltungen. Beispielsweise wurde hier am 1. Dezember 1920 die Ortsgruppe der KPD gegründet. Auch die Kölner NSDAP tagte hier bereits in den zwanziger Jahren. Über die Vergabe dieser städtischen Räume entbrannte mitunter lebhafter Streit.

Wir spazieren nun über die Martinstraße und Bolzengasse hinunter zum Heumarkt. An der Ecke Kästerstraße/ Seidenmacherinnengäßchen befand sich bis 2003 die Hauptgeschäftsstelle der **13** **GAG, der Gemeinnützigen Aktiengesellschaft für Wohnungsbau.** Das Unternehmen wurde am 18. März 1913 gegründet. Die Stadt übernahm die Hälfte des Gründungskapitals, den Rest teilten sich Privatperso-

Siedlungsbau in Mauenheim, um 1927. Rechts: **Siedlungsbau Kalkerfeld**, um 1932. **Festschrift** der GAG, 1921

nen von angesehenen Kölner Familien (Guilleaume, Lindgens, Neven DuMont, Cassel). Als Aufgabe der GAG wurde festgelegt, »der minderbemittelten Bevölkerung gesunde und zweckmäßig eingerichtete Wohnungen billig und preiswert zu verschaffen«. Sie sollte dazu da sein, »durch einheitliche und zweckmäßige Erschließung geeigneter großer Geländeflächen die Erstellung von Einfamilienhäusern in der Großstadt zu ermöglichen.« Die Stadt hatte sich ihren Einfluss in dem Unternehmen durch ihren Kapitaleinsatz gesichert, aber auch dadurch, dass der Oberbürgermeister satzungsgemäß zum Vorsitzenden des Aufsichtsrats bestimmt wurde und der städtische zuständige Beigeordnete die Geschäftsführung übernahm. Bereits im Herbst 1913 wurde der Wettbewerb für die erste Großsiedlungsanlage in Bickendorf mit 600 Einfamilienreihenhäusern entschieden, die 1920 fertig gestellt wurden. Noch während der Kriegsjahre begannen die Planungen für Mauenheim mit 1.000 Wohneinheiten, Poll (123 WE), Höhenberg (110 WE) und Iddelsfeld in Holweide (142 WE). Pioniergeist herrschte vor: Es galten fortschrittliche Grundsätze. Die Wohnanlage sollte großflächig erschlossen werden. Die Idee der Gartenstadt wurde – wie in der ersten Siedlung Bickendorf –

unter dem Motto »Lich, Luff un Bäumcher« verwirklicht. Das Einfamilienhaus mit Vorgarten und Garten, das in das Eigentum der Bewohner übergehen sollte, galt als das Ideal der Wohnreform, um so »wahre Heimstätten für die Familien, insbesondere auch für die Kinderreichen und Kriegsbeschädigten« zu schaffen. Die Bewohnerselbstverwaltung wurde durch eigens gegründete Mietergenossenschaften in jeder Siedlung geschaffen, die die gemeinsamen Interessen der Siedlung vertraten. Es handelt sich um eine »Kölner Pioniertat« (Klaus Novy), die fast gleichzeitig ähnlich in Berlin verwirklicht wurde. Eine Tradition, von der die zentralistisch organisierte GAG von heute weit entfernt ist.

Die GAG war bald die größte, aber nicht die einzige Baugenossenschaft. Mit insgesamt 138 Wohnungsbaugenossenschaften war der genossenschaftliche Gedanke in Köln so stark vertreten wie in kaum einer anderen Stadt. Bald hatte so gut wie jede soziale und politische Gruppierung ihre Genossenschaft: katholische Gesellen

wie sozialistische Arbeiter, Straßen-
bahner wie Professoren. Angesichts
der dramatischen Wohnungsnot in
Köln nach dem Kriegsende rückte die
GAG von der Idee des Einfamilienhau-
ses ab und errichtete nun auch mehr-
geschossige Miethäuser. Der »Grüne
Hof« in Mauenheim entstand als erster Siedlungsbau mit Mehrgeschoss-
wohnungen in den Jahren 1922 bis
1924 nach Plänen des Hausarchitekten
der GAG, Wilhelm Riphahn, des bedeutendsten Kölner Architekten über
Jahrzehnte hinweg. Ab 1925 setzte
sich das »Neue Bauen« im Siedlungsbau der GAG durch. Es begann mit der
Siedlung Zollstock nach Plänen von
Riphahn, setzte sich fort mit dem Bau
des »Blauen Hofs« an der Kasseler
Straße in Buchforst nach Plänen von
Riphahn und Caspar Maria Grod und
fand seinen Höhepunkt im ebenfalls
von ihnen entworfenen Bau der
»Weißen Stadt« auf dem Kalkerfeld in
Buchforst, einem großen Siedlungs-
komplex mit etwa 600 Wohneinheiten, der in den Jahren 1929 bis 1932
gebaut wurde.
Diese Siedlungen gehören zu den
wichtigsten des deutschen Siedlungs-
baus. Stets wurde dabei preiswertes
Bauen mit einer humanen Bauweise
und Umgebung verbunden. Die GAG
arbeitete bei der Farbgestaltung mit
Mitgliedern der Künstlergruppe »Rheinische Progressive«, nämlich Heinrich
Hoerle und wahrscheinlich Fritz
Seiwert zusammen. 1932 begann die
GAG in verschiedenen Stadtteilen, vor
allem in Vogelsang, mit dem Bau von
Erwerbslosensiedlungen. Erwerbslose
bauten die Häuser gemeinschaftlich
selbst; große Grundstücke sollte ihnen
eine halbagrarische Selbstversorgung
ermöglichen. Heute lebt
jeder zehnte Kölner in
einer der 42 000 Wohnun-
gen der GAG.

Anzeige im Kölner
Baugenossenschaftsblatt,
Juni 1930

Wir gehen nun ein Stück weiter in Richtung Alter Markt die Straße Unter Käster herunter. Nach wenigen Metern biegen wir nach rechts in

den **14** **Willi-Ostermann-Platz,** benannt nach Kölns berühmtestem Volkssänger und Komponisten. Der Platz war erst 1938 durch »Auskernung«, also durch Abriss mehrerer Häuser links und rechts des Kastellsgäßchens entstanden. Hier befindet sich der **Ostermann-Brunnen,** wohl einer der schönsten Brunnen in Köln. Er wurde kurz nach dem Tod Ostermanns 1936

Heimweh no Kölle (1. Strophe)

En Köln am Rhing ben ich gebore
Ich han und dat litt mir em Senn,
ming Muttersproch noch nit verlore,
dat eß jet, wo ich stolz drop ben.
Wenn ich su an ming Heimat denke
Un sin d'r Dom su vör mir ston,
mööch ich direk ob Heim an schwenke,
ich mööch zo Foß no Kölle gon,
mööch ich direk ob Heim an schwenke,
ich mööch zo Foß no Kölle gon.

links: **Ostermann-Brunnen,** um 1939
Oben: **Titelseite** des Notenblatts zu einem Lied von Willi Ostermann

einen kleinen Weg, der so klein ist, dass wir aufpassen müssen, ihn nicht zu verpassen, zumal ein Torbogen am Eingang steht: das Kastellsgäßchen, die wohl schmalste Gasse Kölns – an der schmalsten Stelle gerade Mal 127 cm breit. Wenn wir diese durchschreiten, stoßen wir auf eine Oase mitten in der umtriebigen und lauten Altstadt,

von Thomas Liessem, dem Vorsitzenden des Festausschusses Kölner Karneval, in Auftrag gegeben. Geschaffen vom Bildhauer Willi Klein aus einem 14 Kubikmeter großen Muschelkalkblock aus Bayern, wurde er 1939 im damals neu gestalteten Martinsviertel eingeweiht. In leicht veränderter

Form ist er heute noch erhalten. Die außerordentliche Popularität seiner Lieder lässt sich in Köln leicht bemessen. Kaum nennt man die Titelzeile, schon wird mitgesummt oder mitgesungen: »Et Stinna muß 'ne Mann hann«, »Och wat wor dat fröher schön doch en Colonia«, »Watt will die Mösch«, »Kutt erop! Kutt erop! Kutt erop!«, »Kölsche Mädcher künne bütze« und »Einmal am Rhein« oder »Rheinische Lieder, schöne Frau'n beim Wein«. Zur kölschen Hymne wurde sein Lied »Heimweh noh Kölle«, das Ostermann im Juli 1936 auf dem Sterbebett geschrieben hat. Liessem hatte die erste Schallplattenaufnahme des Liedes eingespielt und die 9 000 Reichsmark Honorar bildeten den Grundstock für den Denkmal-Fonds. Auf dem Brunnen werden Gestalten aus den Liedern Ostermanns dargestellt. An den Ecken sind die Figuren von drei Frauen besonders hervorgehoben. Wir erblicken zunächst »De Tant«. Sie kam vom Lande und besuchte die Stadt; bei ihrer Heimkehr stellte sie fest, dass sie keinen Schlüssel dabei hatte, was Bekannte und Verwandte veranlasste zu vermuten, was sie Verruchtes in der Stadt erlebt hatte. Links herum steht an der Ecke »Et Billa«. Sie war eine einfache Marktfrau, die ein Verhältnis mit einem reichen Mann hatte und von diesem mit 25 000 Mark – damals eine stattliche Summe – abgefunden wurde. Davon kaufte sie sich im vornehmsten Stadtteil von Bonn, in Poppelsdorf, eine Villa (»Et Schmitze Billa hät en Poppelsdorf ne Villa«). An der nächsten Ecke begegnet uns »Et Stina«; jene Frau, die unbedingt einen Mann braucht. Und der Grund ist auch offensichtlich: Stina ist schwanger – aber leider auch nicht die Hübscheste.

Willi Ostermann (1876 – 1936), das urkölsche Original, war von Geburt her streng genommen überhaupt kein Kölner, denn er wurde 1876 in Mülheim geboren, das erst seit 1914 zu Köln gehörte. Der Sohn eines Eisenbahners wuchs in Deutz auf, das sich immerhin schon seit 1888 Köln nennen durfte. Er absolvierte eine Lehre als Stereotypeur und Galvanoplastiker. Doch in dem Beruf hielt es ihn nicht lange, es drängte ihn auf die Bühne. Seit 1899 trat er auf Vereinsfesten und ähnlichen Veranstaltungen auf. Ostermann war Autodidakt, der keine Noten lesen konnte. Er pfiff oder summte seine Lieder einem Berufsmusiker vor – zumeist seinem Schwager Emil Palm –, der die Noten dann zu Papier brachte. Mit dem Karnevalslied »Dem Schmitz sing Frau eß durchjebrannt« hatte er 1907 seinen großen Durchbruch. Die Zeit des Ersten Weltkrieges traf Ostermann hart, er wusste nicht, was er besingen sollte. Sein Lied über den »Kölschen Boor« zählte zu den hurrapatriotischen Liedern jener Zeit. Während der britischen Besatzung bis 1926 war es ihm wegen des strengen Versammlungsverbots nicht gestattet, auf die Bühne zurückzukehren. Ostermann schuf daher Rheinlieder in hochdeutscher Sprache. Er schrieb aber auch weiter kölsche Lieder und widmete sich dem Karneval. Viele seiner Lieder sind noch heute ausgesprochen populär, ohne sie ist Kölner Karneval eigentlich nicht mehr denkbar. Dem Nationalsozialismus konnte er sich nicht ganz entziehen, so trat er auf »Kraft-durch-Freude«-Veranstaltungen auf.

Auf diesem schönen Ostermann-Platz eröffnete die Ostermann-Gesellschaft traditionell am 11.11. um 11.11 Uhr mit der Vorstellung des Dreigestirns den Karneval. Doch der Platz wurde bald zu klein, daher weicht man seit 1987 auf den Alter Markt aus.

Denkmal für die Gefallenen des Ersten Weltkrieges im Dom

Jetzt geht es über den Alter Markt zum **15** **Dom.** Im Innern des Doms befindet sich am zweiten Pfeiler des nördlichen Langhauses ein **Denkmal für Gefallene des Ersten Weltkriegs** von der Dombauhütte. Die Holzfigur stellt den heiligen Michael dar. Daneben ist eine Tafel mit den Namen der Gefallenen angebracht. Kriegsbedingte Verluste waren auch auf einem ganz anderen Feld zu vermelden: Ausgerechnet die 1874 aus erbeuteten französischen Geschossen gegossene, 27 Tonnen schwere **»Kaiserglocke«** wurde 1918 wieder eingeschmolzen und in Kanonen zurückverwandelt. Wenn

dies nicht symbolisch ist! Die Glocke ist ohnehin als »Die Stumme von Köln« in die Geschichte eingegangen. Die Glocke – Kaiser hin, Kaiser her – traf den gewünschten Ton C nicht, sondern es wurde ein Cis. Pfingsten 1908 löste sich ihr Klöppel und stürzte in den Glockenstuhl. Das Nachfolgemodell war ungemein erfolgreicher und wurde bei den Kölnerinnen und Kölnern regelrecht populär: der »dekke Pitter«, wie die Petersglocke in Köln genannt wird. Sie ist die bis heu-

Egon Erwin Kisch: »Der entdeutschte Rhein« (1920)

»In Köln sitzen zwölftausend englische Soldaten, ›vorläufig für fünf Jahre‹. Im Hotel Exzelsior vor dem Dom ist das ›General Headquarters, British Forces of the Rhine‹ ...Das Trottoir vor dem Hotel darf abends niemand betreten. Auch die meisten andern Hotels in Köln sind für englische Kommandos und Institutionen reserviert, das Bismarck-Denkmal auf dem Augustinerplatz hat eine große Orientierungstafel und ein großes Gebäude mit der gleichen Aufschrift hinter sich: ›Rhine forces officers'-Club‹. ... Im Deutschen Theater haben die Engländer das Vorkaufsrecht auf alle Plätze. Erst zwei Tage vor der Aufführung wird vom britischen Kommando die Erlaubnis zum Kartenverkauf an die Bevölkerung gegeben. Die besten Plätze, besonders bei Opernaufführungen, sind den Briten reserviert.«

Militärparade vor dem Hotel Excelsior, um 1925. Rechts: Vor dem Dom zur Schau gestellte britische Panzer, um 1920

te größte freischwingende Glocke der Welt und läutet achtmal im Jahr an den höchsten katholischen Feiertagen, außerdem anlässlich außergewöhnlicher politischer Ereignisse. Anfang der zwanziger Jahre wurde auf Betreiben von Konrad Adenauer und Kardinal Joseph Schulte die neue Glocke gegossen.

Die Umgebung des Doms ist auch eng verbunden mit der Zeit der **britischen Besatzung.** Im nahegelegenen **Hotel Excelsior** vor dem Dom befand sich das Hauptquartier für die britischen Truppen im gesamten Rheinland, das ›General Headquarters, British Forces of the Rhine‹; von dem aus zu Spitzenzeiten immerhin 280 000 Soldaten befehligt wurden. Vor dem Dom fanden daher auch häufig Truppenparaden statt. Auch der britische Verteidigungsminister Winston Churchill nahm hier die Truppenparade ab.

Am 31. Januar 1926 endete nach über sieben Jahren die britische Besatzung Kölns. In der Nacht vom 31. Januar auf den 1. Februar und am 1. Februar selbst wurde mit großem Pomp und Pathos die »Befreiungsfeier« begangen. Mit der Feier ist der spektakuläre Beginn des Rundfunks in Köln verbunden, da die Feier direkt über den Berliner und andere Sender übertragen wurde.

Das Ende der Besatzung bot neue Entwicklungschancen für die Stadt. Jetzt konnten staatliche Einrichtungen ins Rheinland verlegt werden. Köln wurde Sitz des neu geschaffenen Landesarbeitsamts und des Landesarbeitsgerichts. Der bisherige britische Militärflughafen Butzweilerhof wurde nun mit erheblichen städtischen Mitteln zum zivilen Flughafen ausgebaut.

Live-Bericht für die Rundfunkübertragung zur Befreiungsfeier

»Die Bewegung steigt, je mehr der Minutenzeiger der XII sich nähert und im Augenblick, wo der erste der Stundenschläge beginnt, erhebt sich ein Jubel, der feierliche Stimmung erzwingt. Mit dem zwölften Glockenschlag tritt fast plötzlich eine unheimliche Stille ein. Nach wenigen Sekunden folgt der erste leise Anschlag der neuen Petersglocke, die bald in sonorer Majestät einen geschichtlichen Augenblick einleitet. Das Vollgeläute klingt ab, und kaum ist wieder Stille eingetreten, da treten die ersten Worte des Kölner Bürgermeisters Adenauer aus dem Lautsprecher. ›Die Stunde ...‹, die Stimme des Redners bricht in übergroßer Erregung ab ... ›Die Stunde ist gekommen, die so heiß, so inbrünstig ersehnte, der Tag der Freiheit ist angebrochen.‹ Atemlos lauscht die Menge der nun gesammelten kraftvollen Stimme des Kölner Oberbürgermeisters, dessen Worte ungesucht natürlich kommen und die Weihe des Augenblicks ins Unendliche steigern.«

Nächtliche Feier zur Rheinlandbefreiung,
31. Januar / 1. Februar 1926
Rechts: Plakette zur Rheinlandbefreiung

Jetzt geht es vom Dom aus am Museum Ludwig vorbei über die Hohenzollernbrücke zum **16 Messegelände.** Die Kölner Messe ist Adenauers Kind, eines der wesentlichen Projekte seiner Oberbürgermeister-Zeit. Als Standort für das Messegelände wurde bewusst Deutz gewählt, um das häufig vernachlässigte rechtsrheinische Köln zu fördern. Mit einer überbauten Fläche von 33 000 Quadratmetern handelte es sich um die umfangreichsten Bauten in ganz Deutschland nach 1918. Dazu zählten sechs große Hallen, über 100 Betriebs- und Büroräume, drei Säle und Deutschlands größte Kongress- und Konzerthalle mit 5 000 Sitzplätzen. Diese 1924 eingeweihten ersten Messebauten nannte man im Volksmund bald schlicht »Adenauers Pferdeställe«, da sie angesichts knapper Kassen recht einfach gehalten waren und keine geschlossene Einheit darstellten. Innerhalb weniger Jahre gelang es Köln, sich neben Frankfurt am Main und Leipzig als ein führender Messeplatz zu etablieren.

Erst zur »Pressa« 1928, der Internationalen Presseausstellung (darüber nachher mehr), erhielt das Rheinufer an dieser Stelle seine bis heute vorhandene charakteristische Schauseite mit Hauptgebäude und Messeturm, Staatenhaus, Parkrondell, Café und Rheinpark. Die Umbauten und Erweiterungen erfolgten nach Plänen von Adolf Abel. Erst jetzt entstand eine geschlossene Einheit. Die schmucklosen Fassaden wurden mit einer dunkelroten Backsteinummantelung versehen, die dem Bau den monumentalen Charakter nahm. Um die Fassade nicht

monoton erscheinen zu lassen, wurde sie durch unterschiedlich breite und verschiedenfarbige Steine plastisch gestaltet. Der **Messeturm** von 86 Metern Höhe wurde als weit sichtbares Wahrzeichen errichtet, der ausglei-

Luftaufnahme der Kölner Messe, Sommer 1931. Links: **Plakat von Peter Behrens** zur Werkbundausstellung, 1914

chend wirkt zu den weitläufigen horizontalen Bauten. Zudem wurde das umliegende Gelände mit Rheinterrasse und Rheinpark zu einem beliebten Ausflugsort gestaltet. Vom Messeturm aus gehen wir ein Stück geradeaus zum im Rheinpark gelegenen **Staatenhaus,** das 1927/28 ebenfalls für die »Pressa« erbaut wurde, wiederum nach Plänen von Adolf Abel. Sein Name rührt daher, dass sich hier auf der »Pressa« die verschiedenen Staaten präsentierten. Der weit geschwungene Bau grenzt den Bereich des in den fünfziger Jahren gebauten Tanzbrunnens ein. Mit seiner gebogenen, fast halbrunden Form bildet das Staatenhaus einen ausgleichenden Kontrast zu den langen Geraden des Messebaus und dem schmalen, hoch geschossenen

DEUTSCHE WERKBUND-AUSSTELLUNG
KUNST IN HANDWERK, INDUSTRIE UND HANDEL · ARCHITEKTUR
MAI **CÖLN 1914** OCT.

Messeturm. Im Zentrum des mit Ziegeln verkleideten Staatenhauses steht ein wuchtiger Torbau. Er übersteigt die Hallen und teilt sie zudem in zwei Hälften. Zur »Pressa« wurde 1928 auch das Rheinparkgelände erweitert. In der Achse des Staatenhauses wurde der »Leuchtbrunnen« an-

verfolgte das Ziel, Kunst in Handwerk, Industrie und Handel darzubieten und die Bedeutung der angewandten Kunst herauszustellen. Einige der eigens für die Ausstellung erbauten Gebäude waren bedeutende Beiträge zur modernen Architektur, u.a. von Walter Gropius, Hannes Meyer, Henry

oben: Weg durch die Pressa
rechts: Der zur Pressa fertig gestellte
Messehof, 1928

gelegt und im Umkreis mit Rhododendron bepflanzt. Das Bild vom heutigen Rheinpark rührt von der Bundesgartenschau 1957 her. Die Skulpturen im Rheinpark wurden Ende der vierziger und in den fünfziger Jahren aufgestellt: die »Assunta« von Georg Kolbe, das »Steigende Pony« von Renée Sintenis und »Eva II« von Gerhard Marcks.

Auf dem Deutzer Areal wurden bedeutende, ja spektakuläre Ausstellungen gezeigt, in denen sich der Zeitgeist spiegelte. Die Werkbundausstellung 1914, die Jahrtausendausstellung 1925 und schließlich die »Pressa« 1928. Die **Werkbundausstellung,** vom 1907 gegründeten Werkbund organisiert,

van de Velde und Bruno Taut. Nach Ausbruch des Ersten Weltkrieges musste die Ausstellung vorzeitig geschlossen werden. Die Gebäude wurden nun militärisch genutzt. 1925 folgte die **Jahrtausendausstellung** in den Deutzer Messehallen, die an die tausendjährige Zugehörigkeit des Rheinlandes zum Deutschen Reich erinnern sollte. Entworfen und gestaltet wurde die Ausstellung von dem Neusser Museumsdirektor Wilhelm Ewald und dem Kölner Wirtschaftshistoriker Bruno Kuske.

Ein fulminanter Höhepunkt in der Geschichte der Kölner Messe bis 1933 – und Kölns in der Weimarer Zeit insgesamt – stellte ohne Frage die **»Pressa«,** die internationale Presse-Ausstellung, vom Mai bis Oktober 1928 dar. Mit ihr sollte »der Welt ein Bild von der kulturellen und wirtschaftlichen

Bedeutung des Pressewesens in allen seinen Erscheinungen« gegeben werden. Die Ausstellung war in 13 Hauptgruppen unterteilt, angefangen mit der »Kulturhistorischen Abteilung«, bei der die Anfänge des Nachrichtenwesens bei Indianern, Afrikanern und Germanen gezeigt wurden, über »Das häuser, aber auch Religionsgemeinschaften und einzelne Staaten hatten von namhaften Architekten architektonisch eindrucksvoll gestaltete Pavillons errichten lassen. Im »Staatenhaus« präsentierten 44 Staaten in eigenen Pavillons ihre Form des Pressewesens. Kunsthistorisch weltweites Aufsehen

links: Das **Staatenhaus**
rechts: **Das Gebäude der Kölnischen Zeitung** bei Nacht

Die »Neue Freie Presse« (Wien) über die Kölner Messe (16. Mai 1928)

»Die Kölner Messe ist eine großartige Anlage, die in eindrucksvoller Weise das Wiederaufleben der deutschen Städte, den Aufschwung Deutschlands seit dem Kriege zur Anschauung bringt, die vor allem den Unternehmungsgeist, die Tatkraft, die Großzügigkeit der Stadt Köln bekundet. Der starke und kühne Geist, der in allem lebt, das die Stadt Köln in letzter Zeit geschaffen hat, ist vor allem der Geist eines Mannes, des Oberbürgermeisters Konrad Adenauer.«

erzielte der Pavillon der Sowjetunion, den der Repräsentant des russischen Konstruktivismus, El Lissitzky, entworfen hatte. Aber auch die Stahlkirche von Otto Bartning und der vom Kölner Architekten Hans Schumacher entworfene Pavillon der Deutschen Arbeiterpresse fanden große Beachtung. Rund 300 Kongresse und Tagungen fanden im Rahmen der Ausstellung statt. Die »Pressa« lockte fünf Millionen Besucher an, fand national und international ein derart breites und zustimmendes Echo, das sie mit einer Weltausstellung verglichen wurde.

Papier« und »Das werbewirksame Inserat« bis hin zur »Photographie und Reproduktion« und der Abteilung »Völkerbund«. 44 Länder beteiligten sich. Zur Eröffnung erschien ein Katalog mit 424 Text- und 251 Anzeigenseiten. Zahlreiche Verlage und Druck-

Wir gehen nun auf der Hohenzollern-brücke zurück zur linken Rheinseite und spazieren zunächst ein gutes Stück am Konrad-Adenauer-Ufer entlang, von wo wir einen schönen Blick auf die Messe haben. Von weitem erkennen wir bereits die **17** **Bastei.** Die von Wilhelm Riphahn entworfene Bastei mit dem eindrucksvollen Rundbau wurde 1924 auf dem Stumpf eines preußischen Befestigungstur-mes erbaut [→ *Das neuzeitliche Köln, S. 78f.*]. Sie gehört zu den wichtigsten Werken der expressionistischen Baukunst in Köln. Der eindrucksvolle Rundbau erscheint im Kontrast zu dem massiven Stumpf leicht und schwebend. Das fächerartig gestaltete Dach ragt weit über die Uferbefestigung hinaus. Das im Krieg zerstörte Gebäude wurde von Riphahn wieder aufgebaut. Es wird jetzt nur noch für Feierlichkeiten als Restaurant benutzt.

Bastei, um 1930

Map labels:
20 Zoo

Weißenburgstr.

Reichens-
perger-
platz

Riehler Str.

Clever Str.

Worringer Str.

Konrad-Adenauer-Ufer

21

18 19

Ebert-
platz

Theodor-Heuss-Ring

17

Eigelstein-
torburg

23

Thürmchenswall

22

Weidengasse

Dagobertstr.

Eintrachtstr.

...stein

Messeturm

Messe

16

Köln von der Bastei aus gesehen
(von Joachim Ringelnatz)

Es schlägt der Leuchtturm durch die Nacht
Seine unermüdlichen Strahlen.
Es schleichen Schiffe überwacht,
Die lassen sich bezahlen.

Wie Perlenreihen und Geschmeid
Lichtern die Ufer am Rheine.
Ein Mädchen weint ihr Herzeleid
Am Kai auf steile Steine.

Sie trägt ein helles Wiesenkleid
Und steht sonst ganz im Dunkel.
Das Wasser spiegelt kein Herzeleid,
Es spiegelt nur Gefunkel.

Ich rufe schmatzend den Ober herbei.
Er will mich nicht verstehen.
Ich wünsche: Es möchte sich die Bastei
Jetzt karussellartig drehen.

Wir spazieren weiter am Rheinufer entlang und sehen nun bereits die **18 Mülheimer Brücke.** Die Entscheidung zum Bau der Brücke war mit

**Einweihung der Mülheimer Brücke
am 2. Oktober 1929**

denkwürdigen Begleitumständen verbunden, die ein Licht auf Adenauers Führungsstil und Persönlichkeit werfen und ihn als gewieften Taktiker zeigen. Obwohl ein Preisgericht (mit neun gegen zwei Stimmen) und die große Mehrheit der Stadtverordneten eine Bogenbrücke der Firma Krupp befürworteten, setzte sich Adenauer mit seiner Idee für eine wesentlich teurere Hängebrücke der Firma M.A.N. durch. Die Kommunisten konnte er für das Projekt mit dem Argument gewinnen, dass die Aufträge für den Bau der Brücke an Kölner Firmen vergeben würden. Gemeinsam beschlossen Zentrum, KPD und Mie-terpartei den Bau der Bogenbrücke. Am 13. Oktober 1929 wurde die von Adolf Abel entworfene neue Brücke nach zweijähriger Bauzeit feierlich eingeweiht.

Die Kabelhängebrücke war mit einer Spannweite von insgesamt 497 Metern Länge damals die **größte Hängebrücke Europas.** Im Unterschied zu den anderen Kölner Brücken war hier ein Übergang ohne Strompfeiler geschaffen worden. Die Kölner Firma Felten & Guilleaume hatte die verwendeten Drahtzeile hergestellt, die die – Toren gleichenden – Pylone von über 52 Metern verbinden, die jeweils

Brückenpfeiler der
Mülheimer Brücke

vor den Ufern auf Pfeilern stehen. Der Straßenbrücke verlieh dies einen eleganten Schwung und eine lichte und leichte Wirkung. Der veränderte Wiederaufbau in den Jahren 1949 bis 1951 wurde in einer starreren Form vollzogen und nahm der Brücke einiges von dem früheren Schwung und Eleganz.

Für geübte Wanderer geht es jetzt ein gutes Stück den Rhein entlang, vorbei an der Mülheimer Brücke und gut zwei Kilometer gerade aus, bis eine kleine Brücke über den Niehler Hafen führt. Wem dies zu viel wird – es geht nämlich die gleiche Strecke auch wieder zurück –, möge sich mit der Lektüre begnügen. Von der Brücke aus haben wir einen Blick auf das weiträumige Gelände von 19 **Ford.** Die Ansiedlung der Fordwerke in Köln stellt die wichtigste Entscheidung für die Kölner Wirtschaft in jenen Jahren dar. Köln hatte im harten Wettbewerb mit anderen Städten das Rennen gemacht, wobei Oberbürgermeister Adenauer die Konkurrenten mit einem finanziell attraktiven Angebot ausstach. Im Oktober 1929 wurde der Vertrag zwischen Ford und der Stadt unterzeich-

Grundsteinlegung für das Werk Ford durch Henry Ford, 1930

net und ein Jahr später nahmen Henry Ford und Konrad Adenauer die Grundsteinlegung vor. Die Fordwerke schlossen ihre Produktion in Berlin, so dass Köln zum einzigen Produktionsort Fords in Europa wurde. Zügig wurden nun Montage- und Produktionshallen gebaut. Der Bau der Fordwerke war damals die bedeutendste und umfangreichste industrielle Baumaßnahme in Deutschland. Es entstand eine der modernsten Autofabriken Europas. Sämtliche

Ford-Werke, um 1931

Arbeitsstätten wurden unter einem Dach zusammengefasst. Fabrikation und Verwaltung waren nach der Idee von Henry Ford von einer gemeinschaftlichen körperlichen und geistigen Arbeit in einer Werksgemeinschaft zusammengefügt worden. Zu den weiteren Prinzipien Fords zählten Fließbandarbeit und mechanisierte, in einfache Einzelschritte zerlegte Arbeitsabläufe, die zu kürzeren Fertigungszeiten und einem geringeren Bedarf an qualifizierten Arbeitskräften führten.

Ford Köln Emblem, in den Jahren 1931 bis 1951 verwandt

Der damals gebaute – und auch heute noch erhaltene – historische Kern der Fordwerke ist vom sachlichen Bauen geprägt. Klare und übersichtliche Strukturen herrschen in dem funktionalen Baustil vor. Auf zierendes Beiwerk wurde fast völlig verzichtet, mit einer Ausnahme: ein Arbeiterkopf mit Mütze des Bildhauers Willy Meller am Ende der werkseigenen Rheinwerft. Die Bauten entwarf der Architekt Edmund Körner. Der 30 Meter hohe Wasserturm mit dem weit sichtbaren Firmennamen und das Kesselhaus stehen auf einer offenen Stahlkonstruktion und ragen fast stolz über die flachen Produktionshallen hinaus. Sie sind auch von der Brücke aus gut zu erkennen. Der Schornstein des Kesselhauses wurde 1993 erneuert und dabei leider durch einen Edelstahl-Kamin ersetzt. Die langgestreckten Bauten sollten als »innerer Ausgleich« bzw. »großflächige Ruhe« gegenüber dem Tempo des Arbeitslebens wirken. Vier Werkhallentrakte gruppieren sich um einen quadratischen Innenhof. Zu

sehen ist heute noch der Grundstein am Ford-Gelände in Niehl, wo sich eine eingravierte Unterschrift von Adenauer vom Oktober 1930 befindet.

Bereits am 4. Mai 1931 verließ das erste in Köln gebaute Ford-Auto das neue Werk am Niehler Industriehafen, ein Zwei-Tonnen-LKW. Ab 1931 wurde auch das A-Modell von Ford hier gebaut, später ein Kleinwagen namens »Köln« mit 21 PS. Bald fertigte man in einer einzigen Achtstunden-Schicht 180 Automobile und zudem 75 Motorensätze. 1935 wurden bereits 13 000 Kraftfahrzeuge gebaut. Die wirtschaftliche Bedeutung der Ansiedlung von Ford für die Stadt war erheblich. Ford wurde bereits in den dreißiger Jahren zu einem der größten Arbeitgeber Kölns.

Wir gehen zurück am Rheinufer entlang und kommen am **20 Zoo** vorbei. Dort gilt es an etwas zu erinnern, was heute allgemein Kopfschütteln verursacht. Im Zoo wurden nicht nur Tiere präsentiert, sondern auch Menschen. In Europa und Nordamerika wurden **»Völkerschauen«** organisiert: Mitglieder »fremder« Völker und Kulturen wurden u.a. in Zoos zur Schau gestellt. Der Hamburger Tierhändler Carl Hagenbeck hatte 1874 begonnen, derartige Spektakel in Europa durchzuführen. Der Kölner Zoo war vergleichsweise selten Ort derartiger Veranstaltungen. Doch er war einer der ersten und einer der letzten Zoos, in denen solche Schauen zu sehen waren. Ingesamt fanden im Kölner Zoo sieben »Völkerschauen«

statt, die erste im Jahr 1878 mit einer Eskimo-Familie. 1931/32 gab es drei weitere »Völkerschauen«. Im Sommer 1931 war eine 32köpfige Gruppe von Neukaledoniern aus der Südsee zu sehen. Sie lebten in einem im hinteren Teil des Zoos aufgebauten Dorf mit Totempfählen und einem Tanzplatz. Sie wurden reißerisch als Kannibalen angekündigt. Die Schau wurde ein

DAS ELEGANTE KÖLN

EXOTISCHE MODENSCHAU

IM KÖLNER ZOO

von Dr. F. Hauchecorne

Frauen vom Stamme Sara-Kaba beim Hirsestampfen.

voller Erfolg: Der Zoo erlebte einen Massenandrang; an einem Tag kamen sogar über 27 000 Besucher. Im Herbst des gleichen Jahres folgte die »Völkerschau« »Die Lippenplattenneger vom Stamme der Sara-Kaba«. Vom Zoodirektor Friedrich Hauchecorne wurden die acht Frauen, ein Mann, drei schwarze »Zwerge« und ein Baby als »exotische Modenschau« angekündigt und mitten im Zoo bei den Bärenzwingern gezeigt. Die letzte »Völkerschau« fand

Oben: »Völkerschau« der Beduinen-Karawane, 1910. Unten: Ankündigung der »Völkerschau« »Die Lippenplattenneger vom Stamme der Sara-Kaba«, 1931.

im Sommer 1932 statt. 20 Aschanti (Männer, Frauen und Kinder) von der westafrikanischen Goldküste, dem ehemaligen Deutsch-Togo, sowie einige Araber und drei Ägypter hatten ihre Darbietungen in einem eigens gebauten Dorf aufzuführen. Der Besuch war jedoch diesmal nur gering.

Das Musikhistorische Museum
oben: Blick in die Ausstellung

Zwischen Bastei und Zoobrücke geht vom Rheinufer die **21 Worringer Straße** ab. Dort befand sich im Haus Nr. 23 das **Musikhistorische Museum.** Dieses schöne und weitgehend erhaltene neoklassizistische Haus, dessen Fassade mit Jugendstildekor versehen ist, wurde 1905 vom renommierten Architekten Carl Moritz für die Musikinstrumentensammlung von Wilhelm Heyer erbaut. An der Giebelfassade ist das Relief einer Lyraspielerin zu erkennen. Auch die beiden goldenen Kopfabbildungen über dem Eingang deuten auf die frühere Nutzung des Hauses hin. Heyer war Inhaber einer in der Nähe des Römerturms gelegenen Papierfabrik und hatte eine der bedeutendsten Sammlungen Europas zusammengetragen: über 2 600 Musikinstrumente, 1 600 Musikerautographen, 20 000 Briefe, zahlreiche Musikdarstellungen und Musikerbilder. Ein halbes Jahr vor der Eröffnung des Museums 1913 starb er. Die Familie versuchte 1924, das Museum an die Stadt Köln zu verkaufen. Die Verhandlungen zogen sich zwei Jahre hin. Die Familie hatte ihr ursprüngliches Angebot von fünf Millionen Mark bereits auf 1 050 000 Mark reduziert, Adenauer war aber nicht bereit, sein Angebot von 800 000 Mark zu erhöhen. Schließlich ging die Sammlung von Instrumenten nach Leipzig, wofür der sächsische Staat 800 000 Mark bezahlte, zahlbar innerhalb von zehn Jahren ohne Zinsen. Noch heute ist dort die Heyersche Sammlung als eine der bedeutendsten Sammlungen der Welt erhalten. Die übrigen Bestände wurden letztlich in alle Winde verstreut. Adenauer ließ diese einmalige Chance für die Musikstadt Köln wegen einer Viertelmillion Mark verstreichen, obwohl seine Ausgabenpolitik angesichts der vielen Großprojekte mit über 10 Millionen Mark innerhalb weniger Jahre sehr freizügig war. Und zudem musste er sich vom zuständigen preußischen Minister sagen lassen, dass er nicht rechtzeitig über die Reduzierung des Kaufpreises informiert worden wäre, für den die Sammlung für Köln durchaus hätte erworben werden können. Heute befindet sich in dem Haus ein Hotel, das sich zu den »Historik Hotels« zählt, und mit einer Wagner-Empore und Decken- und Wandmalereien an die Geschichte des Hauses als Musikhistorisches Museum erinnert.

Ein gutes Stück weiter am Theodor-Heuss-Ring vorbei gelangen wir zur **22** **Dagobertstraße 38,** wo seit 1926 der **Westdeutscher Rundfunk** sein erstes Domizil hatte. Heute befindet sich hier ein Nebeneingang der Musikhochschule. Ursprünglich war das Haus für die Schlosserinnung vorgesehen und wurde erst Anfang der 1970er Jahre abgerissen. Den Westdeutschen Rundfunk nach Köln geholt zu haben, zählt zu den wichtigsten wirtschaftspolitischen Entscheidungen

Dagobertstraße 38: erster Sitz des Westdeutschen Rundfunks, um 1930

jener Zeit, die bis heute von erheblicher Bedeutung ist. 1924 war die »Westdeutsche Funkstunde A.G.« (Wefag) gegründet worden und hatte in Münster ihren Betrieb aufgenommen. Nach dem Ende der Rheinlandbesetzung entwickelte sich ein lebhafter Streit zwischen drei Städten um die Ansiedlung des Rundfunksenders. Neben Dortmund standen Köln und Düsseldorf (wieder einmal!) in heftiger Konkurrenz zueinander. Adenauer kam der Reichspost – denn diese betrieb den Sender – bei der Grundstücksfrage entgegen und argumentierte mit der kulturellen Bedeutung Kölns. Köln erhielt schließlich den Zuschlag. Im Oktober 1926 bezog der Rundfunk das angemietete Haus in der Dagobertstraße. In der Silvesternacht wurde das Programm bereits von dort aus gesendet; am 15. Januar 1927 begann

Dem WDR ins Stammbuch geschrieben

»Diese Aufgabe lautet, einem schier unermesslichen, aus allen Altern, Ständen und Stufen menschlicher Reife zusammengesetzten Hörerkreise, welcher zum Teil der Natur nahe in einsamen Häusern auf dem Lande, zum Teil dicht aneinander gedrängt – zwischen Eisen und Beton – in den großen Städten lebt, durch das Wunder des Rundfunks das lebendige Leben und die lebendige Kultur des eigenen und aller Völker zu seelischer Erhebung, geistiger Fortbildung und gemütlicher Zerstreuung nahezubringen. Aber weder die Überzahl noch die Zusammengesetztheit derer, die zuhören, lässt auch nur einen von uns glauben, dass die geistig oder künstlerisch billig, flache Ware gut genug sei, um unter so vielen Menschen gebracht zu werden, sondern wir glauben im Gegenteil, dass nur das Beste, auf die vollkommenste Art Wiedergegebene gerade gut genug sei, um in die heimische Reinheit ihrer Stuben getragen zu werden.« *(Ernst Hardt über die Aufgabe des Rundfunks anlässlich der Eröffnung des Langenberger Senders am 15. Januar 1927)*

Studioaufnahmen des Westdeutschen Rundfunks, um 1928

offiziell das Programm der Westdeutschen Rundfunk AG in Köln. Es wurde ausgestrahlt vom damals stärksten europäischen »Rhein- und Ruhrsender« in Langenberg, der am gleichen Tag feierlich eröffnet wurde. 1928 zog der Sender nach Raderthal und nannte sich fortan »Westdeutsche Rundfunk A.G.« (Werag). Das Sendegebäu-

de ist erhalten und wird derzeit von der Post genutzt.

Erster Intendant wurde Ernst Hardt. Das **Programm** war sehr anspruchsvoll. Es galt als das beste in ganz Europa. Hardt betonte die große »kulturelle und volkserzieherische Aufgaben« des Radios. Innerhalb kürzester Zeit erwies sich der Sender als ausgesprochen erfolgreich und populär. Bereits 1927/28 zählte man 350 000 Zuhörer und trat damit in starke Konkurrenz zum großen Bruder in Berlin. Wichtiger Programmpunkt war das Hörspiel, das mit einem eigenem und mit Gast-Ensembles produziert wurde, mit Werken der Klassiker bis hin zu zeitgenössischen Autoren, mit einer Vorliebe für Brecht. Hardt selbst führte Gespräche mit Brecht, Ihering und Sternberg über »Neue Dramatik« und »Klassikertod«. Er leitete auch freie Diskussionen, die als »Gespräche über Menschentum« ins Programm kamen. In seiner Rundfunksendung »Lebende Dichter« lasen u.a. Döblin, Ringelnatz, Zuckmayer und Lasker-Schüler. Klassische Musik spielte eine wichtige Rolle, die so erstmals breiteren Volksschichten vermittelt wurde. Innerhalb kurzer Zeit entstand ein großes Sinfonieorchester, das Wilhelm Buschkötter leitete und bei dem seit 1927 als zweiter Kapellmeister Otto Julius Kühn wirkte. Zudem gründete man ein kleineres Tanz- und Unterhaltungsorchester unter Leo Eysoldt sowie einen Chor und beschäftigte eigenes Opernpersonal. Es wurden aber auch »Lustige Abende« übertragen sowie »Karnevalistische Symphoniekonzerte« und Karnevalssitzungen. Der Sonntag-Morgen war für die Konfessionen reserviert, die sich abwechselten, wobei neben der katholischen und evangelischen auch die jüdische und freireligiöse Religion berücksichtigt wurde. Zum Sonntag gehörte auch die »Orgelstunde« mit Professor Hans Bachem, der die Orgel in der Messehalle spielte. Seit 1928 gab es eine bahnbrechende Neuerung im Programm, die Schule machen sollte: den Kommentar »Vom Tage« über ein wichtiges Ereignis des Tages.

Ernst Hardt (1876–1947) wurde in Graudenz in Westpreußen geboren. Er war der Dichter auf dem Intendantenstuhl: Er verfasste Lyrik, Dramen und Novellen. Zudem arbeitete er als Übersetzer. Durch seine Novelle »An den Toren des Lebens« und sein Drama »Tantris der Narr« wurde er bekannt. Das Stück hatte in Köln seine Uraufführung. 1908 erhielt er den Volksschillerpreis. Von 1919 bis 1924 war er Generalintendant des Nationaltheaters Weimar – mit 46 eigenen Inszenierungen. In der Spielzeit 1925/26 wechselte er als Intendant zum Kölner Schauspielhaus. Dort inszenierte er erfolgreich Brechts »Das Leben Eduards II.«, blieb aber ansonsten glücklos. Auf Vorschlag Adenauers wurde er schließlich Intendant und künstlerischer Leiter des neuen Westdeutschen Rundfunks, den er zu einem anspruchsvollen und erfolgreichen Sender ausbaute. 1933 wurde er von den Nationalsozialisten abgesetzt und zeitweilig verhaftet. In der NS-Zeit schlug er sich mit Übersetzungen und kleineren Artikeln durch. Ernst Hardt starb in Ichenhausen bei Ulm.

**Konservatoriumssaal (in der Musikschule)
in der Wolfsstraße, um 1930**

Auch die Gründung der **Musikhochschule,** die heute am Ort des ersten
WDR-Gebäudes steht, geht auf die
Adenauer-Zeit zurück. Dank der tatkräftigen Unterstützung von Adenauer und des Kulturdezernenten Johann
Meerfeld wurde sie am 5. Oktober 1925
eröffnet. Es war – neben Berlin – die
zweite Musikhochschule Preußens
überhaupt. Wie die Universität wurde
auch sie ohne staatliche Unterstützung
ausschließlich aus Mitteln des städtischen Haushalts finanziert. Der neu
geschaffenen Hochschule wurde die
traditionsreiche Rheinische Musikschule angeschlossen, die infolge der
Währungskrise von 1923 in die Krise
geraten und als private Institution von
der Stadt übernommen worden war.

Die Kölner Musikhochschule galt als
die modernste Einrichtung ihrer Art.
Die künstlerische und musikpädago-
gische Ausbildung existierten erstmals nicht unabhängig voneinander.
Die angehenden Musiker sollten nicht
nur zu Solisten ausgebildet werden –
was in den Konservatorien bis dahin
üblich war –, sondern zu »universellen
Künstlern«. Geleitet wurde die Musikhochschule von Hermann Abendroth
und Walter Braunfels. Die Musikhochschule bezog 1925 das Gebäude der
Rheinischen Musikschule in der Wolfsstraße; diese wiederum nutzte das
ehemalige Benediktinerinnen- und
Alexianerkloster Mauritiussteinweg
(neben der heutigen Wolkenburg).
Beide Gebäude wurden im Zweiten
Weltkrieg zerstört. Nach dem Krieg
nahm die Musikhochschule ihren Betrieb im »Palais Oppenheim« in Bay-

Hermann Abendroth (1883–1956) war, bevor er Direktor der Kölner Musikhochschule wurde, bereits seit 1914 Leiter der Rheinischen Musikschule und des Gürzenich-Orchesters. Er führte die Volkssinfoniekonzerte ein, die ab 1923 in den Deutzer Messehallen stattfanden. Er war zudem Generalmusikdirektor der Stadt. Angesichts seiner Arbeitsüberlastung wurde ihm daher als Co-Direktor der Musikhochschule Walter Braunfels zur Seite gestellt. Im Gegensatz zu Braunfels wurde Abendroth 1933 nicht von den Nationalsozialisten entlassen. Er trat verschiedenen NS-Organisationen bei, erregte aber dennoch das Missfallen der örtlichen NS-Führer und wurde 1934 zum Gewandhauskapellmeister nach Leipzig berufen, was er bis 1945 blieb.1946 wurde er dann nach Weimar berufen und 1949 Chefdirigent des Leipziger und 1953 des Berliner Rundfunk-Sinfonieorchesters.

Walter Braunfels (1882–1954) war bereits Anfang der zwanziger Jahre ein angesehener Pianist und Komponist. Seine Oper »Die Vögel« war mit großem Erfolg uraufgeführt worden. 1925 übernahm er zusammen mit Hermann Abendroth das Amt des Direktors der Musikhochschule. In dieser Funktion bemühte er sich vor allem um den Ausbau der neu eingerichteten Abteilungen Schul- und Kirchenmusik. Braunfels verband mit Adenauer eine persönliche Freundschaft, der ihn beispielsweise zum Vorsitzenden des Künstlerischen Beirats des Westdeutschen Rundfunks ernannte. 1933 wurde Braunfels als so genannter »Halbjude« von den Nationalsozialisten entlassen, konnte aber in Überlingen am Bodensee überleben. 1945 überredete ihn Adenauer, nochmals den Posten des Direktors der Kölner Musikhochschule zu übernehmen und diese ein zweites Mal aufzubauen und bis 1950 zu leiten.

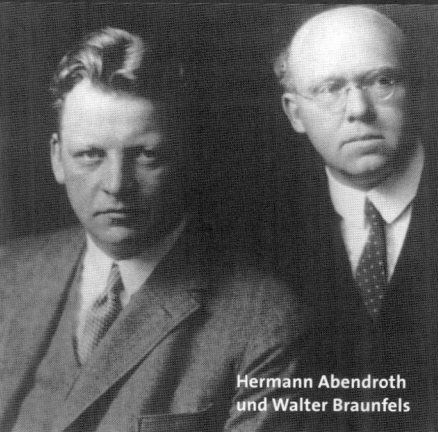

Hermann Abendroth und Walter Braunfels

enthal wieder auf (1946–1950). Nachdem der Westdeutsche Rundfunk 1952 sein neues Funkhaus am Wallrafplatz bezogen hatte, übernahm die Musikhochschule das Gebäude. Die heutige Musikhochschule ist mit über 1800 Studenten/innen aus der ganzen Welt und 440 Lehrkräften die größte Musikhochschule Europas und eine Institution mit Weltruf.

Wir gehen nun die Dagobertstraße geradeaus bis zum Eigelstein und erreichen nach wenigen Metern bereits die **23 Eigelstein-Torburg.** Dort hängt im rechten Torbogen auf der stadteinwärts gelegenen Seite eine der wenigen Erinnerungen an den Ersten Weltkrieg. Es handelt sich um einen Kutter des Kriegsschiffs »Cöln«, das im Ersten Weltkrieg vor Helgoland sank. Über die Geschichte gibt eine

Gedenktafel Auskunft:
»Die Trümmer des Kutters
droben im Torbogen mahnen
an den ruhmvollen Untergang von
  S.M. Schiff Cöln
im Seegefecht bei Helgoland
  am 28. August 1914.
Der heldenhaften Besatzung, die ihr
Grab im Meere fand, bewahrt
die Patenstadt Cöln ein dankerfülltes
dauerndes Gedenken.«

Zerstörter Kutter des »Kreuzers Cöln«
Im Hintergrund: Der Kreuzer **»S.M.S. Cöln«**

S.M. – wer es nicht mehr wissen sollte: Dies steht für Seine Majestät, denn schließlich befinden wir uns noch in Zeiten des glorreichen Kaiserreiches. Vom »dankerfüllten dauernden Gedenken« ist nicht viel zu merken: Der Kutter dient heute als Taubenklo. Also, Vorsicht beim Rundgang.

Über die Lübecker Straße erreichen wir unser nächstes Ziel: das **24** **Hansa-Hochhaus.** Zur leichteren Orientierung sei gesagt, heute befindet sich dort die Firma »Saturn«. Der nach Plänen von Jacob Koerfer in den Jahren 1924 und 1925 errichtete 65 Meter hohe und 17 Etagen umfassende Bau

war seinerzeit nicht nur das erste Hochhaus in Köln, sondern das **höchste profane Gebäude Europas.** Es ist auch heute noch ein markanter Punkt im Stadtbild. Die Kürze der Bauzeit (vom März 1924 bis Mai 1925) und die Art des Bauens waren für damalige Zeiten spektakulär. Nach US-amerikanischem Vorbild wurde ein Eisenbetonskelett verwendet, das mit einer expressionistischen Backsteinfassade aus roten Steinen versehen wurde. Das

Hansa-Hochhaus, 1925/30

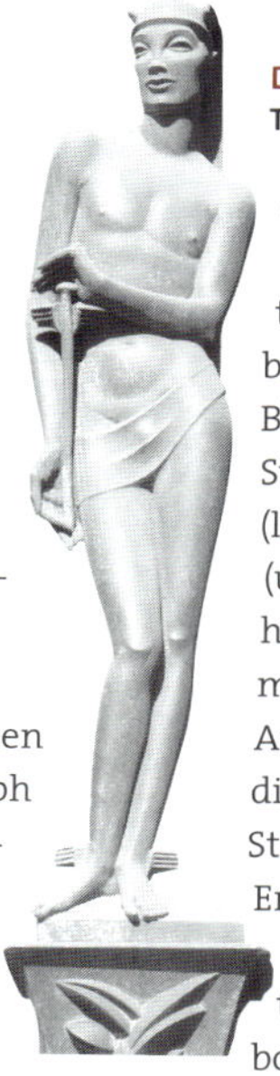

Hochhaus wurde ein Stück vor den Hauptbau errichtet, um einen allzu starken blockhaften Charakter zu verhindern. Auffallend hebt sich der Bau von den anderen Gebäuden des Rings ab. Geschmückt wurde die Fassade mit fünf überlebensgroßen und extrem schlanken Figuren, die die Kontinente verkörperten. Diese in Keramik ausgeführten Plastiken stammten von Franz Albermann und Joseph Pabst und gelten seit dem Zweiten Weltkrieg als vermisst. Es sind jedoch 20 stilisierte Kopfplastiken, zumeist von Tieren, über den Schaufenstern und Eingängen erhalten geblieben. Der mit Figuren geschmückte Haupteingang zum Hochhaus ist original. Das Hochhaus erhielt neben einem

Detail des Türeingangs

»Schnellaufzug« einen Paternoster, der auch heute noch in Betrieb ist und uns bis zum 15. Stock bringt, wo wir einen schönen Blick auf den Mediapark (rechts), St. Gereon und die Gerlingbauten (links) und das Hansagymnasium (unten links) haben. Im Geschäftshaus befanden sich eine »Automobilausstellung« für Adler-Automobile, eine Großgaststätte, die Richard Seewald im Art-deco-Stil ausgemalt hatte, und das Emelka-Kino, das im Stil der Zeit in einem prunkvoll ausgestatteten Kinopalast 1 200 Plätze bot. Geplant ist der Umbau des Hansa-Hochhauses zu einem Hotel.

Wir gehen nun weiter auf dem Hansaring entlang. Am **25** **Hansaplatz** befand sich das von Franz Brantzky geplante und 1900 eröffnete **Kunstgewerbemuseum**. Es zählt zu den Bauten, die nach dem Zweiten Weltkrieg

Kunstgewerbe-museum

nicht wieder aufgebaut wurden, obwohl sie gut erhalten waren [→ *S. 183f.*]. In diesem Museum wurde im »Pallenberg-Saal« 1921 die **Gesellschaft für neue Musik** gegründet. Initiator war der Kunstwissenschaftler und Kunsthändler Herbert Leyendecker. Die Gesellschaft hatte sich zur Aufgabe gemacht, avantgardistische Musik zu

Programmzettel der
Gesellschaft für neue Musik

vermitteln. Vor den Konzerten gaben Mitglieder der Gesellschaft Einführungen zu den Werken. Man wollte »durch häufigere Wiederholung schwer verständlicher Werke, vor allem auch noch ungedruckter Kompositionen, in einem ernsteren Hörer- und Künstlerkreise das Befremden überwinden helfen, welches die neuen Formen in uns hervorrufen, damit dann erst der Weg frei werde zu einer möglichen

künstlerischen Wertung dieser Produkte.« Unter diesen aufgeführten Stücken befand sich etwa die Solo-Sonate für Bratsche von Paul Hindemith. Es ist nicht überliefert, wie oft das Stück gespielt werden musste, um verständlich zu sein. Arnold Schönberg hielt am 10. Februar 1933, kurz bevor die Nationalsozialisten die Gesellschaft auflösten, den letzten Vortrag. Sein Thema lautete: »Stil und Gedanke oder neue und veraltete Musik.«

Ein Stück weiter den Ring entlang, stoßen wir auf den eindrucksvollen Bau der **26** **Allianz-Versicherung** am **Kaiser-Wilhelm-Ring 31–41.** Um den besten Blick auf das Gebäude zu haben, gehen wir zur Grünanlage in der Mitte der Ringe, etwa in Höhe des Einstiegs zur U-Bahn. Das Bürohaus wurde in den Jahren 1931 bis 1933 nach den Plänen der Düsseldorfer Architekten Karl Wach und Heinrich Roßkotten für die Allianz-Versicherung errichtet und wird von dieser bis auf den heutigen Tag genutzt. Der Bau ist nach dem Dischhaus das wichtigste Zeugnis des »neuen Bauens« in Köln. Der Stahlbetonbau ist mit weißem Muschelkalkplatten verkleidet. Im Gegensatz zum Dischhaus ließ das Grundstück nur eine leichte Rundung an der Straßenkreuzung zu. Das augenfälligste Kennzeichen bildet die scheinbar endlose Reihung gleichförmiger, rechteckiger, schmaler Fenster, die sich tief in die Fassade eingraben. Lediglich das Untergeschoss hat höhere Fenster. Das Dachgeschoss scheint über allem zu schweben. Es dient als Erholungsraum mit Loggien und Dachterrassen.

Allianzgebäude, um 1930

Die Allianz-Versicherung wurde 1890 in München als Reaktion auf die zunehmenden Risiken des Industriezeitalters gegründet und startete mit Unfall- und Transportversicherungen. Bei Industrieversicherungen ist sie bis zur Gegenwart führend und hat sich zu einem weltumspannenden Unternehmen entwickelt. Der Kauf der Dresdner Bank im Jahr 2001 bewies die wirtschaftliche Stärke des Unternehmens. In Köln befindet sich seit 1923 die rheinisch-westfälische Direktion der Versicherung. Sie ist heute eine von sieben großen Niederlassungen, mit denen die Allianz-Versicherung in Deutschland vertreten ist.

Wir schlendern nun einige Meter weiter durch die Wasseranlage und erreichen auf der linken Seite das Haus **27** **Kaiser-Wilhelm-Ring 14.** Heute steht hier ein Doppelhaus aus den fünfziger

Logo der Allianz-
Versicherung

Max Ernst (1891–1976) wurde als Sohn eines Taubstummenlehrers und Laienmalers in Brühl bei Köln geboren. Er studierte ab 1909 an der Universität in Bonn, wurde dann 1914 eingezogen. Kurz vor Kriegsende heiratete er die Kunststudentin Luise Straus. Am Kaiser-Wilhelm-Ring in Köln bezogen sie eine Wohnung mit Atelier. In dieser Zeit prägte Max Ernst mit Baargeld zusammen den Kölner Dadaismus. 1921 stellten sie gemeinsam in der Gaststätte Winter aus [→ S. 35 f.]. 1922 ging er nach Paris, u.a. wegen einer kurzlebigen Affäre mit Gala Eluard, der späteren langjährigen Muse von Dali. 1941 floh er aus Frankreich in die USA und heiratete dort die Sammlerin Peggy Guggenheim, die er 1942 wieder verließ. 1946 heiratete er Dorothea Tanning. 1953 kehrte er nach Europa zurück. Er erhielt den Großen Preis der Biennale in Venedig, wurde Mitglied der Akademie der Künste. 1961 verlieh ihm die Stadt Köln die Stefan Lochner Medaille. Er lebte lange in Frankreich und starb in Paris. Ernst zählt zu den bedeutendsten Malern des 20. Jahrhunderts.

Luise Straus (1893–1944) wurde in Köln geboren. Sie war die Tochter eines bedeutenden jüdischen Hutmacherfabrikanten und Mitinhabers der Firma Löwenstern & Straus. Sie studierte Kunstgeschichte, Archäologie und Geschichte in Bonn und Berlin und promovierte mit einer Arbeit »Zur Entwicklung des zeichnerischen Stils in der Cölner Goldmacherkunst im 12. Jahrhundert«. In Bonn lernte sie Max Ernst kennen, den sie 1918 heiratete. Zusammen mit ihm bezog sie die Wohnung in Köln. Im Dada-Kreis ihres Mannes war sie aktiv. Nach der Trennung von Max Ernst war sie weiterhin als Kunstkritikerin tätig, u.a. für den Kölner Stadt-Anzeiger, arbeitete im Wallraf-Richartz-Museum sowie in der Galerie Becker & Newmann und schrieb Führer und Reportagen über Köln. Nach der Machtübernahme der Nationalsozialisten emigrierte sie nach Paris. 1940 begann sie mit ihrem autobiographischen Roman »Nomadengut«. Nach der Besetzung Frankreichs durch deutsche Truppen versuchte sie, zu ihrem Sohn nach New York auszureisen, was ihr von den französischen Behörden verweigert wurde. 1943 wurde sie interniert und 1944 in das Konzentrationslager Auschwitz deportiert und dort ermordet.

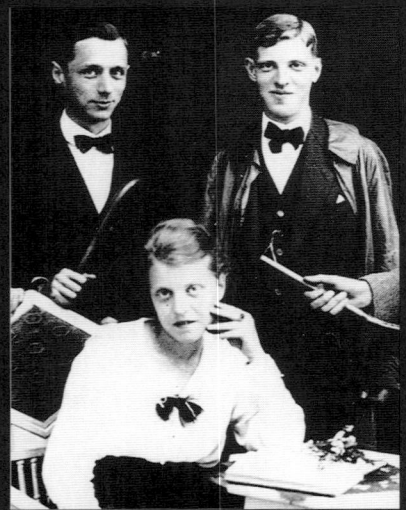

Max Ernst (links)
und Luise Straus.
Rechts: Richard Straus

Jahren. An dieser Stelle wohnte im Obergeschoss von 1918 bis 1922 **Max Ernst** mit seiner Ehefrau Luise Straus und dem 1920 geborenen gemeinsamen Sohn Ulrich, genannt Jimmy. Sie nannten es liebevoll »Dadahaus«. Es wurde bald auch zur »Dada-Zentrale«, wie Luise Straus erzählte: Denn »die günstige Lage unserer Wohnung ... hatte uns ganz von selbst zum Mittelpunkt dieses Kreises junger Künstler und Kunstfreunde gemacht, die nun in endlosen Gesprächen eine neue Welt aufzubauen dachten, dabei zahllose Cigaretten rauchten ...«. Max Ernst hatte hier auch sein Atelier. Im Frühjahr 1922 zog er nach Paris, trennte sich von seiner Frau Luise und ließ sie und den Sohn in Köln zurück. Luise Straus gab daraufhin die Wohnung auf und zog mit dem Sohn nach Sülz in die Emmastr. 27.

Wir gehen den Ring weiter bis zum Haus **28** **Hohenzollernring 81.** Dieses Haus war Teil des früheren Kinos Capitol. Dort befand sich Mitte der zwanziger Jahre die Geschäftsstelle der **Kölner NSDAP**. Das Haus hieß im Volksmund »dat Gespensterhuus«. Das bezog sich wohl weniger auf die Nationalsozialisten, als auf die Tatsache, dass das Haus baufällig war und nur von der »Großdeutschen Buchhandlung« im Erdgeschoss genutzt wurde. Beim genaueren Betrachten des Fotos ist zu erkennen, dass die Fenster auf den Etagen mit Hakenkreuztransparenten verhangen waren. 1928 agitierte die NSDAP mit dem auf dem Foto abgebildeten Transparent, das sie allerdings nach Aufforderung durch die Stadtverwaltung entfernen muss-

te. Dieses Transparent war Teil einer Hetzkampagne, die zur gleichen Zeit auch in der Zeitung der Kölner NSDAP,

Geschäftsstelle der Kölner NSDAP
Hohenzollernring 28, 1928

dem Westdeutschen Beobachter, mit den gleichen üblen antisemitischen Parolen stattfand. Erschreckend war dabei vor allem, dass diese Hetze ihre Wirkung nicht verfehlte: Zum ersten Mal wurde ein größerer Personenkreis auf die NSDAP aufmerksam und auch ihre Zeitung konnte deutlich ihre Auflage steigern. Den eigentlichen Durchbruch erzielte die NSDAP auch in Köln erst 1930: bei den Reichstagswahlen konnte sie hier ihren Stimmenanteil von 1,6 auf 17,6 Prozent steigern. Jetzt vermochte sie auch, ihre Parteiorganisation kräftig auszubauen.

passte jedenfalls zur Architektur: Der Eingang zur Ausstellungshalle war anachronistisch mit sechs etwas überdimensionierten ionischen Säulen geschmückt. Prägende Gestalt des Kunstvereins war Walter Klug, der von 1912

Die nächste Station führt uns zum **29** **Friesenplatz.** Mitten auf der Platzfläche befand sich der **Kölnische Kunstverein.** Der altehrwürdige Kölnische Kunstverein, 1839 gegründet, hatte erfolgreiche Ausstellungen im Gürzenich und seit 1857 im Wallraf-Richartz-Museum gezeigt, zuweilen mit bis zu 1000 Exponaten. Sein Domizil befand sich zunächst im Schaeben'schen Haus gegenüber dem Dom. 1922 bezog der Kunstverein den neu errichteten »Tempel am Friesenplatz«. Der Name

bis 1939 sein Geschäftsführer und Leiter war. Gegenüber der modernen Kunst war Klug zwar aufgeschlossen, allerdings galt seine Vorliebe der älteren Kunst. Mit der Ausstellung »Deutsche Kunst des 19. und 20. Jahrhunderts« wurde das neue Haus am Friesenplatz eröffnet.
Bereits 1919 zeigte im Kölnischen Kunstverein – damals noch im alten Haus am Dom – die Gruppe **»Köln Dada«** ihre erste Ausstellung. Dazu erschien der Katalog »Bulletin D«. Es

sollte die einzige gemeinsame Akti-
vität der Kölner Künstler-Avangarde
bleiben. Es offenbarten sich unterschiedliche Ansätze und Ziele innerhalb der Gruppe der eigentlichen Da-
daisten um Ernst, Baargeld und Arp,
ihr Verdikt) und eine energischere
Revolution der Ästhetik.

Um Anton Räderscheidt, Heinrich
Hoerle und Wilhelm Seiwert entstand
1920 eine Gruppe, die sich zunächst
»Stupid« und später **»Die Progressi-**

linke Seite: **Kölnischer Kunstverein,** 1913
oben: **Gemäldeausstellung** »Impressio-
nisten«. Rechts: **Titelseite** von »stupid 1«

die ein Jahr später eine weitere Ausstellung zeigten [→ *S. 35 f.*]. Eine andere Gruppe um Angelika und Heinrich
Hoerle, Anton Räderscheidt, Otto
Freundlich, Franz Wilhelm Seiwert
und anderen zogen sich zurück und
forderten eine stärkere Kritik der bürgerlichen Gesellschaft (»Dada ist bürgerlicher Kunstbetrieb.« – so lautete

Titelseite von
»Bulletin D«

ven« nannte und zu der Gerd Arntz, Otto Freundlich und Hans Schmitz gehörten. Auch diese kritischen Geister konnten im Kölnischen Kunstverein ausstellen. Sie waren politisch engagiert und versuchten, Kunst und Politik miteinander zu verbinden. Die Progressiven gaben sich selbstironisch den Titel »Kölner Malerschule mit proletarischem Goldgrund«. In ihren Bildern entlarvten sie Missstände bei Unter-

nehmen, Militär, Staat und Kirche oder klagten den Krieg an. Sie beteiligten sich an sozial-revolutionären Versammlungen und verfassten und gestalteten Aufrufe zu Streiks und Zusammenkünften. Mit den »Lumpenbällen« schufen sie eine alternative Art des Karnevals, der begeisterten Zuspruch fand. Als weitere Künstlergruppe entstand ebenfalls als Reaktion auf den Weltkrieg die »Neue Sachlichkeit«, die mit einer konkreten, dinglichen Malerei hervortrat. Einzelausstellungen erhielten auch Auguste Rodin, Käthe Kollwitz und August Sander.

August Sander (1876–1964) wurde in Herdorf im Siegerland geboren. Er arbeitete nach einer Berglehre im Bergwerk, widmete sich aber bereits nebenher der Fotografie. In Linz machte er 1901 mit einem Kompagnon ein Atelier auf. Seine Arbeiten wurden bereits früh international anerkannt. 1904 wurde er in Paris und in Österreich mit Goldmedaillen für seine Ausstellungen ausgezeichnet. 1910 siedelte er nach Köln über. Während der Werkbundausstellung 1914 zeigte er seine Arbeiten. Er war während des gesamten Ersten Weltkrieges Soldat. Anfang der zwanziger Jahre kam er in Kontakt mit den »Kölner Progressiven«. 1927 stellte er in einer großen Ausstellung im Kölnischen Kunstverein die ersten Arbeiten zu seiner großen Sammlung »Menschen des 20. Jahrhunderts« aus. Sander verband in seiner Fotografie Gesellschaftskritik und Kunst. Ihm ging es darum, »die Dinge so zu sehen, wie sie sind und nicht wie sie sein sollen oder können.« Seine Arbeiten bezeichnete er als »exakte Fotografie«. Sanders Fotografien sind für Köln ein Zeitdokument von unschätzbarem Wert. Sein Geschäft auf der Dürener Straße in Lindenthal wurde 1944 zerstört. 1951 stellte er auf der ersten Photokina aus. 1953 erwarb die Stadt sein Werk »Köln, wie es war«. Das Archiv Sanders wurde 1993 von der Kulturstiftung der Stadtsparkasse erworben und wird seither mit großer Sorgfalt für eine Werkausgabe bearbeitet. Sander gilt als ein »Welt-Klassiker der Fotografie« *(L. Fritz Gruber).*

Der »grüne« Adenauer

»Jetzt muss es sich entscheiden, ob Köln dereinst eine riesige Steinwüste sein wird oder aber eine Stadt, deren Bewohner ein menschenwürdiges Dasein führen können. Dieser Blick in die Zukunft zeigt uns ein endloses Häusermeer, ohne Licht, ohne Grün, ohne Zusammenhang mit der Natur, in dessen Randstraßen die in der Zwischenzeit vom Vorgebirge herabsteigenden Braunkohlezechen hineinrauchen. Eine solche Entwicklung zu verhüten, gibt es nur eine Möglichkeit: Verwendung des einzigen noch von Bauwerken freien, sich breit um Köln herumziehenden Streifens, des zu diesem Zwecke zu enteignenden Rayongeländes zu öffentlichen Zwecken, zu Wald- und Wiesenanlagen. Auf der linken Rheinseite soll der Rayongürtel, als Wald, Feld und Wiese angelegt, den Einwohnern Kölns wahre und lebensnotwendige Erholung im großen Maßstabe bieten und Schutz vor den Braunkohlenzechen gewähren.« *(Konrad Adenauer: Eine Lebensfrage Kölns. Wald, Feld und Wiese vom Rhein bis zum Rhein, Köln 1920, S. 8)*

**Knapsack-Wolke
über Köln**

Wir gehen nun vom Friesenplatz die Venloer Straße entlang am Stadtgarten, der ältesten erhaltenen Kölner Grünanlage, vorbei zum angrenzenden **30 Grüngürtel,** der nach der Bahntrasse beginnt. Kölns »grüne Lunge« ist eine Folge des Friedensvertrags von Versailles und des energischen Vorgehens von Oberbürgermeister Adenauer. Der Friedensvertrag sah die Schleifung der Kölner Festung vor, mit der im August 1920 begonnen wurde. Auf dem früheren Festungsrayon entstand der Grüngürtel, für den sich Adenauer ganz persönlich eingesetzt hatte. Er sah darin seine bedeutendste Leistung als Oberbürgermeister.

Partie am Grüngürtel

Die auf dem ehemaligen Festungsgelände geschaffenen Grünanlagen haben also nicht nur einen ökologischen, stadtklimatischen Wert, sondern auch eine kulturhistorischen Bedeutung. Sie sind keine zufällig unbebaute Flächen, sondern ein geschichtliches Dokument. Auf den Festungsanlagen des ehemaligen Inneren Festungsgürtels wurden – wie im Fort I und X – Rosengärten, Ruhezonen, Kinderspielplätzen und Spiel- und Liegewiesen angelegt. Es entstanden als eine spezifisch kölsche Erfindung die »grünen Forts«, die Einbeziehung der Forts in die Grünanlagen [→ s. *Das neuzeitliche Köln, S. 111*]. Zudem wurden der Innere und Äußere Grüngürtel ebenso wie z.B. die Grünanlagen in der Kölner Neustadt (Volksgarten, Stadtpark) und in Deutz (Sandtplatz, Reischplatz) angelegt. Die Grüngestaltung war über Köln hinaus vorbildhaft und ambitioniert. Der Innere Grüngürtel hatte eine Länge von sieben Kilometern, der Äußere Grüngürtel von 31 Kilo-

metern. Der Innere Grüngürtel, der sich vom Rheinufer bis zur Luxemburger Straße erstreckt, war bis 1930 bereits komplett durchgestaltet – gemäß dem von Fritz Schumacher 1923 entwickelten Grünsystem. An diesem grundlegenden Konzept wird bis heute festgehalten und das geplante Grünflächensystem vervollständigt. Auf dem äußeren Festungsring ent-

rechts: **Springbrunnen** im Stadtwald
unten: **Fritz Schumachers Schema der städtischen Grünanlagen** als Innerer und Äußerer 1923 – 1924

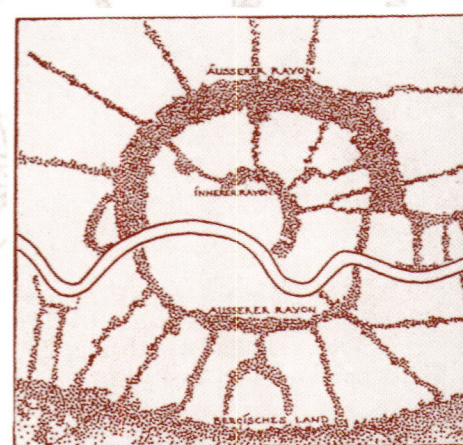

stand nach dem Generalbebau-
ungsplan Schumachers von 1923
beiderseits der Militärringstraße
ein Grünbereich mit Kleingärten,
Sport-, Wald- und Wiesenflächen.
Der hierfür ausgearbeitete Entwurf von Gartenbaudirektor Fritz
Encke, der einen relativ dichten
Baumbewuchs vorsah, wurde
von seinem Nachfolger Theodor
Nussbaum verändert und weite

Rasenflächen und mehr Gewässer angelegt. So entstanden der Adenauer-
Weiher und der Decksteiner Weiher sowie die »Jahnwiese« als Spiel- und
Sportwiese vor dem neuen Müngersdorfer Stadion. Die Arbeitslosigkeit
förderte auf ihre Weise die Errichtung
der großzügigen Grünanlagen, denn
zeitweilig wurden bis zu 3 000 »Not-
standsarbeiter« im Grünflächenbau
eingesetzt.

Nach dem Zweiten Weltkrieg hat sich der Charakter des Inneren Grüngürtels stark verändert. Vom Ursprungskonzept blieben lediglich die Anlagen am Fort X in der Nähe des Eisstadions,

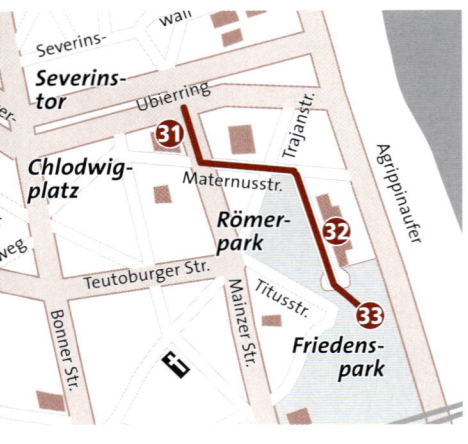

die Alhambra in der Nähe Merheimer Straße/Innere Kanalstraße als die letzte original erhaltene Schmuckanlage des Inneren Grüngürtels, die nach dem Löwenhof im Maurenschloss in Granada benannt wurde, sowie die Grüngestaltung hinter dem alten Universitätsgebäude am Friedenspark erhalten. Trümmerberge wie am Herkulesberg und am Aachener Weiher wurden geschaffen, aufwändige Verkehrsfüh-

rungen knappsten an den Grünflächen, insbesondere in den Bereichen der Zoobrückenauffahrt und der Zufahrt zum nordwestlichen Autobahnzubringer. Und anstelle von personalintensiver Pflege der kunstvoll gestalteten Gartenanlagen ging man zu pflegeleichten, aber auch langweilig wirkenden großen Grünflächen über. Wir spazieren durch den Park des Inneren Grüngürtels bis zur Aachener Straße und von da aus bis zum Rudolfplatz. Unsere nächste Station ist für das Kapitel »Adenauer-Zeit« unverzichtbar, aber doch etwas weiter entfernt. Fußgänger/innen nehmen daher vom Rudolfplatz die U-Bahn bis zum Ubierring. Fahrradfahrer/innen stellen sich auf eine kleine Radtour an den Ringen entlang ein. Am **31** **Ubierring 40** sollten wir eine kleine Gedenkminute für die berühmten **Kölner Werkschulen** einlegen, die hier ihren Sitz hatten. Die seit 1880 bestehende »Kunstgewerbe- und Handwerkerschule« bezog 1924 das »rote Haus«, wie man es wegen seines Farbanstrichs nannte, das sein Direktor, der Architekt Martin Elsaesser, entworfen hatte. Sein Nachfolger, der Architekt und Maler Richard Riemerschmid, den Adenauer gewinnen konnte, benannte die Schule in »Kölner Werkschulen« um. Die Umbenennung bedeutete

Werbeanzeige mit dem Programm der Kölner Werkschulen

DIE KÖLNER WERK SCHULEN

stellen sich die Aufgabe, die Gestaltungskraft ihrer Schüler zu entwickeln und zu steigern. Der Unterricht umfaßt das ganze Gebiet der bildenden Künste, ohne einem Teil den Vorrang einzuräumen. Alles Lernen und Lehren ist von Anfang an an praktische und verwertbare Arbeit gebunden und alles Entwerfen zielt auf das Ausführen hin bis zur vollständigen Fertigstellung. Das wird ermöglicht durch ein Zusammenarbeiten mit den Werkstätten der Schulen, mit dem städtischen Hochbauamt und durch eine wirtschaftliche Abteilung, die um Arbeitsgelegenheit bemüht ist. Eine Abteilung für religiöse Kunst ist neu angegliedert. ● Die entscheidende Voraussetzung für die Aufnahme in die Schulen ist der Nachweis künstlerischer Begabung. ● Das Schulgeld beträgt für das Trimester 75 Mk. ● Weitere Auskunft durch die Geschäftsstelle der Kölner Werkschulen, Ubierring 40. Der Direktor: Riemerschmid

Atelier der Kölner Werkschulen

auch eine Neuausrichtung: Riemerschmid förderte besonders die Verbindung von künstlerischer und hand-
werklicher Ausbildung in den verschiedenen Klassen. Bedeutende Künstler
wie der Maler Richard Seewald, der
Glasmaler Johann Thorn Prikker und
der Kirchenbaumeister Dominikus
Böhm arbeiteten an den Werkschulen.
Die Bildhauerklassen wurden von Georg Grasegger (1901–1927), Wolfgang
Wallner (1912–1950) und Hans Wissel
(1925–1931) geleitet. Zwei sehr erfolgreiche Ausstellungen im Staatenhaus
zogen 1929 100 000 Besucher an.
Das Gebäude Ubierring 40 wurde bis
1955 wieder aufgebaut und erweitert
und gehört zum Zentrum II der Fachhochschule. Die Kölner Werkschulen

wurden 1971 als Fachbereich »Kunst
und Design« der Fachhochschule Köln
eingegliedert. 1987 kam das Aus für
die renommierten Werkschulen. Der
Landtag beschloss, den Fachbereich
einzustellen und stattdessen in der
Stadt, die sich zur Medienstadt entwickelte, eine Medienakademie anzusie-
deln. Dieses fragwürdige gegenseitige
Ausspielen einer »modernen« mit einer »traditionellen« Kunstrichtung
stellt eine grobe Fehlentscheidung
der Wissenschaftspolitik in Nord-
rhein-Westfalen dar.

Weiter geht es über die Trajanstraße
zur **32** **Claudiusstraße 1.** Dort, wo
sich heute die Kölner Fachhochschule
befindet, gilt es von der **Wiedergründung der Universität im Jahre 1919**
zu berichten. Die altehrwürdige, 1388
gegründete Universität war 1798 von

den französischen Besatzern geschlossen worden. Seit diesem für Köln so schmerzlichen Ereignis hat man sich immer bemüht, die Universität wiederzugründen. Doch es sollte lange dauern. Die Hoffnungen, die nach dem Einmarsch der Preußen geweckt worden waren, wurden bitter enttäuscht, als Bonn zur Universitätsstadt wurde. 1901 gelang es allerdings – nicht zuletzt dank der finanzkräftigen Unterstützung von Gustav von Mevissen [→ s. *Das neuzeitliche Köln, S. 270*] – zumindest eine Handelshochschule zu gründen. Der Direktor der Handelshochschule, Christian Eckert, drängte in Denkschriften auf eine Gründung der Universität und fand in Adenauer einen tatkräftigen Unterstützer. In den Revolutionswirren des Jahres 1918 konnten Adenauer und Eckert gemeinsam

mit dem Kölner SPD-Reichstagsabgeordneten Johann Meerfeld im Preußischen Staatsministerium die Umwandlung der Handelshochschule in eine eigenständige Universität erreichen. Die Stadt hatte sich verpflichtet, die gesamte Finanzierung selbst zu tragen. Die Universität war also eine rein kommunale Einrichtung. Am 12. Juni 1919 fand im Gürzenich der offizielle Festakt zur Gründung der »Universität zu Köln« statt (das »zu« ist auch heute noch jedem Universitätsverantwortlichen ungemein wichtig). Christian Eckert wurde Gründungsrektor der Universität. Viele bedeutende Wissenschaftler wirkten hier: so die Rechtswissenschaftler Fritz Stier-Somlo und Hans Kelsen, der Wirtschaftswissenschaftler Eugen Schmalenbach,

der Soziologe Leopold von Wiese, der
Philosoph Max Scheler, die Mediziner
Friedrich Moritz und Gustav Aschaffen-
burg, der Wirtschaftshistoriker Bruno
Kuske, die Germanisten Ernst Bertram
und Friedrich von der Leyen.

Zum Profil der neuen Universität gehörte ihre spezifische wirtschafts- und
sozialwissenschaftliche Orientierung.
So wurde der erste Lehrstuhl für So-
ziologie eingerichtet, die staatswis-
senschaftliche Fakultät erhielt einen
besonderen Rang und die Gesellschafts-
wissenschaften umspannten pluralis-
tisch die christliche Soziallehre wie
die sozialistische Weltanschauung.

Der Erfolg stellte sich rasch ein: 1925
waren mit 5 000 Studenten bereits
doppelt so viele wie erwartet einge-
schrieben. Köln hatte sich schnell
nach Berlin zur zweitgrößten Universität in Preußen entwickelt. Die Universität an der Claudiusstraße platzte
aus den Nähten. Folglich wurde seit
1927 sehr kontrovers die Frage eines
Neubaus diskutiert, der schließlich im
Juli 1929 von der Stadtverordnetenversammlung beschlossen wurde.
Die feierliche Grundsteinlegung für

Universität
Claudiusstraße, 1920

Grundsteinlegung der Universität
am 26. Oktober 1919 mit Konrad Adenauer
oben: Hörsaal der Uni in der Claudiusstraße

den Neubau in Lindenthal fand am 26. Oktober 1929 statt. Angesichts der umfassenden Wirtschaftskrise musste im Sommer 1931 der Baustopp für das schon sehr weit gediehene Projekt verfügt werden. Die Nationalsozialisten machten sich nach ihrer Machtübernahme das Projekt zu Eigen, obwohl sie es zuvor als eines der Beispiele für Adenauers verschwenderische

Politik gegeißelt hatten, und bauten 1934 weiter. Im April 1935 wurde die Universität eingeweiht. Sie überdauerte den Krieg im Wesentlichen unzerstört. In die alte Universität in der Claudiusstraße zog die NSDAP-Gauleitung ein [→ S. 164 ff.].

Mit unserer letzten Station schließt sich der Bogen zum Anfang, zum Ersten Weltkrieg. Wir gehen die Claudiusstraße in Richtung Rhein und biegen nach rechts in den **33 Friedenspark.** Auf dem Kernwerk des früheren Fort I wurde anlässlich des Abzugs der englischen Besatzungstruppen in den Jahren 1926/27 ein Kriegerdenkmal zum Ersten Weltkrieg errichtet. Schirmherr war Paul von Hindenburg, ehemaliger Generalfeldmarschall und Reichspräsident, nach dem der neu entstandene Park benannt wurde. Über dem Denkmal thront ein riesiger Bronzeadler, der 1987 beschmiert und 1989 restauriert wieder aufgesetzt wurde. Auf der Säule befindet sich eine Gedenktafel, die an die Gefallenen des Ersten Weltkrieges mahnt. Von beiden Seiten des Denkmals führt eine Treppe hinunter zu dem als Rundbau angelegten Ehrenhof. In ihm sind 16, größtenteils mit Farbe beschmierte Ehrentafeln an den Wänden angebracht, die an verschiedene Regimenter des Ersten Weltkrieges erinnern. Noch bis Anfang der 1970er Jahre hat hier die Bundeswehr offiziell Kränze niedergelegt.

Das Kriegerdenkmal im Fort I
Oben rechts: **Beschmierte
Gedenktafel** der »Regiments-
vereinigungen der Garnison
Köln« im »Ehrenhof«

Die braunen Jahre

Köln und der Nationalsozialismus – das ist auch heute noch ein Thema, das die Emotionen nicht ruhen lässt. In Köln habe der Nationalsozialismus nicht richtig Fuß fassen können; Köln sei wegen seiner liberalen, freiheitlichen und katholischen Art weitgehend resistent oder doch zumindest bei weitem nicht

Hohe Straße im Fahnenschmuck, um 1935

Empfang der vom Nürnberger Parteitag heimkehrenden **NS-Verbände,** 1934

so anfällig wie andernorts gegenüber dem Nationalsozialismus gewesen. So hört man es bis heute immer wieder. In diesem Punkt kölschen Grundgefühls waren sich so unterschiedliche Menschen wie Konrad Adenauer und Heinrich Böll einig [→ S. 180]. Doch es ist eine Legende – und nicht mehr als das. Leider! Tatsächlich waren die Kölner während der NS-Zeit grundsätzlich nicht anders als andere Deutsche. Als Beleg für die angebliche Verweigerung oder doch Zurückhaltung gegenüber dem Nationalsozialismus wurde vielfach angeführt, dass die NSDAP in Köln deutlich schwächere Wahlergebnisse als im Reichsdurchschnitt erzielte. In Köln wählte man bis 1933 etwa zehn Prozent weniger nationalsozialistisch als im gesamten Reichsgebiet. Doch für den Prozess der »Machtergreifung« und die Etablierung und Ausübung der Macht über zwölf Jahre hinweg stellte dies kein Problem dar.

**Nationalsozialisten feiern
die Machtübernahme;**
hier mit Robert Ley am »Tag
der alten Garde«,
23. Juli 1933

**Feier zu Hitlers
Geburtstag auf
dem Neumarkt,
20. April 1933**

Rasche Machtübernahme und Gleichschaltung

Die Machtübernahme vollzog sich in Köln so reibungslos wie in den frühen Hochburgen der NSDAP. Bereits vor 1933 war es den Nationalsozialisten gelungen, auch in Köln eine umfassende Organisation aufzubauen [→ S. xxx]. Die Ernennung Hitlers zum Reichskanzler am 30. Januar 1933 kam auch in Köln für die meisten überraschend. Nicht zuletzt Fehleinschätzungen der anderen politischen Parteien hatten die Nationalsozialisten an die Macht kommen lassen. Die konservativ-nationalen Kreise hassten wie diese die Weimarer Republik und wollten spätestens seit 1932 Teile der NSDAP mit einem »Zähmungskonzept« als Juniorpartner für sich vereinnahmen. Auch Adenauer irrte hier: Er befürwortete seit Mitte 1932 eine Koalition des Zentrums mit der NSDAP bzw. eine Tolerierung einer NSDAP-Regierung durch das Zentrum und schlug im Dezember 1932 vor, Göring zum preußischen Ministerpräsidenten zu ernennen, um die politischen Wirren in Preußen zu lösen. Die Parteien rechts vom Zentrum und weite Teile des Bürgertums begrüßten daher die neue Regierung. Unter der Überschrift »Das nationale Bürgertum marschiert!« hieß es in der »Kölnischen Zeitung«: »Das vaterländisch gesinnte Bürgertum hat den Zusammenschluß aller nationalen Kräfte zu gemeinsamer Arbeit begrüßt«.

Zudem begünstigte der erbitterte Streit zwischen SPD und KPD die Machtübernahme der NSDAP. Weite Teile der SPD und KPD glaubten ohnehin, dass der »ganze Nazi-Spuk« bald vorbei sein würde. Ein tatkräftiges einheitliches Vorgehen war nicht möglich: Die KPD sah in den Sozialdemokraten als »Sozialfaschisten« den Hauptfeind und glaubte, dass der faschistische Staat bereits 1930 ausgebrochen sei und die Regierung Hitlers demnach nur dessen Verschärfung darstelle. Die SPD zahlte mit gleicher Münze heim: »Kozi gleich Nazi«.

Unmittelbar nach der Machtübernahme setzte der brutale Terror der Nationalsozialisten gegen ihre Gegner mit einer grundlegend neuen Qualität ein: Die Schlägertrupps der SA

Verwüstete Wohnung der Familie Sollmann nach einer Hausdurchsuchung durch SA und SS

und SS wurden nun von staatlichen Stellen, insbesondere von der Polizei [→ *S. 141 ff.*] unterstützt. Eine große Zahl von politischen Häftlingen sperrten sie in die Haft- und Folterstätten der SA und SS sowie in die staatlichen Gefängnisse. Versammlungen und Presseorgane wurden verboten. Kommunisten wurden zu Freiwild nach dem Reichstagsbrand vom 27. Febru-

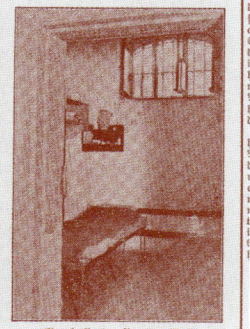

Staatsfeinde in Obhut

Hinter den Gittern der polizeilichen Verwahre

Sühne!

Uebertriebene Gefangenenfürsorge hat aufgehört; Gefängnisse sind keine Erholungsstätten. Vermahr in Zellenhaft ist ein Uebel, das der davon Betroffene selbst verschuldet hat. Die meisten Eingesperrten bestreiten dies zwar. Fragt man sie nach dem „Warum?" und „Weshalb?", so antworten fast alle in gleicher Erwiderung, als ob sie sich untereinander abgesprochen

Einzelzelle im Bonner Wall

ar 1933, der auch die Gelegenheit bot, die Grundrechte der Weimarer Verfassung außer Kraft zu setzen. Am 13. März 1933, einen Tag nach den Kommunalwahlen, besetzten die Nationalsozialisten das Rathaus und übernahmen offiziell die Macht in der Stadt [→ *S. 104 ff.*].

Ebenso reibungslos und zügig verlief in Köln der Prozess der »Gleichschaltung«. Innerhalb weniger Wochen und Monate wurden Parteien und Gewerkschaften, Presse und Rundfunk, Verbände und Vereine

Bericht aus dem »Westdeutschen Beobachter«, 29. August 1933 (Ausriss)

Gaukongress der NSDAP in der Großen Messehalle, 15. Januar 1934

nach nationalsozialistischen Prinzipien ausgerichtet. KPD und SPD sowie die Vereine der Arbeiterbewegung wurden im Februar bzw. Mai 1933 reichsweit verboten, die anderen Parteien lösten sich selbst auf. Am 2. Mai, einen Tag nach den aufwändig gestalteten Maifeierlichkeiten, wurden die Gewerkschaften gleichgeschaltet und das »Volkshaus« in der Severinstraße besetzt. Die Kölner Universität schaltete sich am 11. April 1933 in vorauseilendem Gehorsam noch vor der Gleichschaltung der Universitäten auf Reichsebene selbst gleich [→ *S. 164 f.*]. Das »Gesetz zur Wiederherstellung des Berufsbeamtentums« vom 7. April 1933, das sich bald auch auf Angestellte und Arbeiter erstreckte, ermöglichte Entlassungen; betroffen waren vor allem Juden, Kommunisten und einige SPD- und Zentrumsmitglieder. In den Wochen und Monaten nach der Machtübernahme besetzten die Nationalsozialisten die Führungspositionen in nahezu allen Bereichen der kommunalen und staatlichen Verwaltung, in Kultur, Wissenschaft sowie den großen Verbänden. Doch gleichgeschaltet wurden auch die kleinsten Vereine, selbst der sprichwörtliche Kaninchenzüchterverein.

Netz von Parteiorganisationen und Kontrolle

Die NSDAP maß Köln als »Metropole des Westens« besondere Bedeutung zu. Hier befand sich von Anfang der Sitz der Gauleitung, der die Regierungsbezirke Köln und Aachen umfasste.

Seit 1934 nutzte sie das große Gebäude der alten Universität in der Claudiusstraße [→ *S. 166*]. Neben der Gauleitung mit ihren zahlreichen Ämtern war Köln von 1932 bis 1941 in drei Kreise eingeteilt, die 1941 zusammengelegt wurden. Über das erheblich kleinere Stadtgebiet als heute verteilten sich – im ständigen Wachstum begriffen – bis zu 125 Ortsgruppen (Stand 1942), die wiederum in Zellen und Blocks unterteilt waren. Demnach waren Zehntausende Kölnerinnen und Kölner aktive NSDAP-Mitglieder. Bereits 1935 zählte der Gau Köln-

Josef Grohé (1902–1987) wurde im Hunsrück geboren und war kaufmännischer Angestellter. Er trat 1922 in die NSDAP ein. Bereits 1925 wurde er Schriftleiter des »Westdeutschen Beobachters« und stellvertretender Gauleiter, 1929 Stadtverordneter und 1931 Gauleiter des neu geschaffenen Gaus Köln-Aachen, was er bis 1945 blieb. Nach 1933 bekleidete er u.a. die Ämter des Preußischen Staatsrats und seit 1944 des Reichskommissars für die besetzten Gebiete von Belgien und Nordfrankreich. Er war der lokale Herrscher in Köln während der NS-Zeit. 1950 wurde er zu viereinhalb Jahren Haft verurteilt; da ihm seine Zeit in einem alliierten Internierungslager angerechnet wurde, kam er sofort frei und lebte fortan unbehelligt als Großhändler für Spielwaren in Köln-Brück bis zu seinem Tod.

Richard Schaller (1903–1972) wurde in Köln geboren und war von Beruf Bauarbeiter. Er trat, nachdem er kurze Zeit KPD-Mitglied gewesen war, 1923 in die NSDAP ein und wurde 1929 Stadtverordneter; von 1930 bis 1945 war er Reichstagsabgeordneter und seit 1932 stellvertretender Gauleiter. Nach der Machtübernahme war er von 1933 bis 1936 Bürgermeister und Beigeordneter von Köln und gleichzeitig von 1933 bis 1939 und von 1942 bis 1945 Gauführer der NS-Volkswohlfahrt, ab 1937 Gauführer der Deutschen Arbeitsfront (DAF). Schaller wurde 1948 zu drei Jahren Haft verurteilt. Er lebte danach als selbständiger Kaufmann.

Aachen über 90 000 »Pgs« (Parteigenossen). Die zahlreichen Funktionen boten auch für viele kleine Parteimitglieder soziale Aufstiegsmöglichkeiten. Auffallend ist die personelle Kontinuität bei den Spitzenfunktionen der Kölner NSDAP: Ein kleiner Kreis von Parteimitgliedern spielte von Anfang der zwanziger Jahre bis 1945 eine führende Rolle in der NSDAP, allen voran Gauleiter Josef Grohé und sein Stellvertreter Richard Schaller.

Ein Netz von Gliederungen und Neben-
organisationen sollte alle Bevölkerungs-
gruppen erfassen, sei es nach Geschlecht,
Alter, Beruf oder anderen Kriterien. Um
nur einige der wichtigsten Organisationen zu nennen: SA und SS, Hitler-Jugend
und NS-Frauenschaft, berufsständische
Gliederungen und Deutsche Arbeitsfront
(DAF), NS-Volkswohlfahrt im sozialen Be-

**Sammeln für das
Winterhilfswerk
vor dem Dom,
26. Mai 1934**

reich und »Kraft durch Freude« in Kultur und Freizeit. Die Nationalsozialisten
strebten eine möglichst dauernde politische Mobilisierung
der Bevölkerung an und verlangten ständig neue Loyalitäts-

**oben: Aufmarsch
von »Pimpfen« der
Hitler-Jugend, 1934
rechts: Plakat »Auch
Du gehörst dem
Führer«**

bekundungen zum Regime, angefangen vom Hitler-Gruß, dem
Hissen der Hakenkreuzfahne
sowie den Betriebsappellen oder
dem Eintopfsonntag bis hin zu
den Sammelaktionen wie für das
Winterhilfswerk oder der Teilnahme an den Feiern und Massenveranstaltungen. In der Jugend erkannte das NS-Regime
die Zukunft des Nationalsozialismus. Weltanschauliche Schulung und paramilitärische Ausbildung sollte aus ihr die »neu-
en Menschen« formen. In der Schule wurden die Lerninhalte

nationalsozialistisch bestimmt. Weltanschauliche Fächer wie Deutsch, Geschichte, Erdkunde, Biologie und Rassenkunde rückten neben dem Schulsport in den Mittelpunkt. Außerhalb der Schule wurden die Kinder und Jugendlichen in der Hitler-Jugend (HJ) bzw. im Bund Deutscher Mädel (BdM) erfasst. Streng militärisch organisiert, boten die Jugendgruppen eine Mischung aus Fahrten und Wanderungen mit Lagerromantik und einem öden Drill und militärischen Zwang. Ihre Gegner verfolgte das Regime durch Institutionen wie Gestapo, Polizei, Justiz und anderen staatlichen und städtischen Einrichtungen.

Von der rassischen Ausgrenzung zum Völkermord

Der Rassismus bildete das Kernstück der NS-Ideologie. Die Kölner Nationalsozialisten waren von Beginn an in besonderem Maße antisemitisch eingestellt. Köln entwickelte sich zum Zentrum der rassistischen Verfolgung im Rheinland, an der sich mehrere Institutionen von Partei, Stadt, Justiz und Universität beteiligten. Der Rassenwahn traf zunächst und vor allem die rund 16 000 Kölner **Juden.** Sie waren zum größten Teil gut assimiliert und

Lest die bevölkerungspolitischen Aufklärungsschriften der N. S. Volkswohlfahrt!

Die Broschüre »Gesunde Eltern — gesunde Kinder!« enthält den Wortlaut der Gesetzes zur Bekämpfung erbkranken Nachwuchses und seiner Begründung.

Zu beziehen durch die Ortsgruppen sowie S. D. A. P. und alle Pflichtstellen / Preis 10 Pfennig.

Das Idealbild der »arischen« Familie: Plakat »Gesunde Eltern – gesunde Kinder!« **Links: Mutterkreuz in Gold**

verstanden sich als deutsche Staatsangehörige jüdischen Glaubens. Unmittelbar nach der Machtübernahme hatte mit dem Boykott vom 1. April 1933 gegen »jüdische« Geschäfte und den Berufsentlassungen die systematische Diskriminierung und Ausgrenzung der Juden begonnen. Rasch begann die wirtschaftliche Ausplünderung und Enteignung von Juden. Zunächst erhielten »jüdische« Geschäftsleute keine öffentlichen Aufträge mehr. Bereits im Juli 1933 wurde das renommierte Kaufhaus Tietz »arisiert« und hieß fortan Kaufhof [→ S. 136 f.].

**Sammellager der
Kölner Juden** im
Fort V in Mün-
gersdorf vor ihrer
Deportation,
1943/44

**Den »Juden-
stern«** mussten
alle Juden seit
September 1941
tragen

Mit dem Pogrom vom 9./10. November 1938 [→ *S. 144 f.*]
verschärfte sich der antijüdische Terror. Die wirtschaftliche Existenzvernichtung der Juden – euphe-
mistisch »Arisierung« genannt – trat in eine neue Phase:
Noch bevor es 1938 dazu gesetzliche Grundlagen gab, waren
sie faktisch in Köln bereits umgesetzt. »Arisiert« wurden Im-
mobilien und Kunstwerke, aber auch alltägliche Artikel des
Hausrats. Die Bandbreite der Nutznießer reichte vom kleinen
Metzger bis zum Großunternehmer, vom Fürsorgeempfänger
bis zum Oberbürgermeister. Seit 1938 erfolgte die vollständige
Ausgrenzung und Ghettoisierung sowie die Zerstörung der

jüdischen Institutionen. Jüdische Schüler mussten die
allgemeinen Schulen verlassen. Seit Juni 1941 waren die
Juden gezwungen, nur in bestimmten Häusern, den »Ju-
denhäusern« [→ *S. 130 f.*], zu
wohnen und später wurden
sie im Fort V in Müngersdorf
konzentriert. Sie durften nicht
Straßenbahn fahren oder ein
Radiogerät besitzen und mussten seit September 1941 den
»Judenstern« tragen. Von Oktober 1941 bis Oktober 1944
erfolgten schließlich über den
Bahnhof Deutz-Tief die Deportationen in die Ghettos und
Vernichtungslager im Osten

**Flugblatt »Sichere
die Ewigkeit Deines
Volkes«**

Sichere die Ewigkeit Deines Volkes

Durch den Kinderreichtum Deiner Familie.

2. Deutscher Mann, achte und schütze in jeder Frau die Mutter
Deutscher Kinder.

3. Deutsche Frau, vergiß nie Deine höchste Aufgabe, Hüterin
Deutscher Art zu sein.

4. Schütze Deine Kinder vor dem Schicksal des Mischlings.

5. Halte das Deutsche Blut rein.

6. Jeder der nicht Deutschen Blutes ist, ist fremdblütig.

7. Wahre Deine Ehre und Deine Art bei Begegnung mit Volksfremden.

8. Deutsches Mädchen, Deine Zurückhaltung gegenüber Volksfremden ist keine Beleidigung. Im Gegenteil: Jeder anständige
Ausländer wird Dich deswegen besonders achten.

9. Der Schutz des eigenen Blutes bedeutet keine Verachtung der
anderen Völker.

10. Die Reinhaltung des Blutes liegt im Interesse aller wertvollen
Rassen.

11. Die Reinhaltung des Blutes ist keine Privatangelegenheit,
sondern selbstverständliche Pflicht jedes Deutschen Menschen
gegenüber seinem Volke.

12. **Sei stolz, daß Du ein Deutscher bist!**

[→ *S. 125*]. Rund der Hälfte der Juden gelang es, rechtzeitig bis 1939 zu emigrieren. Über 7 100 Kölner Juden wurden ermordet. Darüber hinaus wurden mehrere Tausend Juden aus dem Kölner Umland von Deutz aus deportiert.

Auch die **Sinti und Roma,** in Köln einige Hundert Familien, wurden als »artfremde und minderwertige« Rasse verfolgt. Die »Nürnberger Gesetze« galten auch für sie. Sinti und Roma wurden aus dem Staatsdienst entlassen oder ihnen wurde durch das Verbot des Hausierens die Existenzgrundlage entzogen. Ab Mai 1935 wurden sie in einem zentralen »Zigeunerlager« an der Venloer Stra-ße 888 in Bickendorf, auf dem Schwarz-Weiß-Platz, zwangsweise zusammen-gefasst [→ *S. 171 f.*]. Ihre Verfolgung wurde von einer »Dienststelle für Zigeunerfragen« bei der Kriminalpo-lizei organisiert, die eng mit der reichs-weiten »Rassenhygienischen und bevölkerungsbiologischen Forschungsstelle« zusammenarbei-tete. Deren Aufgabe war es, die »Zigeuner« zu vermessen und nach rassistischen Kriterien einzustufen. Roma und Sinti wa-ren die ersten, die aus Köln deportiert wurden. Im Mai 1940 wurden rund 1 000 Sinti und Roma über die Messe und Bahn-hof Deutz-Tief [→ *S. 125 f.*] in das besetzte Polen und im Mai 1943 weitere rund 350 in das Vernichtungslager Auschwitz-Birkenau abgeschoben.

Zum Rassenwahn der Nationalsozialisten zählt auch die Tatsache, dass in Köln über 4 000 Menschen **zwangssterilisiert** wurden, unter ihnen Geistesschwache, Epilepsiekranke und sozial auffällige Personen. Aufgrund des »Gesetzes zur Verhütung erbkranken

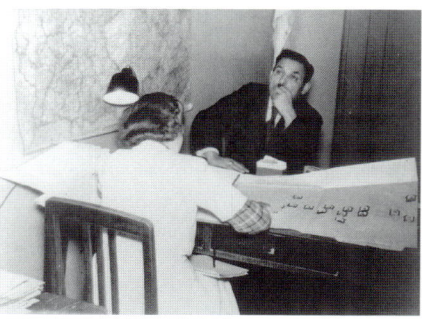

Mitarbeiterin der »Rassenhygienischen Forschungsstelle« beim Erstellen eines Stammbaums auf dem »Schwarz-Weiß-Platz« (Propagandafoto)

Rauchender Schornstein des Krematoriums in Hadamar

Ein Überblick

Das furchtbare Erbe einer Trinkerin
In 83 Jahren   894 Nachkommen

40   67   7   181   142
Kriminelle   Geschlechtsk.   Mörder   Diebe   Bettler

437 hievon sind asozial u. verursachten 5 Millionen RM. Kosten

NS-Propaganda-plakat zur Legitimation für die Verfolgung von »Asozialen«

Nachwuchses«, das bereits im Juli 1933 erlassen wurde, entschied darüber das Erbgesundheitsgericht aufgrund von Anträgen des Gesundheitsamtes [→ *S. 139ff.*]. Nach Ausbruch des Zweiten Weltkrieges begann die systematische Ermordung von Insassen aus Heil- und Pflegeanstalten, die so genannte **»Euthanasie«**. Geistig und körperlich Behinderte galten für die Nationalsozialisten als »lebensunwertes Leben«, das vernichtet werden musste. Auch von Köln aus wurden viele über die Zwischenanstalt Galkhausen (Langenfeld) in die Tötungsanstalt Hadamar transportiert. Der Direktor des Kölner Waisenhauses, Friedrich Tillmann, war vom Frühjahr 1940 bis Herbst 1941 neben seiner Tätigkeit in Köln Leiter der Büroabteilung der »Euthanasie«-Zentrale in Berlin, Tiergartenstraße 4 (»T4«). Diskriminierungen und Verfolgungen bis hin zur Internierung in Konzentrationslager erlitten auch **Homosexuelle** [→ *S. 125ff.*] und »Asoziale« wie Bettler, Obdachlose oder Prostituierte.

Streuzettel

Opposition und Widerstand
Die Herrschaft der Nationalsozialisten in Köln war zu keinem Zeitpunkt ernsthaft durch Widerstand bedroht. Obwohl sich Tausende verweigerten oder aktiven Widerstand leisteten, fanden sie in der großen Mehrheit der Bevölkerung keinen Rückhalt. Es war ein »Widerstand ohne Volk«. Die **Widerstandsarbeit** der verschiedenen Gruppen glich sich in vielem: Widerstand bedeutete vor allem, auf einfachen Vervielfältigungsapparaten Flugblätter oder Zeitungen herzustellen und Tarnschriften oder illegales Material aus dem Ausland einzuschleusen und unter die Leute zu bringen. Man malte antinazistische Parolen auf Häuserwände und Bürgersteige und sammelte Geld für Inhaftierte oder für die illegale Arbeit. Aus Sicherheitsgründen arbeitete man in kleinen Gruppen von drei bis fünf Personen, um das Risiko, von der Gestapo enttarnt zu werden, so gering wie möglich zu halten. Dennoch gelang es der Gestapo bis 1936, bis auf wenige

Kleingruppen alle organisierten Widerstandsformen zu zerschlagen. Danach hielt man den Zusammenhalt untereinander in Form von Gesinnungszirkeln, geselligen Runden oder Wanderungen aufrecht.

Den umfangreichsten Widerstand leistete die **KPD**, die auf die illegale Arbeit bereits vor 1933 eingestellt war. Von den bislang bekann-

Otto Kropp (1907–1937) wurde bereits in jungen Jahren Mitglied der KPD. In Wuppertal organisierte er die illegale Arbeit der KPD und die Partei-Leitung in Amsterdam beauftragte ihn im August 1935, die Bezirksleitung der illegalen KPD in Köln zu übernehmen. Er sollte die Parteiorganisation nach mehreren zuvor erfolgten Verhaftungswellen wieder aufbauen. Kropp verstärkte die Betriebsarbeit bei Humboldt, den städtischen Gartenbetrieben, dem Nippeser Eisenbahnausbesserungswerk, dem Carlswerk und den Kölner Verkehrsbetrieben. Damit trat ein Konzept der »Zielgruppenarbeit« an die Stelle des bisherigen Verteilens illegaler Schriften. Für die Betriebsgruppen, aber auch für Schutzpolizei und SA wurden gezielt Flugschriften produziert. Bereits Anfang 1936 hatte die Gestapo erste Erkenntnisse über die Widerstandsgruppe gewinnen können. Kropp hatte zwischenzeitlich die Bezirksleitung an Ulrich Osche abgegeben. Als Kropp in besonderem Auftrag nochmals nach Köln kam, wurde er am 27. März 1936 verhaftet. In den nächsten Wochen folgte die Verhaftung Osches und weiterer 150 Personen. Kropp wurde am 15. Januar 1937 vom Volksgerichtshof zum Tode und Osche zu zehn Jahren Zuchthaus verurteilt. Das Todesurteil an Kropp wurde am 25. Mai 1937 in Berlin-Plötzensee vollstreckt. Einige Zeit später folgte ein Prozess gegen 57 ehemalige Mitarbeiter der Gruppe Kropp und Osche vor dem Oberlandsgericht Hamm, der mit langjährigen Freiheitsstrafen endete.

ten 142 Prozessen gegen Kölner Widerstandskämpfer in den Jahren 1934 bis 1938 fanden 113 gegen Mitglieder der KPD statt. Wiederholt kam es zu Massenprozessen. Da ihre Organisation mehrfach zerschlagen wurde, musste die illegale Arbeit der

KPD immer wieder neu aufgebaut werden. 1935/36 war es Otto Kropp und seinem Nachfolger Ulrich Osche noch

Streuzettel

Vorsicht vor Nazispitzeln!

einmal für über ein halbes Jahr gelungen, eine zentrale Organisation in Köln aufzubauen. Im März 1936 wurden aber auch Kropp und Osche sowie 150 weitere Personen verhaftet. Kropp wurde im Mai 1937 hingerichtet. Erheblich geringer als bei den

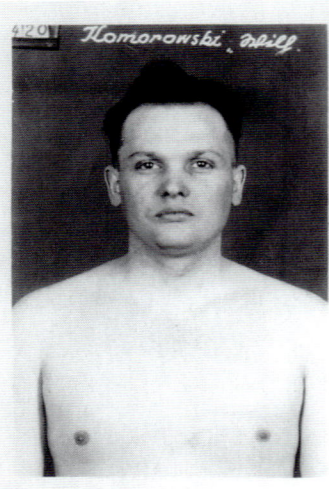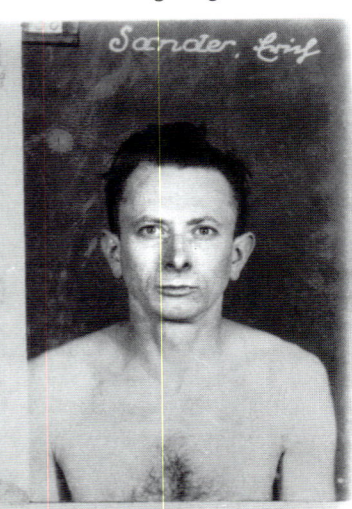

links: **Willi Komorowski**, erkennungsdienstliches Foto aus dem Zuchthaus Siegburg, 1937
rechts: **Erich Sander**, erkennungsdienstliches Foto aus dem Zuchthaus Siegburg, 1935

Kommunisten war der Widerstand der **SPD**. Die Kölner Parteispitze hatte sich ins Saarland begeben und wirkte bis 1935 von hier aus. Die mit Abstand bedeutendste Gruppe organisierten Willi Schirrmacher, Franz Bott und Hein Hamacher, die 1934 ein Verteilernetz für illegale Zeitungen und Tarnschriften aufbauten. Als die Gruppe 1935 aufflog, war damit auch der organisierte sozialdemokratische Widerstand zerschlagen. Der Widerstand mehrerer kleinerer **linkssozialistischer** und oppositioneller kommunistischer Gruppen zeichnete sich durch eine realistischere Analyse des Nationalsozialismus aus. Zu nennen sind hier der »Internationale Sozialistische Kampfbund« (ISK) [→ S. 135], die »Sozialistische Arbeiterpartei Deutschlands« (SAP), deren treibende Kraft Erich Sander war, ein Sohn des Fotografen August Sander, die »Kommunistische Partei Deutschlands (Opposition)« (KPO) um Hans Mayer, Ludwig August Jacobsen und Hans Löwendahl sowie der Anarcho-Syndikalistische Widerstand um das Ehepaar Hans und Margareta Saballa. Bei den Gewerkschaften leisteten lediglich Willi Komorowski und Max Pester von den Eisenbahnern aktiv Widerstand. Um Wilhelm Kayser sammelten sich oppositionelle Nationalsozialisten in der »Schwarzen Front«.

Aus den Reihen der **Katholiken** leisteten vor allem Mitarbeiter des Kolping-Werks und der Katholischen Arbeiterbewegung [→ *S. 146*] und bei den **Protestanten** die »Bekennende Kirche« [→ *S. 138*] Widerstand. Besonders zahlreich sammelten sich un-

Katholische Jugend in der Pfarrprozession von St. Paul, 1935

Zwei Gruppen von Edelweißpiraten, 1942

angepasste und oppositionelle **Jugendliche** in der Katholischen Jugendbewegung, bei den »Navajos« oder bei den »Edelweißpiraten«. Sie entzogen sich dem Drill und dem Alltag der HJ, indem sie ihre eigene Welt lebten und zum Teil provokativ ein unangepasstes Verhalten zeigten, was am augenfälligsten in ihrer Kleidung und in ihren Liedern zum Ausdruck kam. Wanderungen zählten zum wesentlichen Teil ihrer Freizeitgestaltung – gemäß dem beliebten Lied »Aus grauer Städte Mauern ziehn wir durch Wald und Feld«. Ein Teil

Bergung der letzten
Habseligkeiten nach
einem Bombenan-
griff der Jugendlichen ging auch zu politischen Aktionen über, wie
z.B. das Beschmieren von Wänden mit Parolen oder das Verteilen von Flugblättern. Das Regime bekämpfte die Jugendgruppen nachdrücklich. Wiederholt kam es zu Razzien und zu
Verhaftungen im EL-DE-Haus und in der »Arbeitsanstalt« Brauweiler, aber auch zu Verurteilungen vor dem Kölner Sondergericht. 1943 wurden im Bereich des Landgerichts Köln zwischen
1 000 und 1 200 Jugendliche verwarnt, 250 festgenommen und
zum Teil ins Jugendgefängnis oder in Jugenddienstlager eingewiesen.

Krieg und Kriegsgesellschaft

Die Nachricht vom Kriegsausbruch am 1. September 1939 löste
anders als 1914 keine Begeisterung bei der Bevölkerung aus,
obwohl sie seit 1933 systematisch auf einen Krieg vorbereitet
wurde. Am 13. Mai 1940 erfolgte der erste britische Luftangriff
auf Köln, dem bis Ende 1941 bereits 100 weitere Luftangriffe
folgten. Seit 1942 erlebten die Kölner die fürchterlichen Schrecken der modernen Kriegsführung. In der Nacht vom 30. auf
den 31. Mai 1942 mussten sie den ersten »Tausend-Bomber-An-
griff« in der Kriegsgeschichte über sich ergehen lassen: Mehr
als 1 000 britische Flugzeuge waren an dem Angriff beteiligt,
486 Menschen kamen ums Leben, über 5 000 wurden zum

Schreckensbilanz des Krieges in Köln

262 alliierte Luftangriffe (vom 13. Mai 1940 bis zum 2. März 1945)
20 000 zivile Bombenopfer
40 000 Verletzte
über 100 000 Soldaten aus Köln
17 000 an der Front getötete Soldaten aus Köln
78 390 zurückgekehrte Kriegsgefangene (bis 1951)
16 000 Vermisste und Kriegsgefangene (bis 1953)
40 Prozent zerstörte Gebäude in der Gesamtstadt
90 Prozent zerstörte Gebäude in der Innenstadt
91 völlig zerstörte, 52 beschädigte Kirchen (von 150)
770 000 Einwohner 1939
10 000 Einwohner linksrheinisch (um den 6. März 1945)
30 000 Einwohner rechtsrheinisch (März/April 1945)

Bergung eines
Blindgängers

Teil schwer verletzt, 45 000 Kölner wurden obdachlos. Einer
der schwersten Angriffe des Krieges war der »Peter-und Paul-
Angriff« am 29. Juni 1943, bei dem 4 377 Menschen ums Leben
kamen, die Innenstadt in ein Trümmerfeld verwandelt wurde
und die Zahl der Obdachlosen auf 230 000 stieg. Schwere Angriffe erfolgten im Herbst 1944. Der letzte, verheerende Angriff
am 2. März 1945, wenige Tage vor dem Einmarsch amerikanischer Truppen, traf besonders die Altstadt und die Neustadt
und verwüstete zahlreiche romanische Kirchen. Vor allem die
Innenstadt lag in Schutt und Asche.

Je länger der Krieg dauerte, desto stärker hatte die Zivilbe-
völkerung darunter zu leiden. Die anfängliche Siegesgewiss-

heit schlug nach der Niederlage in Stalingrad im Februar 1943 in wachsende Skepsis um. Die Bevölkerung musste in Bunkern und Kellern die Luftangriffe ertragen – ein Leben auf gepackten Koffern, griffbereit zum Gang in den Luftschutzraum. Viele waren im Verlauf des Krieges gleich mehrfach »ausgebombt« und mussten wiederholt von vorn anfangen. Möbel und Hausrat der deportierten Juden wurden versteigert [→ *S. 121 f.*]. Lebensmittel wurden rationiert. Die Sorge um die nächsten Angehörigen, Trauer um die Opfer der Angriffe und die gefallenen Soldaten, die Beschaffung von neuem Wohnraum und Habseligkeiten prägten das Leben der Kölner an der »Heimatfront«. Köln entvölkerte sich zunehmend: Lebten bei Kriegsausbruch noch 770 000 Menschen in Köln, so waren es nach den letzten großen Angriffen Anfang März 1945 im Linksrheinischen noch

Versorgung der Bevölkerung nach einem Bombenangriff

10 000 und im März / April 1945 im Rechtsrheinischen noch 30 000. Über 100 000 Männer waren als Soldaten an der Front, Familien flohen aufs Land, Tausende Kölner Kinder wurden im Rahmen der »Kinderlandverschickung« in sicherere Gebiete »verschickt«. Frauen und Mädchen mussten anstelle der eingezogenen Männer in der Kriegswirtschaft arbeiten. Seit September 1944 wurden Jungen im Alter zwischen 14 und 17 Jahren zu Schanzarbeiten am Westwall dienstverpflichtet.

Vor allem wurden viele tausend **Zwangsarbeiter/innen,** Kriegsgefangene und KZ-Häftlinge zur Bewältigung der Folgen der Luftangriffe, beim Bombenentschärfen und der Bergung von Leichen, bei Enttrümmerungsarbeiten und Notbaumaßnahmen eingesetzt. Sie arbeiteten in der Rüstungsindustrie, bei der Reichsbahn [→ *S. 163 f.*] und der Stadt Köln, aber auch in der Landwirtschaft oder in kleineren Betrieben. Die ersten Zwangsarbeiter in Köln waren 1 000 polnische Kriegsgefangene, die bereits im Oktober 1939 in die Stadt gebracht wurden. Seit 1942 war die Messe Außenlager des KZ Buchenwald und entwickelte sich zu einem Lagerkomplex [→ *S. 120 ff.*]. Im Juni 1944 wurde der Höhepunkt des Zwangsarbeitereinsatzes mit

rund 30 000 zivilen Zwangsarbeitern und etwa 15 000 bis
20 000 Kriegsgefangenen erreicht, die auf über 300 Lager in
Köln verteilt waren. Insgesamt dürften bis zu 100 000 ausländische Arbeitskräfte, die meisten von ihnen zwangsweise, in
den Jahren 1939 bis 1945 in Köln gearbeitet haben.

Am Ende des Krieges 1944/45, als sich die Niederlage deutlich abzeichnete, herrschten in Köln zum Teil chaotische Zustände. Jetzt wuchs auch das widerständige Verhalten. Eine
herausragende

Aufräumarbeiten
nach einem
Bombenangriff

**Moderne Kinder-
arbeit: Jugendliche**
»Ostarbeiter« bei
den Sidol-Werken
Siegel Co. in
Braunsfeld

rechts: **Zwangsarbeiter** in der Chemischen Fabrik Kalk
unten: **Zwangsarbeiterin Antonia Didytsch** als
Gasschweißerin bei der Imbert Generatoren GmbH,
1942–1945

Rolle spielte dabei das Ende 1943
entstandene »Nationalkomitee
Freies Deutschland« [→ *S. 167 ff.*].
Während des Krieges und besonders in seiner Endphase verschärfte sich der **Terror des Regi-
mes.** Im Schatten des Krieges vollzogen sich bereits seit 1940
die Deportationen. Mit wachsender Brutalität ging die Gestapo vor: Nach dem Attentat auf Hitler nahm sie im Rahmen der
»Gewitteraktion« im August 1944 zahlreiche ehemalige Spit-
zenvertreter der früheren Parteien fest, unter ihnen Konrad
Adenauer. Seit Ende Oktober 1944 ließ die Gestapo auf dem
Hofgelände des EL-DE-Hauses mehrere Hundert Häftlinge

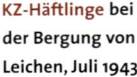

KZ-Häftlinge bei
der Bergung von
Leichen, Juli 1943

hinrichten. Im Oktober und November 1944 vollzog sie zwei öffentliche Hinrichtungen in Ehrenfeld [→ S. 170 f.].

Das Kölner Sondergericht fällte verstärkt Todesurteile wegen »Wehrkraftzersetzung« oder »Miesmachertum«; schon Diebstahl reichte nun für ein Todesurteil aus. Als letztes Aufgebot wurde in der Schlussphase des Krieges der »Volkssturm« aus bisher nicht eingezogenen Männern zwischen 16 und 60 Jahren aufgestellt. Schlecht ausgebildet und mit unzureichendem Material ausgestattet, wurden noch viele in einen sinnlosen

Persönliche »Bilanz«, auf einer Hauswand notiert

Tod geschickt. Dennoch brach das NS-Regime auch in Köln nicht von innen zusammen, sondern erst durch den militärischen Druck von außen. Am 6. März 1945 besetzten amerikanische Truppen das linksrheinische Köln und – da kurz zuvor die Hohenzollernbrücke als die letzte intakte Brücke von deutschen Pionieren gesprengt wurde – das rechtsrheinische Köln zwischen dem 12. und 15. März 1945. Köln war von der NS-Herrschaft befreit.

Die braunen Jahre

Rundgang

Wir beginnen unseren Rundgang am **1 Rathaus.** Hier fängt auch die NS-Herrschaft in Köln an. Bereits am 8. März hatten die Nationalsozialisten zum ersten Mal die Hakenkreuzfahne auf dem Rathausturm gehisst und

Gauleiter Grohé vom Balkon aus gesprochen. Es war die Generalprobe für den 13. März 1933, als die Nationalsozialisten **offiziell die Macht in der Stadt übernahmen:** Sie besetzten das Rathaus, während vor dem Gebäude SA- und SS-Formationen eine Parade abhielten – aufmerksam verfolgt von vielen Schaulustigen. Vom Balkon des Rathauses erklärte Grohé Oberbürgermeister Konrad Adenauer für abgesetzt – ebenso die bereits in »Schutz-

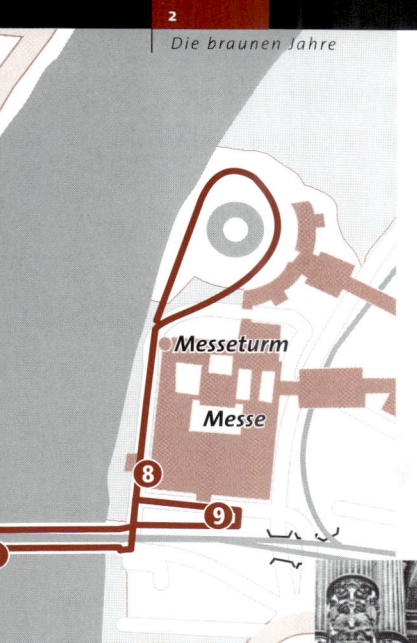

Messeturm

Messe

8

9

7

haft« befindlichen sozialdemokratischen Beigeordneten Ernst Fresdorf
und Johannes Meerfeld. Der bis dahin
völlig unbekannte Nationalsozialist
Günther Riesen wurde zum neuen,
zunächst kommissarischen Oberbürgermeister ausgerufen. Regierungs-
präsident Elfgen, selbst Zentrumsmitglied, wollte sich für die neuen Machthaber als nützlich erweisen, als er
Adenauer mit der absonderlichen Begründung in den Ruhestand versetzte,
es gäbe eine »eindeutige und drohen-
de Haltung in der Bevölkerung.« Ein
merkwürdiges Rechtsgut. Adenauer

oben: **Der neue Ober-
bürgermeister Riesen**
(Mitte) mit **Gauleiter
Grohé** (2. von links)
auf dem Balkon
des Rathauses am
13. März 1933
links: **Aufmarsch der
Nationalsozialisten
vor dem Rathaus**
am 13. März 1933

Sitzung der »Ratsherren« im Hansasaal, 1935

fürchtete, von den Nationalsozialisten gefangen gesetzt und durch die Straßen Kölns zur Schau gestellt zu werden. Daher war er am Morgen des 13. März, heimlich an den vor seinem Haus postierten SA-Wachen vorbei, nach Berlin geflohen. Er ersuchte um ein Gespräch mit dem preußischen Ministerpräsidenten Göring. Ausgerechnet mit Göring!, der ihn bei dem Gespräch kräftig beschimpfte.

Einen Tag zuvor war die NSDAP bei den Kommunalwahlen trotz des Terrors während des Wahlkampfs mit 39,6 Prozent lediglich stärkste Partei geworden und hatte selbst mit ihren Bündnispartnern nicht die absolute Mehrheit errungen. Aber darauf sollte es auch nicht mehr ankommen. Die Mandate der kommunistischen Stadtverordneten wurden nach dem Reichstagsbrand kurzerhand aberkannt. Fast alle sozialdemokratischen Stadtverordneten wurden nach der ersten Sitzung des neu gewählten Rates am 30. März 1933 verhaftet; sie hatten sich

bei der Wahl Hitlers und Hindenburgs zu Ehrenbürgern der Stadt Köln der Stimme enthalten. Gauleiter Grohé verkündete bei dieser Sitzung von der Tribüne des Rathauses aus offen: »Wir lassen aber keinen Zweifel daran, dass wir alle Volksschädlinge radikal zu vernichten gewillt sind.« Die Zentrumsfraktion erklärte an diesem Tag ihre »Bereitwilligkeit zur positiven Mitarbeit«, was Adenauer als »eine Gemeinheit« bezeichnet haben soll. Die meisten bürgerlichen Stadtverordneten wurden nun »Hospitanten« in der NSDAP-Fraktion. Mehr als die Hälfte der Zentrumsfraktion vollzog diesen unwürdigen Schritt jedoch nicht; vor allem die alte Garde der Entscheidungsträger der letzten Jahre verzichtete lieber auf ihr Mandat. Doch es gab genügend, meist jüngere willige Nachrücker, die gerne »positiv mitarbeiten« wollten. Bereits am 29. Juli 1933 gab es **nur noch die NSDAP-Fraktion** im Kölner Rat. 1934 entstand per Gesetz aus der Stadtverordnetenversammlung ein Ratsherrenkollegium, eine Honoratiorengesellschaft führender Kölner NS-Funktionäre. Die Bezeichnung war wörtlich zu verstehen: Frauen konnten nicht mehr Mitglied des Rates werden und der Rat wurde ein rein be»rat«endes Gremium ohne Beschlusskraft. Als Tagungsort brauchte man daher auch nicht mehr den Sitzungssaal im Spanischen Bau, sondern es reichte der »prächtig« geschmückte Hansasaal. Protokolle der Sitzungen wurden nicht geführt. Der kommunalpolitisch wichtigste Mann war eindeutig der Gauleiter. Auch die **Stadtverwaltung** nahmen die Nationalsozialisten innerhalb kürzester Zeit unter ihre Kontrolle. Die Beigeordneten wurden bis auf zwei

amtsenthoben und bis Ende März 1934 wurden insgesamt fast vier Prozent der städtischen Beschäftigten aus rassischen und politischen Gründen entlassen, drei Viertel davon Arbeiter. Dies entsprach dem auch in anderen Städten üblichen Rahmen. Ersetzt wurden sie vor allem durch »Alte Kämpfer«, langjährige Parteimitglieder, die bereits im März 1936 acht Prozent der städtischen Beschäftigen ausmachten. Insgesamt blieb aber die personelle Kontinuität zwischen der städtischen Verwaltung der Weimarer Zeit und der NS-Zeit weitgehend gewahrt. Der allergrößte Teil der leitenden Beamten blieb im Amt, passte sich den neuen Verhältnissen an und trat reihenweise in die NSDAP ein.

Neben der Eingangstür zum Sitzungssaal des Rates im Spanischen Bau erinnert eine **Gedenktafel** an die Stadtverordneten, die Opfer des Nationalsozialismus wurden: fünf Kommunisten, fünf Sozialdemokraten und ein Zentrumsmitglied. Auf dem **Ratsturm** befinden sich einige Figuren von Personen, die Opfer oder im weitesten Sinn Gegner des Nationalsozialismus waren: Konrad Adenauer [→ S. 26]; Hans Böckler [→ S. 199]; Josef Kardinal Frings [→ S. 231]; Georg Fritze [→ S. 138]; Josef Haubrich [→ S. 220]; Amalie Lauer, bedeutende Vertreterin der katholischen Frauenbewegung; Bernhard Letterhaus [→ S. 147]; Benedikt Schmittmann, im KZ Sachsenhausen umgekommener Universitätsdozent; Wilhelm Sollmann [→ S. 32]; Edith Stein [→ S. 156]; Christine Teusch, Zentrumsabgeordnete im Reichstag.

Die Ehrenbürger Kölns:

Franz Egon Graf von Fürstenberg-Stammheim † seit 16.12.1866
Freiherr/bischöflicher Ernst Moritz Arndt † seit 26.12.1859
Reichskanzler Otto Fürst von Bismarck † seit 1.4.1879
Generalfeldmarschall Helmuth Graf von Moltke † seit 9.5.1879
Geheimer Kommerzienrat Dr. Gustav von Mevissen † seit 23.4.1893
Appellationsgerichtsrat August Reichensperger † seit 23.4.1893
Staatssekretär Dr. Heinrich von Stephan † seit 23.4.1893
Oberbürgermeister Wirklicher Geheimrat Exzellenz Wilhelm von Becker † seit 12.7.1905
Domkapitular Professor Dr. Alex. Schnütgen † seit 26.10.1910
Reichspräsident Paul von Beneckendorf und von Hindenburg † seit 30.3.1933

Führer und Reichskanzler Adolf Hitler
seit 30.3.1933
Reichsmarschall und Ministerpräsident Hermann Göring
seit 28.6.1934
Reichsorganisationsleiter Dr. Robert Ley
seit 15.2.1937
Reichsleiter Alfred Rosenberg
seit 26.4.1939
Reichsminister Dr. Josef Goebbels
seit 20.5.1939

Kölner Ehrenbürger
1933–1945

Adolf Hitler (30. März 1933)
Paul von Hindenburg (30. März 1933)
Hermann Göring (28. Juni 1934)
Robert Ley (15. Februar 1937)
Alfred Rosenberg (26. April 1939)
Joseph Goebbels (20. Mai 1939)

»Stolperstein« vor dem Rathaus

Vor dem Eingang zum Historischen Rathaus erinnern im Kopfsteinpflaster eingelassen eine **Gedenkspur** und ein **»Stolperstein«** an die nationalsozialistische Zigeunerverfolgung. Die Gedenkspur mit der Aufschrift »Mai 1940 – 1 000 Roma und Sinti« mahnt an die Deportation von rund 1 000 Sinti und Roma aus dem Rheinland, die vom Messegelände aus über den Bahnhof Deutz in den »Osten«, die besetzten Gebiete Polens, ging [→ S. 120]. Diese Spur findet sich wiederholt in Köln und zeichnet den Weg der im Mai 1940 von der Polizei abgeführten Sinti und Roma vom Lagerplatz an der Venloer Straße 888, dem »Schwarz-Weiß-Platz« [→ S. 171 f.], durch die Stadt bis zur Messe nach. Der »Stolperstein« gibt die Anfangssätze des Erlasses von Heinrich Himm-ler vom Dezember 1942 wieder, der die Einweisung der »Zigeuner« in das Konzentrationslager Auschwitz-Birkenau anordnete. Er wurde 1992 zum 50. Jahrestag in den Boden eingelassen.

Unsere nächste Station ist die Ruine der **2 Kirche Alt St. Alban.** Wir gehen in Richtung Wallraf-Richartz-Museum ein Stück die Straße Unter Goldschmied herunter. St. Alban wurde wie St. Kolumba am Dischhaus in der Brückenstraße nach dem Ende des Krieges bewusst nicht wieder aufgebaut. Die Ruinen blieben als Mahnmale gegen den Krieg erhalten. Deutlich sind noch heute die Brandspuren am Mauerwerk von St. Alban zu erkennen. Die Kirche wurde bei einem der fürchterlichsten Bombenangriffe auf Köln zerstört, dem »Peter-und-Paul-Angriff« vom 29. Juni 1943. Käthe Kollwitz hatte die Skulptur **»Trauerndes Eltern-paar«** für ihren im Ersten Weltkrieg gefallenen Sohn geschaffen [→ *S. 42 f.*]. 1954 wurde eine Replik von Meister-schülern von Ewald Mataré angefer-tigt: Der später so berühmte Joseph Beuys schuf den Vater und Erwin Heerich die Mutter. Das Denkmal wurde nach 1945 zu einem Mahnmal für die Opfer beider Weltkriege um-gewidmet. Die Skulptur war ein Ge-schenk der Bundesrepublik Deutsch-land an die Stadt Köln und wurde 1959 in Anwesenheit von Bundespräsident

»Trauerndes Elternpaar« von Käthe Kollwitz

Theodor Heuss eingeweiht. Damit ist dieses Denkmal auch ein Zeugnis für die frühe Gedenkkultur, für den unbekümmerten Umgang mit der NS-Ver-

Roncalliplatz hinauf sehen wir links das **3 Domhotel.** Hier richten wir den Blick auf den Balkon. In dem in den Jahren 1888 bis 1893 erbauten

Menschenmenge wartet auf Hitler vor dem Domhotel, 28. März 1936

gangenheit: Da die Skulptur der zum Gebet knienden Eltern in eine Kirchenruine aufgestellt wurde, wird sogleich die religiöse Überhöhung sichtbar. Gedacht wurde an die Kriegstoten und somit an die gesamte Bevölkerung. Erst sehr viel später wird man der eigentlichen Opfer des Nationalsozialismus gedenken und nach Schuld und Verantwortung fragen.

Wir gehen die Straße Unter Taschenmacher geradeaus in Richtung Dom. Nach einigen Treppenstufen zum

Hitler und Köln

Nach den Aufzeichnungen von Henry Picker soll Hitler bei einem Tischgespräch über seinen Besuch in Köln im Jahre 1936 gesagt haben, dass »ihm mehrere Hunderttausend die größten Ovationen seines Lebens vor dem Hotel gebracht hätten. Vor Freude über sein Erscheinen habe die ganze Menge jedesmal bei seinem Betreten des Dom-Hotel-Balkons geschunkelt.«

Großkundgebungen Hitlers in Köln:
18. August 1930
9. März 1932
28. Juli 1932
30. Oktober 1932
19. Februar 1933
26. Oktober 1933
28. März 1936
30. März 1938

Hotel war **Hitler** am 28. März 1936 bei seinem Besuch anlässlich der »Rheinlandbefreiung« [→ *S. 117 f.*] abgestiegen, während er sonst häufig in seinem Lieblingshotel Dresen in Bad Godesberg Quartier bezog. Jedes Mal als er auf den Balkon des Domhotels trat, wurde er von der wartenden Menge umjubelt. Die vielfach kolportierte Legende, in Köln habe der Nationalsozialismus nicht richtig Fuß fassen können, wird in dem ebenso häufig zu hörenden Bild zusammengeführt, Hitler sei nur einmal in Köln gewesen, er sei unwirsch von der Bevölkerung empfangen worden, ja gar mit Blumentöpfen beworfen worden. Auch dies ist eben nur eine Legende. Hitler kam zu Großkundgebungen so oft nach Köln wie in vergleichbare Städte.

Wenden wir den Blick vom Domhotel auf das gegenüberliegende Römisch-Germanische Museum, können wir heute noch Teile des 1941/42 errichteten **4 Dombunkers** besichtigen. Architekt war niemand Geringeres als der berühmte Wilhelm Riphahn. Der größte Teil des Bunkers befand sich unterirdisch. Der oberirdische eingeschossige Bau wirkte aus der Luft wie eine Bauhütte. Der Bunker diente ausschließlich zur Aufnahme der Kunstschätze des Domes. Großes Aufsehen erregte weit über Köln hinaus, als man 1941 bei den Ausschachtungsarbeiten das Dionysos-Mosaik entdeckte. Es ist heute im Untergeschoß des Römisch-Germanischen Museums zu sehen, am Originalstandort, denn dieses Untergeschoß wurde in den ehemaligen Bunker eingebaut. Die wuchtigen Mauern sind gut erkennbar. Wenn wir durch das große Fenster auf das Dionysos-Mosaik schauen, erblicken wir auch Bunkermauern. Merkwürdig ist nur eins: Das Museum scheint sich dieser Geschichte zu schämen, da jeder Hinweis auf den Bunker fehlt.

Eingang zum Dombunker

Angesichts des Luftkrieges kam dem Bunkerbau in Köln eine besondere Bedeutung zu. Im Januar 1944 waren 33 bombensichere Bunker fertig gestellt, zwei befanden sich im Bau und weitere 29 waren geplant. Zum Bau der Bunker wurden ab Ende 1942 auch KZ-Häftlinge der SS-Baubrigade eingesetzt. Während aus den Tiefbunkern nur die Lüftungsschächte herausragten, wurden die Hochbunker an die städtebauliche Umgebung angepasst und wie Häuser mit Dächern oder

Kirchen mit Türmen gebaut, damit man sie von Flugzeugen aus nicht erkennen konnte. Gegenwärtig sind in Köln rund 20 öffentliche Tiefbunker und 24 Hochbunker erhalten, die zum

Ehemaliger Hochbunker am Breslauer Platz

Teil für kulturelle Zwecke genutzt werden – wie der »Kulturbunker Mülheim« in der Berliner Straße und der Bunker in der Körnerstraße in Ehrenfeld. Auch wenn wir uns den Weg sparen, sei erwähnt, dass sich in der Nähe des Dombunkers gegenüber dem Hauptbahnhof auf dem Breslauer Platz (Ecke Altenberger Straße/ Brandenburger Straße Domstraße) ein **Hochbunker** befindet, der aller-

dings heute als solcher nicht mehr erkennbar ist. Dieser ebenfalls nach Plänen von Riphahn 1942 erbaute fünfgeschossige, kubische Hochbunker wurde in Stahlbetonbauweise mit Flachdach errichtet. Zukunftsweisend war es, dass von vornherein eine spätere Nutzung als Parkhaus vorgesehen war. So wird das Gebäude auch seit 1951 verwendet. Dem ehemaligen Bunker war in den siebziger Jahren ein bunter Fassadenanstrich verpasst worden. Er wurde später mit einer Glasfassade versehen und in das neue Gebäude der Raffeisen-Waren-Zentrale integriert, so dass von außen die ursprüngliche Funktion nicht mehr sichtbar ist.

Wir gehen nun um die Ecke und stellen uns vor den **5 Dom** – falls es dort mal wieder zu zugig sein sollte, können wir auch in den Dom hineingehen. Die Stellung der **Kirche** und der **Katholiken** zum NS-Staat war für die Nationalsozialisten von besonderer Bedeutung, da rund 75 Prozent der Kölner Bevölkerung katholisch war. Und auch der Alltag der Stadt war durch katholische kommunale Schulen, katholische Vereine und Verbände sowie Feiertage geprägt. Die Kirche hatte vor 1933 den Nationalsozialismus offen kritisiert. Die Fuldaer Bischofskonferenz verbot 1931 für Katholiken die Mitgliedschaft in der NSDAP. Schließlich waren die Nationalsozialisten antichristlich und antikirchlich ausgerichtet. Sie strebten eine Entchristlichung des öffentlichen und privaten Lebens an und propagierten anstelle des traditionellen christlichen Glaubens ein »positives Christentum«

und »Gottgläubigkeit«. An Stelle der Loyalität gegenüber den Kirchen sollte die Hingebung an »Führer und Reich« treten. Für diese »germanisch-völkische« Weltanschauung wurde in zahlreichen Publikationen und Veranstaltungen geworben. Der von Alfred Rosenberg 1930 veröffentlichte »Mythus des 20. Jahrhunderts« stellte den ideologischen Hauptangriff dar.

Umso erstaunlicher war es, wie rasch sich auch die katholische Kirche nach der Machtübernahme der Nationalsozialisten an die neuen Verhältnisse anpasste. Nachdem Hitler am 23. März 1933 in einer Regierungserklärung den beiden christlichen Kirchen die Unantastbarkeit ihrer Rechte zugesagt hatte, rückte die katholische Kirche in einer »Kundgebung der deutschen Bischöfe« vom 28. März 1933 von ihrer bisherigen Haltung ab. Dabei gab es angesichts von antisemitischen, antiliberalen und antibolschewistischen Vorurteilen in beiden christlichen Kirchen durchaus Berührungspunkte zu Teilen der NS-Ideologie.

Das im Juli 1933 geschlossene **Konkordat** zwischen dem Deutschen Reich und dem Vatikan sagte eine gegenseitige Respektierung zu und sicherte der Kirche den Erhalt ihrer Institutionen und Verbände, der Presse und des Religionsunterrichts an öffentlichen Schulen zu. Das Ziel der katholischen Kirche war es fortan, die Einhaltung der Konkordatsbestimmungen zu erreichen, um den eigenen Besitzstand und die eigenen Interessen möglichst nicht zu gefährden. Doch es sollte sich zeigen, dass der NS-Staat sich nicht daran gebunden fühlte. Vielmehr be-

gann er bald mit massiven Kampagnen gegen katholische Institutionen und Amtsträger. Schon 1933 dienten Vorwürfe wegen Devisenvergehen in

Schlussgottesdienst der Bonifatius-Wallfahrt der katholischen Jugend im Dom, 1937

zwei Orden und wegen der Homosexualität von Priestern als agitatorische Mittel. Die katholischen Vereine und Verbände wurden in den folgenden Jahren immer mehr in ihren Wirkungsmöglichkeiten beschränkt und 1938 faktisch verboten. Im Generalvikariat in der Marzellenstraße wurde daher eine Abwehrstelle gegen die NS-Propaganda eingerichtet [→ *S. 160*]. Außerdem gestalteten sich **Massenveranstaltungen** wie die Wallfahrt der katholischen Männer- und Jung-

**Kirchliche Trauung eines SA-Angehörigen
vor dem Dom, 1943**

männervereine zur Kalker Gnadenka-
pelle, die 1935 ca. 35 000 Teilnehmer
hatte, die Dreikönigswallfahrten der
katholischen Arbeiterbewegung und
die Christ-König-Feiern und Bonifa-
tiuswallfahrten der katholischen
Jugendverbände als eine Demonstration der eigenen Stärke der Kirche.
Nach Ausbruch des **Krieges** mahnte
die Kirche häufig die Pflicht zum tota-
len Einsatz der Soldaten an. Die Bischöfe riefen die Gläubigen zum Gehorsam gegenüber der Staatsführung
und zur »Pflichterfüllung« bis zur
Hingabe ihres Lebens auf. Der Tod auf
dem Schlachtfeld wurde nicht selten
in die Sphäre des Märtyrertums geho-
ben. Nach militärischen Siegen wurde
ein feierliches halbstündiges Glocken-
läuten von allen Kirchen angeordnet
und in vielen Gottesdiensten wurde
für die Siege gedankt. Beim »Russland-
feldzug« ging es in einem offenen Be-
kenntnis der Kirchenleitungen um ei-

nen wirklichen Glaubenskrieg, um
den Kampf gegen den »gottlosen Bol-
schewismus«.
Anders als sein anpassungsbereiter
Vorgänger Erzbischof Karl Schulte
nahm Erzbischof Josef **Frings** [→ S.
231], der im Juni 1942 in sein Amt eingeführt wurde, wiederholt öffentlich
gegen das Regime Stellung. Das von

Kirche gegen Rassismus

»Tötung ist in sich schlecht, auch
wenn sie angeblich im Interesse des
Gemeinwohles verübt würde: An
schuld- und wehrlosen Geistesschwa-
chen und -kranken, an unheilbar
Siechen und tödlich Verletzten, an
erblich Belasteten und lebensuntüch-
tigen Neugeborenen, an unschuldigen
Geiseln und entwaffneten Kriegs-
oder Strafgefangenen, an Menschen
fremder Rassen und Abstammung.
Auch die Obrigkeit kann und darf nur
todeswürdige Verbrechen mit dem
Tode bestrafen.«
*(Dekalog-Hirtenwort vom 12. Septem-
ber 1943, verfasst von Erzbischof Josef
Frings)*

Frings verfasste Dekalog-Hirtenwort der deutschen Bischöfe vom 12. September 1943 wird von Historikern zu den »mutigsten Dokumenten der Kriegszeit ..., zu den bedrückend wenigen öffentlichen Protesten, die von kirchlicher Seite gegen die Ausrottungspolitik der Nationalsozialisten gerade auch in der Judenfrage ergangen sind« (Ulrich von Hehl), gezählt.

sches Heldenepos. Der selbsternannte Held hieß Dr. Paul Börger, damals der zuständige Offizier, seit 1935 Rektor des Deutzer Realgymnasiums und zugleich evangelischer Pfarrer und nach 1945 zunächst Pfarrer und dann Oberstudiendirektor am Gymnasium Mülheim. Als damaliger Kommandeur des Pionier-Ausbildungs-Bataillons 253 habe er auf Bitten des Dombaumeis-

links: **Zerstörter Turm** des Doms, 1943
rechts: **Die Domplombe,** noch unverkleidet, 1999

Wir wenden nun unseren Blick auf die linke Seite des Nordflügels. Dort war bis August 2005 die **Domplombe** zu erkennen. Da Köln die Legenden liebt und pflegt, rankt auch um die Domplombe eine solche: Durch einen Luftangriff am 3. November 1943 wurde der Turm so schwer getroffen, dass er einzustürzen drohte. Um dies zu verhindern, wurde die Lücke bis in die ersten Tage des Jahres 1944 hinein mit einfachen Ziegelsteinen geschlossen, die »Domplombe« gesetzt. Jahrzehntelang hielt sich darum ein köl-

ters Baukräfte für die Arbeiten zur Verfügung gestellt und sich dabei über den Befehl seiner Vorgesetzten hinweggesetzt. Ergo: Die Nazis hätten unseren wunderschönen Dom – und doch zumindest einen wichtigen Teil von ihm – einstürzen lassen, wenn nicht eine kölsche Seele beherzt zugepackt hätte. Der Historiker und Journalist Carl Dietmar machte 1996 den tatsächlichen Hergang bekannt: Ein

Kölner Bauunternehmer hatte den Auftrag erhalten, den Domturm zu sichern und ihm waren für diese Arbeiten 10 Kriegsgefangene und fünfzehn KZ-Häftlinge bereit gestellt worden – mit Einverständnis von Bürger-

können, dass sich dahinter die Plombe verbirgt. Ein weiteres Zeugnis des Krieges lässt sich nicht vollständig entsorgen.

Übrigens, auch dies ist ein Gerücht und eines, das besonders verbreitet ist: Der **Dom,** der sich nach Kriegsende wie unversehrt und majestätisch aus der Trümmerwüste erhob, sei als Kulturerbe von den britischen und amerikanischen Fliegern bewusst geschont worden. Tatsächlich war der Dom wiederholt getroffen worden und hing am sprichwörtlichen seidenen Faden. Es hatte nicht viel gefehlt, und er wäre zusammengebrochen. Umfangreiche Sanierungsarbeiten waren notwendig, bis im Dom am 30. August 1956 anlässlich des Katholikentages zum ersten Mal wieder ein Gottesdienst abgehalten werden konnte. Es war also Glück und Zufall, dass der Dom stehen geblieben ist. Die Flieger, die den Dom als Orientierungspunkt ansteuerten, konnten gar nicht so exakt – wie es in heutigen Tagen möglich ist – ihre Bomben abwerfen. Da ringsum alles zerstört war, wurde folglich auch eine Zerstörung des Doms in Kauf genommen.

Gestaltung des Heinrich-Böll-Platzes durch Dani Karavan

meister Brandes; also keineswegs gegen den Willen, sondern mit der vollen Unterstützung der städtischen Behörden und verschiedener NS-Organisationen. Die Domplombe galt für viele, vor allem ältere Kölner als Symbol und Erinnerung an den Krieg. Der langjährige Streit darüber, ob sie als ein Mahnmal an den Krieg erhalten bleiben sollte, wurde 1996 entschieden. Doch auch jetzt wird man an den deutlich helleren Steinen noch lange erkennen

Zu unserer nächsten Station wandern wir am Nordturm vorbei über die »Domplatte« zum **6 Heinrich-Böll-Platz,** der insgesamt ein bedeutendes Kunstwerk des israelischen Künstlers **Dani Karavan** ist. Im Mittelpunkt steht der aus Eisen- und Granitblöcken geschaffene Stufenturm, das Ma'alot (hebräisch für Stufe, Grat und Aufstieg). Vereinzelt wird das Kunstwerk als ein Mahnmal zur Erinnerung an den Holocaust gedeutet, auch wenn

Einmarschierende Truppen auf der Hohenzollernbrücke, 7. März 1936

der Künstler selbst in Erläuterungen
zu dem Werk keinen Hinweis dazu
gegeben hat. Für diese Interpretation
wird u.a. auf folgendes hingewiesen:
Die parallel zum Eisenbahngleis ver-
laufene Schiene erinnere an die unweit von hier aus erfolgte Deportation
der Juden vom Bahnhof Deutz; die
sechs Stufen des Turms, die sechs Kreise im Boden und die beiden Reihen
von je sechs Bäumen sowie weitere
Zahlensymbole stünden für die sechs
Millionen ermordeten Juden. Ob hierbei nicht zuviel hineininterpretiert
wird, mag jeder und jede für sich beurteilen. Dani Karavan hat jedenfalls

betont, dass das Kunstwerk »nicht die
Aufgabe (habe), eine bestimmte Ge-
schichte zu erzählen«, sondern »alle
Rechte und jede Freiheit (habe), Asso-
ziationen in jede beliebige Richtung
anzustoßen und die verschiedensten
Phantasien und Vorstellungen bei den
Menschen auszulösen«.

Wir erreichen nun – das Reiterbild von
Kaiser Wilhelm II. rechts liegen las-
send – die **7** **Hohenzollernbrücke.**
Das nebenstehende Foto zeigt das
Schauspiel der **»Rheinlandbefreiung«.**
Am 7. März 1936 zogen Truppen der
Wehrmacht über die Hohenzollern-
brücke in die Stadt ein. Nach dem
Ersten Weltkrieg war Deutschland
im Friedensvertrag von Versailles ver-
pflichtet worden, seine Armee auf
100 000 Mann zu reduzieren und die
Wehrpflicht abzuschaffen. Zudem

wurde das Rheinland entmilitarisiert: Im linksrheinischen Territorium und in einem 50 Kilometer breiten Streifen am rechten Rheinufer durften keine deutsche Truppen stationiert sein. Hitler hatte den Vertrag bereits 1935 gebrochen, als er die allgemeine

dort aus in einem Fackelzug zum Dom begaben. Hitler ließ sich bei einem anschließenden Besuch am 28. März 1936 als »Führer und Befreier« feiern. Tatsächlich zählte die »Rheinlandbefreiung«, der Anschluss des Saarlandes 1935, die Olympischen Spiele 1936,

Hitler auf einer Kundgebung **in den Messehallen, 26. Oktober 1933**

Wehrpflicht wieder einführte. 1936 setzte er sich ein zweites Mal über den Vertrag hinweg und ließ Truppen der deutschen Wehrmacht in das Rheinland einmarschieren. Beide Vorgänge zusammen dienten seinem Ziel der Wiederaufrüstung Deutschlands und damit den Kriegsvorbereitungen. Großbritannien und Frankreich reagierten darauf nur mit Protestnoten.

Der Jubel war unvorstellbar groß – nur noch vergleichbar mit der anderen »Rheinlandbefreiung« zehn Jahre zuvor beim Abzug der britischen Truppen [→ S. 49 f.]. Auf dem Neumarkt fand eine Großkundgebung mit tausenden Menschen statt, die sich von

die Eingliederung Österreichs und die Abtretung des Sudetenlandes 1938 sowie die raschen militärischen Erfolge zu Beginn des Zweiten Weltkrieges und der spürbare Rückgang der Erwerbslosigkeit zu den »Erfolgen« des Regimes. Diese vermeintlichen Erfolge trugen zur Zustimmung des großen Teils der Bevölkerung zum NS-System bei.

Wir spazieren weiter über die Hohenzollernbrücke zur **8 Messe** und gehen ein Stück an den zum Rhein hin gelegenen Messehallen entlang bis zum Messeturm. Das Messegelände hat in vielfacher Hinsicht eine zentrale Bedeutung für das Terrorsystem der Nationalsozialisten in Köln gespielt. Es wurde während des Zweiten Weltkriegs für unterschiedliche Zwecke als ein verzweigter Lagerkomplex genutzt. Schon vor der Machtübernahme waren die Messehallen neben den ebenfalls sehr großen Rheinlandhallen in Ehrenfeld Versammlungsort für **Großkundgebungen** mit führenden Nationalsozialisten wie Hitler, Göring, Goebbels und anderen. Allein 1932 trat Hitler dreimal in den Messehallen auf und konnte sie stets ohne Probleme füllen, obwohl die NSDAP Eintritt verlangte. Nach der Ernennung Hitlers zum Reichskanzler am 30. Januar 1933 veranstalteten die Kölner Nationalsozialisten anderntags eine **»Weihestunde«** in den Messehallen, bejubelten

Der **Messebetrieb** stellte sich rasch auf die neuen Machthaber ein: So stand schon im April 1933 die Wirtschaftsausstellung »Deutsche Woche« unter dem nationalistischen und antisemitischen Motto »Denk deutsch – kauf deutsch« und die im September und Oktober 1933 veranstaltete Ausstellung »Gesunde Frau – gesundes Volk« propagierte die NS-Rassenideologie. Bereits im April 1933 fanden dazu große Fortbildungsveranstaltungen zur NS-Rassenideologie für die Kölner

Großveranstaltung in der Messe während der »Machtübernahme«: »Überführung« des NS-Schülerbundes in die Hitler-Jugend, 19. Mai 1933

ihren Sieg und machten anschließend einen Fackelzug durch die Stadt. Am 19. Februar 1933 hielt Hitler – nunmehr Reichskanzler – eine Wahlkampfkundgebung ab, zu der bereits eine Formation von Polizeibeamten mit Hakenkreuzbinde und -fahne aufmarschierte [→ *S. 142*].

Lehrer in der Messe statt. Die für 1940 als wichtige »Weltausstellung« geplante »Internationale Verkehrsausstellung« konnte infolge des Krieges nicht mehr verwirklicht werden. Die Frühjahrsmesse 1942 war die letzte Ausstellung, die während der NS-Zeit gezeigt wurde.

Polnische Kriegsgefangene in der Messe, Oktober 1939

Bereits wenige Tage nach Kriegsbeginn wurden in der Osthalle rund 1 000 polnische **Kriegsgefangene** interniert. Sie waren auch die ersten, die in Köln Zwangsarbeit verrichten mussten. Im Oktober wurden über 500 von ihnen in der Landwirtschaft eingesetzt. Nach der Besetzung Frankreichs internierte man 1940 zudem französische Kriegsgefangene in der Nordhalle. Ab 1940 wurde das Messegelände zum Sammellager für die von Köln ausgehenden **Deportationen** in den Osten. Als erste Gruppe wurden im Mai 1940 rund 1 000 **Sinti und Roma** aus Köln und dem Rheinland sowie dem Ruhrgebiet zunächst für fünf Tage in einer der großen Messehallen untergebracht, auf entwürdigende Weise »entlaust« und rassenbiologisch untersucht sowie schließlich über den Bahnhof Deutz-Tief in das besetzte Polen deportiert. Weitere etwa 350 folgten im März 1943 direkt in das Vernichtungslager Auschwitz-Birkenau. Von Oktober 1941 bis Oktober 1944 erfolgten die Deportationen der über 7 100 Kölner **Juden** und weiterer tausender Juden

Sinti und Roma in der Messe vor ihrer Deportation, Mai 1940

Im Sammellager der Kölner Messe vor der Deportation

»Am 17. Oktober 1941 erhielten wir die Aufforderung, uns zum 21. Oktober früh um sieben Uhr in der Deutzer Messehalle mit 50 kg Gepäck, Proviant für drei Tage, Bettwerk und 100,– RM pro Person einzufinden. Mein Mann, Ludwig Herzog, meine Schwiegermutter und ich waren namentlich aufgeführt. ... Also am Dienstag, den 21.10., waren wir um 7 Uhr vor der Messehalle. ... In der Aufforderung stand, dass es nach Litzmannstadt ging, aber nicht, dass dort ein Ghetto existierte. Im Gegenteil, uns wurde erzählt, dort gäbe es ein Volksdeutschen-Lager, was geräumt sei und nun auf uns wartete. Unser Gepäck wurde selbstverständlich von der Gestapo kontrolliert, ebenso unsere Papiere. Wenn man Glück hatte, so kam man an einen anständigen Beamten, der es nicht so genau nahm. Am Spätnachmittag war die Kontrolle fertig. Das Großgepäck blieb im abgeteilten Vorderraum, und den Proviant durfte man in den anderen abgeteilten Raum, der mit Stroh aufgeschüttet war, mitnehmen. Das Geschrei und die Unruhe waren unbeschreiblich. Am Abend gab es kein Licht wegen Fliegergefahr, denn die große Messehalle kann nicht verdunkelt werden. Nur einige Notlampen mit Blaubirnen brannten in den Ecken. Die Toilettenfrage war katastrophal, da für 1030 Menschen nur vier Damen- und vier Herren-Toiletten existierten.

Aber endlich wurde es doch fünf Uhr früh. Wir mussten uns fertigmachen, und plötzlich hieß es, es seien nicht genügend Waggons gekommen, und das Gepäck müsste zurückbleiben. Glücklicherweise hatten wir wenigstens das Bettzeug meiner Schwiegermutter bei uns, so dass sie mit ihren 64 Jahren nicht auf dem nackten Fußboden liegen musste. Dann ging's zum Bahnhof Köln-Deutz-Tief. Das sind normalerweise drei bis fünf Minuten, und wir brauchten eine knappe Stunde dazu. Wer stolperte und fiel, dem wurde mit dem Gewehrkolben sofort geholfen, denn links und rechts waren wir von der SS flankiert. Die Einzelheiten kann man nicht so beschreiben. Ein Mann brach vollkommen zusammen. Da mussten zwei andere ihr Gepäck fortwerfen, um dem Mann helfen zu können. Ein Mann wurde wahnsinnig, der wurde im letzten Moment noch in die Irrenanstalt gebracht. Eine Frau nahm 36 Veronaltabletten und blieb liegen, usw. ... Schließlich gelangten wir auf den Bahnsteig. Dort durften wir uns in Fünfer-Reihen aufstellen, und dann hielt uns der SS-Offizier noch eine Abschiedsrede, bei der genügend Tränen flossen, von seiner Seite, dass er uns nicht selbst umbringen durfte. Mit den Ausdrücken: »Ich habe euch dreckige Saujuden gefressen wie sieben Sack grüne Seife«, fing es nur an. Endlich durften wir einsteigen. Alte Personenwaggons mit einem neuen Waggon für die SS-Wache, die mitfahren musste. Und dann ging's los.«
(Aus einem Ende Mai 1945 verfassten Bericht von Liesel Herzog. Ihr Mann und ihre Schwiegermutter kamen im Ghetto Litzmannstadt ums Leben.)

aus dem Kölner Umland. An den Kolonnaden am Rhein waren die Buchstaben A–Z aufgemalt, wo die Opfer sich nach ihren Namen sortiert einzufinden hatten.

In der Westhalle der Messe befand sich zudem ein **Depot** für das beschlagnahmte bewegliche **Eigentum der deportierten Juden.** Deren Möbel und Hausrat konnten vornehmlich Kölner Fliegergeschädigte ersteigern. Der Ertrag floss in die Staatskasse. Nach großen Bombenangriffen wurde die »Versorgung« der Kölner Bevölkerung sichergestellt, indem man zusätzlich den Hausrat von deportierten niederländischen Juden nach Köln schaffte. Diese als »Verwertung« und »Aktion 3« bezeichnete Plünderung jüdischen Besitzes wurde von der Oberfinanz-

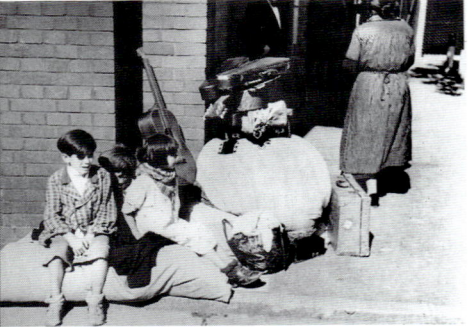

**Sinti und Roma-Kinder
auf dem Gelände der Messe** vor ihrer
Deportation, Mai 1940

begannen mit dem Aufbau des Lagers
in dem im Nordwesten gelegenen
Kongresssaal, im heutigen Rheinsaal,
unmittelbar am Messeturm. Ende
Oktober kamen weitere 503 Häftlinge
und im November die restlichen 185
der zugesagten 1 000 Häftlinge aus

direktion organisiert und von den
einzelnen Finanzämtern ausgeführt.
Mindestens in die Zehntausende ging
die Zahl der Kölner, die unmittelbar
von der Deportation der Juden profi-
tierten.

Seit dem 18. September 1942 wurde
ein Teil der Messe als **Außenlager des
KZ Buchenwald** genutzt. Angesichts
der Kriegszerstörungen in den Städten
beschloss Himmler 1942 auf Nachfra-
gen von Kommunen, KZ-Häftlinge zur
Behebung von Bombenschäden ein-
zusetzen. Es wurden »SS-Baubrigaden«
aus Häftlingen der Konzentrationslager zusammengestellt. Köln war die
erste Stadt, die Häftlinge einer SS-Baubrigade erhielt: 1 000 Häftlinge aus
dem KZ Buchenwald. Die Entscheidung, das Außenlager in der Messe
einzurichten, ging auf Gauleiter Grohé
und Bürgermeister Brandes zurück.
Schon bei den vorangegangenen Deportationen hatte sich die Lage der
Messe als sehr geeignet herausgestellt:
Sie bot für sehr viele Menschen Platz;
lag sehr verkehrsgünstig mit dem
nahen Bahnhof Deutz-Tief und dem
Rhein; war leicht zu bewachen; lag
zentral und doch abgeschottet. Im
September 1942 trafen die ersten 300
Häftlinge aus Buchenwald ein und

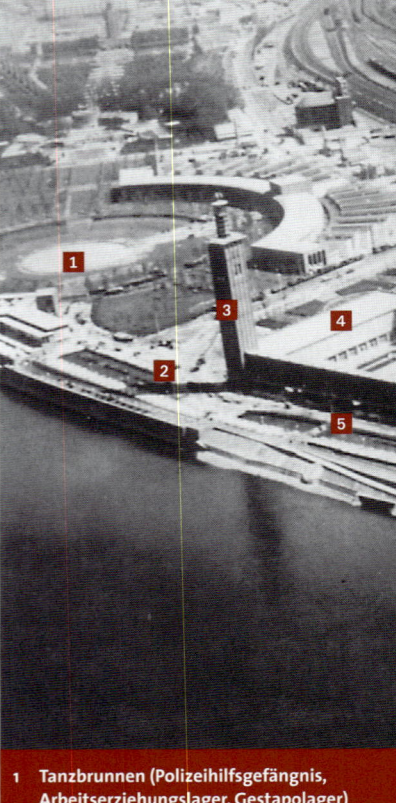

1 **Tanzbrunnen (Polizeihilfsgefängnis,
   Arbeitserziehungslager, Gestapolager)**
2 **Appellplatz des KZ-Außenlagers
   (KZ-Häftlinge, Gestapohäftlinge)**
3 **Messeturm (SS-Lagerleitung)**
4 **Kongresshalle (SS-Baubrigade)**
5 **Unterkünfte der SS-Mannschaften**
6 **Baracken des Außenlagers ›Köln-Stadt‹
   (vermutl.)**

Buchenwald. Der Kongresssaal wurde von den ersten Häftlingen als Schlafsaal für mehrere Hundert Personen mit dreistöckigen Pritschen ausgerüstet. Die Häftlinge hatten kein eigenes Bett, sondern mussten nach ihrer Arbeit dort schlafen, wo ein Bett frei war. Sie hatten besonders schwere und gefährliche Arbeiten zu verrichten – Trümmer beseitigen, Menschen oder Leichen bergen und Bomben entschärfen. Auftraggeber für die Baubrigade war die Stadt Köln, die pro Häftling und Tag vier Reichsmark an die SS entrichtete. Bürgermeister Brandes koordinierte als »Leiter für Sofortmaßnahmen« den Einsatz der KZ-Häftlinge.

Luftaufnahme des Messegeländes, 1934

7 **Westhalle (»Familienlager« mit sowjetischen Zwangsarbeitern)**

8 **Westhalle (Lager mit Mobilar und Hausrat von deportierten Juden zur Versteigerung an Kölner Bevölkerung)**

9 **Säulen der Westhalle (vor ihrer Deportation mussten sich die Juden hier nach dem Alphabet aufstellen)**

10 **Feuerwache, Rote-Kreuz-Station**

11 **Osthalle (Lager für polnische Kriegsgefangene)**

12 **Polizeiwache**

13 **Bahnhof Deutz-Tief, Deportationsgleise**

14 **Auenplatz (Sammellager für die 1000 deportierten Sinti und Roma im Mai 1940)**

15 **Nordhalle (Lager für französische Kriegsgefangene)**

16 **Lager für italienische Militärinternierte**

Die Zahl der Häftlinge schwankte erheblich zwischen rund 400 und über 1 600. Da die Fluktuation beträchtlich war, betrug die Anzahl der Häftlinge, die das Lager durchliefen, rund 6 000. Unmittelbar vor dem Kongresssaal, dem »Messehofgarten«, war ein Gelände mit Stacheldraht umzäunt und diente für die Lagerappelle. Dort befand sich auch die Lagerküche in einem kleinen Haus. Das Lager konnte nur über einen Zugang in der Nähe des Messeturms erreicht werden, wo ein Wachhäuschen stand. Außerhalb des

Mahnmal an der Deutzer Messe

Zauns patrouillierten die SS-Posten mit Hunden. Im Messeturm befanden sich auch die Büros der SS und der Lagerleitung; sie wohnten in dem zum Rhein gelegenen Gebäudeteil der Messe. Ursprünglich war für die Häftlinge nur ein Einsatz von zwei Monaten vorgesehen. Doch angesichts der Kriegszerstörungen war der Bedarf an auszubeutenden Arbeitskräften groß. In Köln blieb die III. SS-Baubrigade

sogar bis Mai 1944 bestehen. Nach ihrem Abzug nutzte die Gestapo den Haftraum weiter. Ab Sommer 1944 gab es erneut vier Außenlager des KZ Buchenwald in Köln: das KZ-Außenlager Köln-Stadt mit 300 Häftlingen seit 15. August 1944, untergebracht in zwei Baracken gegenüber dem Ostarbeiterlager in der Westhalle direkt am Rhein, sowie die KZ-Außenkommandos bei den Ford-Werken, bei Westwaggon und bei der Reichsbahn (SS-Eisenbahnbaubrigade 6).

Im September 1942 wurde auf dem Messegelände ein **»Polizeihilfsgefängnis«** durch die Gestapo erbaut. Häftlinge des Gefängnisses Klingelpütz errichteten die Bauten für ein Barackenlager am heutigen Tanzbrunnen in der Nähe des Staatenhauses. Hier wurden deutsche und ausländische Polizei- und Gestapo-Häftlinge interniert. Später wurde zudem noch ein **»Gestapolager«** innerhalb des Geländes des KZ-Außenlagers nördlich des Messeturms errichtet. Beide Lager wurden auch als »Strafgefangenenlager Zweigstelle Klingelpütz« oder »Arbeitserziehungslager« bezeichnet. Im »Gestapolager« wurden nur Männer, im »Polizeihilfsgefängnis« am Staatenhaus sowohl Frauen als auch Männer eingesperrt. In das »Gestapolager« wurden ab August 1944 die in der »Gewitteraktion« Verhafteten gebracht, unter ihnen Konrad Adenauer. Die Gestapo wies vornehmlich die sowjetischen und polnischen Gestapogefangenen (zumeist Zwangsarbeiter) in das Buchenwaldlager ein, so dass beide Häftlingsgruppen kaum mehr voneinander zu unterscheiden waren.

Ohnehin waren die unterschiedlichen Gruppen von Häftlingen in den verschiedenen Lagern immer weniger voneinander zu trennen. Am 14. Oktober 1944 wurden das »Polizeihilfsgefängnis« und das Lager in der Messehalle durch Bomben völlig zerstört. Gestapobeamte führten die überlebenden Häftlinge durch die Stadt zum Lager Müngersdorf, das zuvor zur Internierung der Kölner Juden genutzt worden war und nach deren Deportation leer stand.

Den unermüdlichen Aktivitäten von Sammy Maedge ist es zu verdanken, dass 1981 eine erste Gedenktafel angebracht wurde, die sich allerdings einigermaßen versteckt an einer Seite des Messeturms befand. Seit 1993 erinnert ein – in den gleichen Backsteinen errichtetes – Mahnmal, das in der Nähe des Messeturms in Richtung Rheinufer aufgestellt wurde, an die Schrecken des Messelagers.

Von dem Mahnmal aus gehen wir zum **9 Bahnhof Deutz-Tief** – es ist der Weg, der die Menschen in die Deportation führte. Hier mussten sie in die Waggons steigen, die sie in die KZs und Ghettos brachten. An der Rückseite des Bahnhofs, gegenüber dem Messegelände am Auenweg, befindet sich seit 1990 eine weitere Gedenktafel. Vor der Wandtafel ist außerdem eine bronzene Platte in den Boden eingelassen: »Mai 1940 – 1 000 Roma und Sinti«. Seit 1993 ist ebenfalls zu Füßen der Gedenktafel eine Skulptur im Boden versenkt – ein Kopf, in dem ein Hakenkreuz steckt –, deren Titel »Nie wieder« im Bürgersteig zu finden ist. Bahnhof und Mes-

Gedenktafel am Bahnhof Deutz

segelände bildeten eine logistische Einheit für den Zweck der Deportation. Aber nicht nur für sie: Hier endeten auch die Züge aus den besetzten Gebieten im Osten, die Kriegsgefangene und Zwangsarbeiter/innen nach Köln brachten; und von hier aus starteten die Züge mit Kölner Kindern, die im Rahmen der »Kinderlandverschickung« in sichere Gebiete gebracht wurden, aber auch die Züge zum Reichsparteitag in Nürnberg.

Wir gehen nun zurück auf die linke Rheinseite, diesmal auf der anderen, der – in Richtung Dom gesehen – rechten Seite der Hohenzollernbrücke. Von der Treppe, die von der Brücke herabführt, stoßen wir unmittelbar auf den Ort, wo seiner Zeit ein öffentliches Pissoir, eine sogenannte »Klappe«, stand, ein Treffpunkt von **Homosexuellen** für anonymen Sex. Der Park an der Hohenzollernbrücke war Crui-

oben: **Pissoir** in der Trankgasse
unten: **Mahnmal** für die schwulen und
lesbischen Opfer

sing-Gebiet und Stricherszene. Einige Meter weiter in Richtung Altstadt befindet sich unterhalb der Philharmonie seit 1995 das **10 Denkmal für die schwulen und lesbischen Opfer des Nationalsozialismus.** Es besteht aus rosafarbenen Marmorplatten, die einen »rosa Winkel« darstellen sollen, mit dem Homosexuelle im Konzentrationslager gekennzeichnet wurden. Köln war nach Berlin die zweite bundesdeutsche Stadt, in der ein Mahn-

mal für die Verfolgung von Homosexuellen aufgestellt wurde. Mit der Inschrift »Totgeschlagen – Totgeschwiegen / Den schwulen und lesbischen Opfern des Nationalsozialismus« wird auch an die nach 1945 fortgesetzte Verfolgung von Homosexuellen gedacht. Der Paragraph 175 wurde 1969 reformiert und erst 1994 vollständig abgeschafft.

Unmittelbar nach der Machtübernahme zerschlugen die Nationalsozialisten die lebendige homosexuelle Szene mit ihren Lokalen und Clubs, ihren Zeitschriften, Broschüren und Freundschaftsbünden, die sich in Köln während der Weimarer Republik entwickelt hatte und die Köln nach Berlin zur wichtigsten deutschen Stadt für Homosexuelle gemacht hatte. Die **schwule Subkultur** hatte zur Zeit der Weimarer Republik eine bis dahin ungeahnt große Blütezeit entwickelt. Berühmt wurden einige Clubs. Unweit von unserem Standort befand sich in der Johannisstraße 36 das »Hotel zum Adler«, das als »Klubhaus« für die »Gesellschaftliche Vereinigung ›Unter uns‹« diente. Einen legendären Ruf er-

Neu eröffnet! **Köln a. Rh.** **Neu eröffnet!**
Gesellsch. Vereinig. „Unter uns"
Klubhaus „Hotel zum Adler"
Johannisstraße 36 (Direkt am Hauptbahnhof)
(Neuerbauter Prunksaal). Likörstube mit Barbetrieb!
Ständiger Fremdenverkehr! — Treff ● der besseren Damenwelt!
Täglich Bombenbetrieb mit den Kanonen „Tilla", „Hanny", „Stefani" / Gesang / Tanz / Stimmung / Saalpost / la Jazz-Band.
Es ladet ein S. J. MUMBOUR, Geschäftsführer.

Anzeige für das
Klubhaus »Hotel zum Adler«,
1926

reichte das »Dornröschen«, als Klubhaus der Ortsgruppe des »Bundes für Menschenrecht« in der Friedrichstraße 15 am Barbarossaplatz. Berühmt waren die Transvestiten-Shows. Beide Lokale wurden von Josef Johann Mumbour geführt und in beiden war der unbestrittene Star »Tilla«. Mumbour und »Tilla« (bürgerlich Baptist Johann Welsch) kamen im Konzentrationslager um.

Homosexualität bekämpften die Nationalsozialisten als eine »Seuche«, die zu einer »Schwächung der Volkskraft« führe, da Homosexuelle sich dem »natürlichen Fortpflanzungsprozeß« entzögen. 1935 wurde der Paragraph 175 des Strafgesetzbuches, der »widernatürliche Unzucht« mit Gefängnis bestrafte, erheblich verschärft. Lesbische Frauen wurden vom Paragraphen 175 nicht erfasst, doch konnten sie als »Asoziale« verfolgt und in Konzentrationslager eingewiesen werden. Schutz- und Kriminalpolizei gingen gemeinsam gegen Treffpunkte der Homosexuellen vor. Zu den Ermittlungsmethoden zählte auch das bewusste Fallenstellen. Polizeibeamte gingen selbst in die Pissoirs,

oben links: »Der Eigene«,
eine der bekanntesten
homosexuellen Zeitschriften
oben rechts: Travestiestar Tilla
links: Josef Johannes
Mumbour, erkennungs-
dienstliche Fotos der
Kölner Polizei

Hochwasser in der »Altstadt«, 1930er Jahre

provozierten sexuelle Handlungen der Homosexuellen und verhafteten diese dann auf »frischer Tat«. Die durch brutale Verhöre erpresste Aussage eines Mannes, mit einem anderen Geschlechtsverkehr betrieben zu haben, reichte oft für dessen Verurteilung aus. Die Verhaftung eines hochrangigen Kölner Nationalsozialisten, Kurt Bartels, im Juni 1938 wegen des Verdachts homosexueller Betätigung führte mit über 200 Festnahmen zur größten Verhaftungsaktion gegen Homosexuelle in der NS-Zeit in Köln. Die unterschiedlichen Homosexuellengruppen wurden sehr verschieden verfolgt, von einer einheitlichen Verfolgungspraxis der Homosexuellen kann also nicht gesprochen werden. Der »gewöhnliche Homosexuelle« kam zumeist mit Gefängnisstrafen davon, während »Jugendverderber« und »Strichjungen« sowie rückfällige Homosexuelle sehr brutal behandelt und z.T. auch in Konzentrationslager eingewiesen wurden. Homosexuelle wurden vor eine besonders brutale

Alternative gestellt: Der Einweisung ins KZ konnten sie entgehen, wenn sie in ihre Kastration einwilligten. Hunderte Homosexuelle sind in Köln zu Gefängnis- und Zuchthausstrafen verurteilt worden, manche in Konzentrationslagern umgekommen und einige im Gefängnis Klingelpütz hingerichtet worden.

Wir schlendern nun weiter durch das **11** **Martinsviertel** in der Altstadt, über die Straßen Am Bollwerk, Mauthgasse und Buttermarkt. Die Sanierung des Martinsviertel war die bedeutendste städtebauliche Maßnahme in Köln während der NS-Zeit. Die Altstadt galt schon vorher als Problemfall: Der Verfall der kleinen Häuser, schlechte hygienische Bedingungen, Viertel mit hoher Kriminalitäts- und Armutsrate. Die Pläne zu einer Sanierung gingen zurück auf das Jahr 1930, also noch auf die Zeit Adenauers als Oberbürgermeister, und wurden kaum verändert. Die Nationalsozialisten wollten die Pläne nicht zuletzt umsetzen, um dadurch die »asozialen Elemente« zu vertreiben. Die Sanierung bezweckte eine »Auslichtung« durch Abriss baufälliger Häuser und durch Straßendurchbrüche bis hin zum Verlust von Straßen.

So entstand beispielsweise der Willi-Ostermann-Platz [→ *S. 46 ff.*]. 115 von 576 Wohnungen verschwanden. Der Neubau erfolgte nach historischem Vorbild. Zahlreiche Häuser, die heute für

Sanierungsarbeiten im Martinsviertel

mittelalterlichen Ursprungs gehalten werden, sind tatsächlich Neubauten aus jener Zeit. Dies ist heute noch leicht zu erkennen. Ziel war es, den mittelalterlichen Charakter des Viertels herauszustellen.

Modell der
Neubauplanung

Blick auf die **Puppenspiele**
am Eisenmarkt

Die Sanierung des Martinsviertels ging im späteren Bombenhagel unter, doch die Grundstrukturen der Sanierung bestimmen noch heute den Charakter des Viertels. In der Salzgasse/Ecke Buttermarkt können wir ein Überbleibsel aus der Sanierungszeit besichtigen: die Figur des Siegfried.

Die Kölner Nationalsozialisten hatten weitgehende Pläne zum **Städtebau.** Sie erreichten, dass Hitler Köln als »Neugestaltungsstadt« anerkannte, womit eine finanzielle Förderung gesichert wurde. Das Wahrzeichen Kölns sollte nicht mehr der Dom, sondern das gigantische **Gauforum** der NSDAP mit riesigem Aufmarschfeld und Versammlungshalle sein, das man auf der Fläche des abzureißenden Deutz errichten wollte.

Im Linksrheinischen sollte die Altstadt (also der gesamte Bereich innerhalb der Ringe) von einem gewaltigen Verkehrskreuz, einer Ost-West- und einer Nord-Süd-Achse, durchbrochen werden. Der Hauptbahnhof sollte verlagert werden. Hitler hatte diese Pläne persönlich gutgeheißen. Sie wurden jedoch ebenso wenig realisiert wie der Bau der Zentrale der Deutschen Arbeitsfront (DAF) in Köln. Die Ost-West-Achse wurde zwischen Rudolfplatz und Heumarkt in einer deutlich schmaleren Variante verwirklicht und an die Idee der Nord-Süd-Achse wurde erst nach dem Krieg angeknüpft. Realisiert wurde ein riesiges Aufmarschfeld am Aachener Weiher, das rund 200 000 Menschen fassen sollte und das mit seinen Tribünenbauten nach dem Krieg im Trümmerberg verschwand.

Durch die Sanierung des Martinsviertels wurde auch der **12** **Eisenmarkt** geschaffen, den wir über die Salzgasse und dann links durch die kleine Tipsgasse erreichen. Als besondere Attraktion wurde hier der Neu-

Puppenspieler im Kostüm
der von ihnen geführten
Puppen beim festlichen
Umzug der Puppenspiele
am 29. Juli 1938

bau des **Hänneschen-Theaters** errichtet. Am 29. Juli 1938 erfolgte der feierliche Einzug. Einige Monate später wurde der Hänneschen-Brunnen eingeweiht [→ *Das neuzeitliche Köln, S. 228*]. Das Hänneschen feierte auch an der neuen Spielstätte große Erfolge. Was in offiziellen Darstellungen aber stets verschwiegen wird: Es spielte auch triefend antisemitische Stücke. Zwischen 1934 und 1941 wurden neun rassistische Stücke erstaufgeführt und auch wiederholt, darunter sieben mit eindeutig antisemitischem Inhalt, und in zwei Puppenspielen wurden Engländer, Franzosen, »Zigeuner« und Polen verspottet. Das 1936 aufgeführte Stück »Mister Stiefledder« drehte sich um den Juden Chaim Knoblauch, der geschäftstüchtig (»Jetzt werd' ich machen e Geschäftche, ich werde beschummele der Goi.«) dem Tünnes ein Hemd ohne Rücken verkauft und von diesem als »Ferkesstecher« und »Unkruck« beschimpft und bedroht wird: »Do bess zo schlääch för de Blootwoosch. Om de Balg schlonn ich dich.« Auch zur Eröffnung des neuen Hauses wurde am 31. Juli 1938 mit »Kreppchesmächer« ein antisemitisches Stück uraufgeführt. Bei ihm geht es um die Entstehung des Hänneschen-Theaters, die beinahe von dem ausbeuterischen und habgierigen jüdischen Pferdehändler Abraham Schmul verhindert worden sei. In dem 1939 aufgeführten Stück »Die gestolle Kaiserkett« wurde der betrügerische jüdische Althändler Jtzig von Hänneschen entlarvt.

Nach unserem Spaziergang durch das, was heute viele für die »Altstadt« halten, gehen wir über den Heumarkt zu der an der Pipinstraße gelegenen romanischen Kirche **13** **St. Maria im Kapitol.** Im Lichhof an der Chorseite wurde 1949 die fast drei Meter hohe Skulptur von Gerhard Marcks mit dem Namen **»Trauernde«** aufgestellt. Im Sockel wurde schlicht »Den Toten« eingehauen. Es handelt sich um eines

Die »Trauernde« vor der Kirchenruine

der ersten Mahnmale, die nach 1945 errichtet wurden. Wie wir schon beim »Trauernden Elternpaar« gesehen haben, ist auch die »Trauernde« von Marcks typisch für die Zeit. Mit ihr wird an alle Toten des Zweiten Weltkrieges gedacht. Die Skulptur bildete über viele Jahre einen stimmungsvollen Kontrast zur Ruine der Kirche, deren Wiederaufbau erst 1984 vollendet wurde. Die Krypta der Kirche war in der NS-Zeit ein beliebter Treffpunkt der katholischen Jugendgruppen, die immer stärkeren Repressalien ausgesetzt waren, die schließlich in deren Verbot endeten.

Unsere nächste Station erreichen wir über die Martinstraße: Kölns gute Stube, den **14** **Gürzenich.** Dort hatten die Nationalsozialisten schon vor 1933 **Versammlungen** abgehalten. Nach der Machtübernahme war der Gürzenich auch für sie das, was er immer schon war, ein Ort für Versammlungen und Feste. Hier sprachen alle bekannten NS-Größen wie Goebbels, Göring, Frank. Hitler redete im Gürzenich bei seinem Besuch anlässlich der »Rheinlandbefreiung« 1936 [→ *S. 117f.*]. Der Gürzenich war damals wie heute nicht zuletzt ein zentraler Ort für den **Karneval** und seine Karnevalssitzungen. Als »Revolte der Kölner Narren« ist im Jahr 1935 die erfolgreiche Gegenwehr der Präsidenten der acht Karnevalsgesellschaften gegen den Versuch des NS-Beigeordneten Ebel, mit der Gründung eines »Vereins Kölner Karneval« den Karneval völlig zu vereinnahmen, in die Geschichte eingegangen. Die Präsidenten gaben eine Denkschrift heraus, in der sie ihre Eigenständigkeit forderten und damit drohten, die Session 1936 zu boykottieren. Schon ein starker Tobak! Doch der Gauleiter hatte seinen Beigeordneten ohnehin längst zurückgepfiffen. Wer also glaubt, hier endlich mal von einer tatkräfti-

Hitler im Gürzenich, 28. März 1936

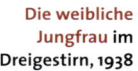

Die weibliche Jungfrau im Dreigestirn, 1938

gen Widerstandsaktion zu hören, wird sich erneut getäuscht sehen. Die Legende, wenigstens der Karneval hätte sich widersetzt, ist – wir ahnen es schon – wieder einmal nur eine Legende. Es ging den führenden Köpfen des Kölner Karnevals, allen voran Thomas Liessem, in erster Linie um die Eigenständigkeit der Gesellschaften. Sie richteten sich gegen eine neue Organisationsform. Statt des Vereins wurde der »Festausschuss Kölner Karneval« gegründet; in dem ihm angeschlossenen »Ehrenausschuss« versammelte sich reichlich NS-Prominenz. Inhalte standen nicht zur Diskussion. In Wort und Bild, in den Sitzungen und auf den Zügen hatte der Karneval bereits längst den ideologischen Gleichschritt praktiziert.

Man mag noch darüber lächeln, dass der Homophobie der Nazis entsprechend, im Kölschen Karneval nun zweimal Geschlechtsumwandlung betrieben wurde: Um den Verdacht der Homosexualität und des Transvestitentums erst gar nicht aufkommen zu lassen, wurde mit der mehr widerliche Art. Die Beispiele sind vielfältig und keineswegs von Parteiseite aufoktroyiert. Jahr für Jahr fuhren antisemitische Wagen im Rosenmontagszug mit, Fußgruppen trieben ihren Schabernack über das Schicksal der Juden. Um nur zwei Beispiele zu nennen:

Antisemitischer Karnevalswagen, 1934

als hundertjährigen Karnevalstradition gebrochen, dass das Tanzmariechen und die Jungfrau des Dreigestirns Männer waren. Seit 1936 tanzten weibliche Tanzmariechen – und das sollte auch nach dem Ende des Nazi-Spuks so bleiben – und seit 1938 war die Jungfrau zumindest eine (Jung-)Frau. Doch letzteres sollte nur noch einmal der Fall sein, da es nach 1939 kriegsbedingt keinen Karneval mehr gab und man nach 1945 auf die traditionelle Männerbesetzung zurückkam. Sehr eindeutig spielte der **Antisemitismus** eine Rolle im Kölner Karneval – und das auf eine besonders

»Hurra, die Jüdde trecke fott!«
Karnevalslied von Jean Müller

Et deit sich alles freue,
Mir sinn jetzt bahl su wick,
Mir wääde jetz en Deutschland
Die Jüdde endlich quwitt.
En jeder Stroß do hat mer
Ne Jüddelade stonn,
Et jitt noch immer domme,
di dabei kaufe jonn.
Metz dä Jüdde es jetz Schluß,
Se wandere langsam uss.

Refrain:
Hurra mer wäde jetz die Jüdde loß, /
die janze koschere Band, Trick nohm
jelobte Land. / Mir laachen uns für
Freud noch halv kapott. / Der Itzig
und die Sahra trecke fott!
(1. Strophe)

Antisemitischer Karnevalswagen, 1936

Bereits 1934 stand ein großer Wagen unter dem Motto »Die Letzten ziehen ab« und spielte damit auf die erzwungene Vertreibung der Juden an. Auf einem Schild an dem Wagen, auf dem als orthodoxe Juden verkleidete Männer mitfuhren, war zu lesen: »Mer mache nur e kleines Ausflügche nach Lichtenstein und Jaffa.« Aktuell wie immer, lautete im Zug von 1936 der Wagen zu den Nürnberger Rassengesetze vom Jahr zuvor: »Däm han se op d'r Schlips getrodde!« Im Programmheft wurde als verantwortliche Gesellschaft der »Festausschuss Kölner Karneval« genannt – unsere »Widerstandskämpfer«! Entworfen hatte den Wagen ein renommierter Architekt: Franz Brantzky, der auch das Kunstgewerbemuseum geschaffen hat.
Auch der Sitzungskarneval blieb nicht von Hasstiraden verschont. Jean Müller schrieb das besonders abstoßende Lied »Hurra, die Jüdde trecke fott!« Doch es gab auch eine Ausnahme:

Karl Küpper. Seit 1927 feierte er als »Der Verdötschte« Triumphe auf der Karnevalsbühne. Er war der einzige, der gegen die Nationalsozialisten klar Position bezog und sich über sie lustig machte. Einige Beispiele seien genannt: Küpper trat auf die Bühne, wobei er die Hand zum Hitlergruß

Karl Küpper in der »Bütt«

erhob. Doch bevor das Publikum erwidern konnte, sagte er: »Nä, nä, su hu lit bei uns dr Dreck im Keller!«. Oder er bot als weitere Version: »Ob et rähnt?«. Karl Küpper wurde mehrfach verhaftet und verwarnt und schließlich 1939 vom Sondergericht aufgrund des Heimtückegesetzes wegen »Verächtlichmachung des deutschen Grußes« zu einem lebenslangen Redeverbot verurteilt. Nach 1945 trat er wieder in der Bütt auf. Eine Kostprobe: *»Einer säht för mich: / ›En Kölle süht et ävver us .... Doll. Do kann mr sich ohne Führer ävver nit mieh zerääch finge.‹ / Ich sage: ›Häß do dann emmer noch nit de Nas voll? / Eß doch wohr: Ich han keiner nühdig gehatt.‹«*

An der **15** **Hohe Straße 133** – in Nähe des Doms – erinnert heute nichts mehr daran, dass sich hier der Treffpunkt einer kleinen, aber bedeutenden Widerstandsgruppe befunden hat, des **»Internationalen Sozialistischen Kampfbundes«** (ISK). Auf der ersten Etage des Hauses gab es ein vegetarisches Restaurant, wo sich die Mitglieder der Gruppe trafen. Der ISK war 1925 aus dem »Internationalen Jugendbund« entstanden, den der englische Philosoph Leonard Nelson 1917 gegründet hatte. Nach dessen Tod leitete Willi Eichler die Gruppe. Der ISK war eine unabhängige linkssozialistische Gruppe, elitär und akademisch geprägt, und vertrat einen ethischen Sozialismus. Seinen Mitgliedern verlangte er einiges ab: vegetarische Lebensweise, kein Alkohol, finanzielle Opferbereitschaft und Unterordnung

der persönlichen Anliegen unter das politische Ziel. Mit Plakataktionen, Flugblättern und dem Verteilen der ISK-Zeitschrift »Sozialistische Warte« leistete die Gruppe Widerstand. Reichsweit gab es etwa 200 und in Köln 10 bis 15 Mitglieder. Eine wichtige Rolle in der Kölner Gruppe spielten Josef

oben: Monatsschrift des ISK
links: Das Hakenkreuz am Galgen – ein Widerstandssymbol des ISK

Houber, Kurt Regeler und Wilhelm Fuhrmann, zu Beginn auch das jüdische Ehepaar Fliess. Von Köln aus leiteten Wilhelm Heidorn und Hans Dohrenbusch den Bezirk West. Finanziert wurde die illegale Arbeit mit den beiden vegetarischen Restaurants in der Hohe Straße und in der Beethovenstraße. Erst Anfang 1938 wurde die Gruppe von der Gestapo zerschlagen.

oben: Kaufhaus Tietz, 1914
rechts: Die SA trieb den jüdischen Metzger-
meister Arnold Katz und seinen Sohn Benno
durch die Straßen der Innenstadt und zwang sie,
diffamierende Schilder zu tragen, 1. April 1933

An der Schildergasse erreichen wir
den **16** **Kaufhof,** der bis zum 11. Juli
1933 das **Kaufhaus Leonard Tietz** war
[→ *Das neuzeitliche Köln, S. 233 ff.*]. Für
viele Ältere ist der »Tietze-Leonard«
heute noch ein Begriff. Den Kölner
Nazis war das Geschäft besonders verhasst. Es war für sie der Prototyp der
»Großkaufhäuser«, gegen die sie

Wenn wir die Hohe Straße in Richtung
Kaufhof gehen, kommen wir an einer
Reihe **»arisierter« Häuser** bzw. deren
Nachfolgebauten vorbei: Hohe Straße
Nr. 11/13, 14, 15, 52, 58, 62, 65, 77/79, 80,
81, 85, 86, 88, 103, 105/107, 108/110,
134d, 136, 137, 138/140, 156.

schon vor 1933 ihre Hetzkampagnen
richteten, weil sie den Mittelstand ru-
inieren würden. Zudem war Familie
Tietz jüdischen Glaubens. Der **»Boy-**
kott-Tag« gegen jüdische Geschäfte,
Anwalts- und Arztpraxen am 1. April
1933 richtete sich massiv gegen das

Kaufhaus Tietz. SA und SS hatten vor dem Gebäude – wie vor »jüdischen« Geschäften in der gesamten Stadt, besonders aber auf der Hohe Straße und der Schildergasse – Posten aufgestellt und Hetzparolen an den Fensterscheiben angebracht: »Deutsche, kauft nicht beim Juden«. Und tatsächlich: Die Leute kauften deutlich weniger bei Tietz. Erhebliche Geschäftseinbußen führten zum Einbruch des Aktienkurses, was den Anlass zur Entlassung der jüdischen Vorstands- und Aufsichtsratsmitglieder und schließlich aller leitenden Angestellten bot. Die Familie Tietz, bis dahin Inhaber der Aktienmehrheit, verlor ihre Anteile. Die Firma wurde schließlich am 11. Juli 1933 in »Westdeutsche Kaufhof AG« umbenannt. Der »Tietze-Leonard« war damit das erste größere Geschäft, das Opfer der »Arisierung« wurde.

Den nächsten Halt machen wir an der **17** **Antoniterkirche,** dem ersten protestantischen Gotteshaus in Köln. Im Nebenchor befindet sich seit 1952 ein Abguss des Todesengels von Ernst Barlach. Das Original, das im Dom von Güstrow hing, hatten die Nationalsozialisten als »entartete Kunst« abhängen und später einschmelzen lassen. Der Todesengel trägt die Gesichtszüge von Käthe Kollwitz und war ein Ehrenmal für die Opfer des Ersten Weltkrieges. Durch eine Steinplatte unterhalb des schwebenden Engels wurde das Gedenken auf die Toten des Zweiten Weltkrieges erweitert. Bezeichnenderweise befand sich in der NS-Zeit genau an dieser Stelle ein mit einer Hakenkreuzfahne geschmückter Seitenaltar: ein Sinnbild

für die Nähe eines großen Teils der evangelischen Kirche zum Nationalsozialismus. Deutlich weniger kritisch als die katholische Kirche reagierte die evangelische Kirche auf den Aufstieg der NSDAP. Schon vor 1933 gab es in einzelnen Landeskirchen NS-Pfarrergruppen. In seinem Hirtenwort

Seitenaltar in der Antoniterkirche, 1937

Auch auf der Schildergasse befanden sich weitere **»arisierte« Häuser:** Schildergasse Nr. 2-6, 20/22, 26, 28, 31-35, 39, 51/53, 55, 59, 65/67, 76, 78/80, 81, 82, 84a, 88, 93.

vom 1. Mai 1933 hatte Generalsuperintendent Stoltenhoff unmissverständliche Worte gefunden: »Wir haben viel Grund, zu dem nationalen Umbruch, in dem wir stehen, mit Dank gegen Gott ein freudiges Ja zu sagen.« 1933 hatte Köln etwa 150 000 evangelische Einwohner, was ca. 19 Prozent der Bevölkerung entsprach. In den neun Gemeinden konnte die nationalsozialistisch ausgerichtete »Glaubensbewegung **Deutsche Christen**«, die sich 1932 innerhalb der evangelischen Kirche gebildet hatte, schon in den ersten Monaten des Jahres 1933 maßgeblichen Einfluss gewinnen und damit die evangelische Kirche von innen heraus gleichschalten.

Gegen die Bewegung der Deutschen Christen bildete sich innerhalb der evangelischen Kirche rasch eine Op-

kreuzfahne beflaggt hätte. Dies führte zu seiner Entlassung aus dem Amt. Wenige Monate später starb Fritze. Heute erinnert an Fritzes Schicksal ein Denkmal an der Kartäuserkirche und seine Statue auf dem Ratsturm.

Georg Fritze

Rheinlandloge Cäcilienstraße

position unter der programmatischen Bezeichnung **»Bekennende Kirche«**. In Köln sammelte sich eine Gruppe um die Pfarrer Georg Fritze und Hans Encke. Der Bekennenden Kirche gelang es trotz Verfolgungen, ihre Position auszubauen. Georg Fritze, der als Sozialdemokrat und Pazifist auch der »rote Pfarrer« genannt wurde, hatte sich 1938 geweigert, den vom Präsidenten des Oberkirchenrates in Berlin geforderten Treueid aller Pfarrer der preußischen Landeskirche auf Hitler zu leisten. Die Gegner im Presbyterium seiner Pfarre Kartäuserkirche denunzierten ihn zudem bei der Düsseldorfer Kirchenleitung u.a. damit, dass er sein Pfarrhaus nicht mit der Haken-

Am neuen Weltstadthaus vorbei durch die Antonsgasse erreichen wir die **18 Cäcilienstraße 18–22.** Hier befand sich das Domizil der **jüdischen Rheinlandloge.** Heute ist von dem im Krieg zerstörten Haus nichts mehr vorhanden, weil das Grundstück für den Bau der Nord-Süd-Fahrt beansprucht wurde. Die Rheinlandloge war ein kulturelles und gesellschaftliches Zentrum der Juden bereits vor 1933 und verstärkt in der NS-Zeit. Nach den Zerstörungen der Synagogen während des Pogroms von 1938 fanden hier die Gottesdienste statt. 1941 und 1942 verwandelten die Nationalsozialisten das Gebäude in ein Ghettohaus. Nachdem den Juden ihre bisherigen

Hetzrede des Gauleiters Grohé

»Im Rahmen dieser Fliegersache sind wir nun dazu übergegangen, mal die Juden aus den festen Häusern herauszusetzen. Beifall ... Wir hätten sie doch einsperren können. Ja, wenn wir sie alle an die Wand gestellt hätten, hätten wir das vor der Geschichte rechtfertigen können und vor unserem eigenen Gewissen. ... Noch laufen sie frei herum, aber aufgeschoben ist nicht aufgehoben. Beifall ... Und die Entfernung aus den festen Häusern, die wir in Köln durchführen, hat den Grund darin, dass wir unseren deutschen Volksgenossen, deren Wohnungen durch Fliegerbomben zerstört wurden, zunächst einmal feste Wohnungen geben wollen. ... Ah, ich glaube, der Jude hat nun lange genug gelacht, das Lachen wird ihm bald vergehen, wir werden ihn alsbald los sein und eher fühlen wir uns nicht sauber hier. ... Aber dieser Krieg, der den Sieg Deutschlands bringt, bringt den Sieg des Hakenkreuzes über Europa und damit den Untergang des Judentums.« *(Rede auf einer »Massenkundgebung« in den Messehallen am 28. September 1941)*

Wohnungen und Häuser genommen wurden, kamen sie in »Judenhäuser«. Dort lebten sie auf engstem Raum zusammengepfercht. Dies diente zur Vorbereitung auf die Deportation – und sollte »ausgebombten« Kölnern neuen Wohnraum zu verschaffen. In Köln gab es etwa 350 derartiger »Judenhäuser«. Ein sehr großes im bis heute erhalten gebliebenen Haus Hohenstaufenring 53.

Wir gehen nun weiter zum **Neumarkt.** Für die Geschichte Kölns ist er ein zentraler Platz. Den Nationalsozialisten diente er als Ort für Propagandaveranstaltungen. Am 21. März 1933 fand beispielsweise hier die Inszenierung des »Tages von Potsdam« statt. Hitler ließ sich auf dem Neumarkt von Tausenden bejubeln. Am Neumarkt befindet sich seit 1940 das **19** **Gesundheitsamt** der Stadt Köln. Das Haus wurde in den Jahren 1908/09 von Architekt Heinrich Müller-Erkelenz für die 1849 gegründete Aktiengesellschaft Gebrüder Bing

Binghaus, das spätere Gesundheitsamt, rechts: Blick in die Verkaufsräume

Eingang zur »Beratungsstelle für Erb- und Rassenpflege«

Dem Gesundheitsamt kam eine zentrale Bedeutung für die NS-Rassenpolitik zu. Ganze Abteilungen dienten unmittelbar der rassistischen Auslese und Ausgrenzung: Die »*Beratungsstelle für Erb- und Rassenpflege*« stellte die für Hochzeiten notwendige Bescheinigung der »Ehetauglichkeit« aus, indem sie prüfte, ob beide Ehewilligen erbbiologisch einwandfrei waren. Außerdem bearbeitete das Amt Anträge zur Zwangssterilisation. Ärzte des Gesundheitsamtes entschieden mit ihren Gutachten darüber, wer als »erbkrank« eingestuft und danach zwangsweise sterilisiert wurde. Über 4 000 Menschen wurden daraufhin in Köln unfruchtbar gemacht – und zwar in zwei der wichtigsten Kölner Krankenhäuser: im Evangelischen Kranken-

Söhne errichtet. Es trug daher auch den Namen **Bing-Haus.** Im Jahre 1939 hatte man die jüdischen Besitzer des Gebäudes gezwungen, es weit unter Wert an die Stadt Köln zu verkaufen.

Franz Vonessen (1892–1970) wuchs in einem katholisch geprägten Elternhaus auf. Er studierte nach dem Besuch des humanistischen Gymnasiums in Essen-Steele seit 1911 an der Universität Freiburg Medizin. Im Ersten Weltkrieg diente er als Unterarzt, zunächst in Trier und von 1916 bis 1918 in der Stadtkölnischen Lungenheilstätte in Rosbach an der Sieg. Nach dem Examen arbeitete er seit 1919 als Assistenzarzt im Kölner Vinzenz-Krankenhaus, im Bürgerhospital und dann im Gesundheitsamt. Im Juli 1919 bestand er seine Doktorprüfung. Im Gesundheitsamt war er 1921 Stadtarzt und seit 1929 als Leitender Stadtarzt Chef der Krankenhausabteilung. Nach der Machtübernahme der Nationalsozialisten wurde er 1933 beruflich degradiert. Vonessen verweigerte aus religiösen Gründen die Mitarbeit an Zwangssterilisationen. Er wurde daraufhin 1936 zwangsweise in den Ruhestand versetzt und eröffnete nach längerer Krankheit 1937 eine eigene Praxis. 1945 übertrug ihm die amerikanische Militärregierung die Leitung des Kölner Gesundheitsamtes, die er bis zum Erreichen der Altersgrenze 1957 innehatte. Mit seiner Weigerung, an Zwangssterilisationen mitzuwirken, stand Vonessen unter deutschen Amtsärzten nahezu allein; in Köln blieb er definitiv der einzige, der sich verweigerte.

haus Weyertal und in der Chirurgischen Klinik der Lindenburg. Die »*Fürsorgestelle für Nervöse und Geisteskranke*« war mitverantwortlich für die Selektion von Kranken als »lebensunwertes Leben« und ihre Einweisung in die Anstalten und war daher wesentlich an den Krankenmorden beteiligt. Beide Abteilungen leitete der Psychiater Dr. Dr. Walter Auer, der nach dem Ende der NS-Zeit keineswegs zur Rechen-

des Gesundheitsamts an die Beteiligung und die Verantwortung des Gesundheitsamts am Rassenwahn der Nationalsozialisten in Köln. Es gilt aber auch von einer rühmlichen Ausnahme zu berichten: von Franz Vonessen.

Nun geht es ein Stück weiter zur Ecke **20** **Krebsgasse/ Schildergasse.** Hier befand sich das **Polizeipräsidium.** Das Gebäude mit seinem markanten Zwiebelturm war in den Jahren 1904 bis 1907 für die Polizei errich-

Polizeipräsidium

schaft gezogen wurde, sondern 1949 zum Obermedizinalrat und Abteilungsleiter im Gesundheitsamt befördert wurde. Auch die »*Fürsorgestelle für Alkoholiker*« und die »*Fürsorgestelle für Körperbehinderte*« sowie die »Kriminalbiologische Abteilung« des Gerichtsarztes dienten der rassischen Selektion.

Seit Juni 1997 erinnert eine von den Mitarbeitern initiierte und finanzierte Gedenktafel in der Eingangshalle

tet worden. Die Kriminalpolizei hatte ihren Sitz in einem Gebäude Am Weidenbach 10 und die Gestapo zunächst hier in diesem Gebäude, bevor sie 1935 das unweit von hier befindliche EL-DE-Haus bezog. Ein Stück in die Krebsgasse hinein ist eine **Gedenktafel** in den Boden eingelassen, da sich die Hausbesitzer weigerten, die Tafel an dem Nachfolgebau des 1943 völlig zerstörten Polizeipräsidiums anbringen zu lassen. Diese – höflich ausge-

Kölner Schutzpolizisten mit
Hakenkreuzfahne, 19. Februar 1933

dann folgte mit Walter Hoevel bis 1945 der Kölner SA-Führer als Polizeipräsident. Die Bevölkerung hatte ohnehin sehr schnell nach der Machtübernahme erkennen können, auf welcher Seite die Polizei stand. Großes Aufsehen erregte, dass bereits am 19. Februar 1933 eine Formation von Schutzpolizisten mit Hakenkreuzbinde und Hakenkreuzfahne zur Hitler-Kundgebung aufmarschierte.

SA und SS wurden zur »Hilfspolizei« und organisierten gemeinsam mit der Polizei den Terror der ersten Wochen und Monate gegen die Gegner des Systems.

Im **Macht- und Terrorapparat** der Nationalsozialisten spielte die Polizei eine wesentliche Rolle. Das noch bis in die jüngste Zeit verbreitete Bild, die Polizei habe – im Gegensatz zur Gestapo – unbelastet ihre normale Arbeit im NS-Staat weiter geführt, hält den historischen Realitäten nicht Stand. Tatsächlich unterstützte die Polizei das NS-Regime bereitwillig und war Vollstrecker seines Rassenwahns. Sie erhielt weit reichende Ermittlungs- und Sanktionsmittel, die ähnlich ausgestattet waren, wie die der Gestapo. Sie durfte die »planmäßige polizeiliche Überwachung« und

drückt – mehr als unscheinbare Gedenktafel stammt aus der Zeit der Gedenktafelmassenproduktion Anfang der achtziger Jahre. Sie ist zum Schutz mit den straßenüblichen Pollern und Ketten versehen, und lädt daher dazu ein, Fahrräder dort abzuschließen. An kaum einer anderen Stelle wird in Köln so unwürdig an die NS-Zeit gedacht.

Die Kölner Polizei hatte sich 1933 sehr rasch auf die neuen Verhältnisse eingestellt. Für sie bedeuteten sie keinen abrupten Wandel, sondern einen **gleitenden Übergang.** Bereits durch den »Preußenschlag« im Juli 1932 war das Feld bestellt worden: Mit Walther Lingens war ein konservativer Beamter zum Polizeipräsidenten ernannt worden, der dieses Amt bis 1935 ausübte. Erst

**Angehörige des
5. Polizeireviers, 1939**

Kölner Polizeibeamte als Massenmörder: die Polizeibataillone

Polizeibataillone wurden von den Beamten der Schutz- und späteren Ordnungspolizei gebildet. Köln war der Heimatstandort für die Reservepolizeibataillone 66, 68, 69 und die Polizeibataillone 309 und 319. Die Kasernen befanden sich am Zugweg und in der Boltensternstraße. Die Polizeibataillone hatten einen entscheidenden Anteil an der Niederhaltung des von Deutschland besetzten Europa. Nach offiziellem Sprachgebrauch nahmen sie dort vor allem polizeiliche Sicherungsaufgaben – wie Objektschutz – wahr; doch tatsächlich ging ihre Arbeit

weit darüber hinaus. Die Polizeibataillone waren unmittelbar beteiligt an der Verwirklichung des nationalsozialistischen Massenmords, insbesondere in Osteuropa. Polizeieinheiten übernahmen die Bewachung von Konzentrationslagern und Ghettos, begleiteten Deportationszüge in die Konzentrationslager, führten so genannte »Evakuierungen« von Ghettos durch und vollzogen Massenexekutionen an Zivilisten in Polen und in der Sowjetunion, vor allem an Juden und Angehörigen slawischer Völker. Nicht selten mordeten Offiziere und Mannschaften der Polizeibataillone ohne ausdrücklichen Befehl, sondern handelten in Eigeninitiative. Die in den Niederlanden eingesetzten Kölner Reservepolizeibataillone 66, 68 (in Amsterdam stationiert) und 69 hatten einen wesentlichen Anteil an der Deportation der holländischen Juden. Besonders bedrückend ist der grausame Mord, den die Angehörigen des Polizeibataillons 309 an den Juden in **Bialystok** im Nordostpolen am 27. Juni 1941 verübten. An diesem Tag ermordeten Kölner Polizeibeamte über 2 000 Menschen. 800 von ihnen wurden in die Synagoge getrieben und diese in Brand gesetzt, so dass die Opfer bei lebendigem Leib verbrannten. Wer fliehen wollte, auf den wurde geschossen. Die historische Forschung geht davon aus, dass Kölner Polizeieinheiten – nach vorsichtiger Schätzung – an der Ermordung von **mindestens 6 000 Juden** direkt beteiligt waren, wobei die ermordeten Sinti und Roma sowie andere Zivilisten und Kriegsgefangene hinzuzählen sind, ebenso die Zahl der Deportierten. Der Bialystok-Prozeß in Wuppertal 1967/68 endete mit Verurteilungen, die jedoch nicht rechtskräftig wurden.

oben: Zusammengetriebene Gruppe von Juden auf dem Marktplatz von Bialystok
mitte: Ausgebrannte Synagoge Bialystok
unten: Auszeichnung von Kölner Polizeibeamten nach dem von ihnen verübten Massaker in Bialystok

die »Vorbeugungshaft«, die in Konzentrationslagern vollstreckt wurde, anordnen und verfügte mit der »Vorbeugenden Verbrechensbekämpfung« über ein Mittel zur polizeilichen Generalprävention. So ist die Arbeit der Polizei oftmals von der Arbeit der Gestapo kaum zu unterscheiden. Rassis-

Die zerstörte Synagoge Glockengasse nach der Pogromnacht vom 9./10. November 1938

tische und biologistische Leitlinien der NS-Ideologie durchdrangen die Praxis der Strafverfolgung; Straftäter galten als »biologische und soziale Versager« und erblich belastete verbrecherische Persönlichkeiten, die als »Schädlinge am Volkskörper« bekämpft werden mussten. Die mit der NS-Rassenideologie begründete

Verfolgung der Sinti und Roma, der Homosexuellen, der »Asozialen«, der Prostituierten, der »Berufsverbrecher« fiel in den Zuständigkeitsbereich der Kriminalpolizei, die zudem tatkräftig die Gestapo bei der Verfolgung der Juden und Zwangsarbeiter unterstützte. Die Polizeibeamten wussten sehr genau, was sie taten. Einweisungen in Konzentrationslager zählten zum Dienstalltag, mitunter wurden sie ausdrücklich mit dem Vermerk »RU« – für »Rückkehr unerwünscht« – versehen. Besondere Brutalität kennzeichnete der Einsatz von Schutzpolizisten in Polizeibataillonen: Kölner Polizeibeamte als Massenmörder! – die zuvor und zumeist danach wieder der nette »Onkel Schupo« an der Ecke waren.

Wir spazieren nun weiter über die Krebsgasse bis zur **21 Glockengasse.** Dort, wo heute die Oper steht, befand sich die großartige **Synagoge,** die von Abraham Oppenheim gestiftet und 1861 nach den Plänen von Dombaumeister Ernst Zwirner im neomaurischen Stil fertiggestellt wurde. Eine Gedenktafel am Eingang der Oper gegenüber dem 4711-Haus sowie neuerdings eine im Eingangsbereich angebrachte Fotografie der alten Synagoge erinnern daran. Hier versammelten sich vor allem die eher konservativen jüdischen Kölner, während die liberalen Juden sich in der Synagoge Roonstraße und die orthodoxe jüdische Gemeinde Adass Jeschorun in ihrer Synagoge in der St.-Apern-Straße trafen. Während des

Pogroms am 9./10. November 1938 wurde die Synagoge Glockengasse – wie die fünf anderen Kölner Synagogen – verwüstet und schließlich im Krieg vollends zerstört. Nach 1945 wurde lediglich die Synagoge Roonstraße wieder aufgebaut.

Mit dem Pogrom trat die Verfolgung der Juden in eine neue, radikale Phase. Bereits Ende Oktober 1938 wurden Hunderte von Juden mit polnischer Staatsangehörigkeit, die meist schon seit Jahrzehnten in Köln gelebt hatten, nach Polen ausgewiesen – »Polenaktion« nannten das die Nationalsozialisten. Der November-Pogrom wurde in ganz Deutschland von Staat und Partei inszeniert, auch in Köln ohne Widerstand der Bevölkerung oder sogar von ihr unterstützt. Einige berichteten jedoch, dass sie das scheußliche Spektakel mit Abscheu beobachteten. Zahlreiche Wohnungen und Geschäfte wurden verwüstet, jüdische Menschen misshandelt und gedemütigt. Der Ehrenfelder Friseur Moritz Spiro starb an den Folgen der Verletzungen. Hunderte jüdische Männer verhaftete man und brachte sie in das Konzentrationslager Dachau. Jetzt trat auch die Ausplünderung und Enteignung der Juden in eine neue Phase. Den Auftakt dazu gab der besondere Zynismus, dass die Juden für die während des Pogroms entstandenen Schäden über eine Vermögensabgabe selber aufzukommen hatten. Die zerstörten Synagogen durften jedoch nicht mehr aufgebaut werden.

Von der Oper aus überqueren wir die Tunisstraße und stoßen an der **22** **Brückenstraße** auf die Reste der

im Zweiten Weltkrieg zerstörten spätgotisch-barocken Kirche **St. Kolumba,** die wie St. Alban nicht wieder aufgebaut wurde. Wie durch ein Wunder war trotz der schweren Beschädigung die gotische Marienstatue an einem Pfeiler erhalten geblieben. Gottfried Böhm baute in den Jahren 1949/50

Die »Madonna in den Trümmern«
in **St. Kolumba**

aus dem ehemaligen Turmuntergeschoß von St. Kolumba die Kapelle **»Madonna in den Trümmern«**. 1956 fügte er im Norden die Sakramentskapelle an. Angesichts der rührenden Geschichte um die gerettete Madonna wurde der Glasbau zu einer Wallfahrtskapelle, die mitten im hektischen Treiben der Innenstadt einen

Ort der Ruhe und Besinnung bietet. Das derzeit noch im Bau befindliche Diözesan-Museum von Peter Zumthor bezieht die Kapelle und die Umfassungsmauern der alten Pfarrkirche St. Kolumba mit ein. Es ist sehr zu hoffen, dass die Wirkung der Kapelle erhalten bleibt, auch wenn ihr Architekt Böhm mittlerweile erhebliche Zweifel äußert.

liger Zentrumspolitiker und Kolping-Mitarbeiter. Das Kolpingwerk stand eigentlich unter dem Schutz des Konkordates, trotzdem wurde es wie andere religiöse Einrichtungen von der Gestapo beobachtet und kontrolliert. Am 15. August 1944 wurden Heinz Richter, der Präses des Kolpingswerks, und Theodor Babilon, sein Geschäftsführer, sowie der frühere Zentrums-

Kolpinghaus heute

Über die Kolumbastraße gelangen wir zur 23 **Minoritenstraße.** Die Minoritenkirche [→ *Das neuzeitliche Köln, S. 45f., 252ff.*] bildete das geistige Zentrum des Kolpingwerks. Das **Kolpingwerk** hatte hier an der Ecke zur Breite Straße seinen Sitz, das Kolpinghaus. Der bedeutende Bau wurde 1929 nach Plänen von Dominikus Böhm errichtet und nach dem Krieg von dessen Sohn Gottfried durch ein angrenzendes Gebäude erweitert. Hier traf sich ein oppositioneller Kreis ehema-

politiker Leo Schwering und Karl Zimmermann, ein Mitarbeiter des Werks, verhaftet und zunächst in das EL-DE-Haus und dann in das Messelager gebracht. Schwering verfasste über seine Gestapohaft später beeindruckende Erinnerungen in Form eines Tagebuchs. Schwering und Zimmermann gelang nach einem Bombenangriff die Flucht aus dem Messelager. Babilon und Richter wurden noch am 15. Januar 1945 in das KZ Buchenwald deportiert und kamen dort ums Leben. Eine Gedenktafel in der Minoritenkirche und zwei »Stolpersteine« in der

Breite Straße 118, dort wo das Kolpinghaus steht, erinnern an beide. Mehr
als 1300 Stolpersteine hat der Künstler Gunther Demnig bislang an Orten

KAB, Bernhard Letterhaus, Verbands-
sekretär und ehemaliger Zentrums-
Abgeordneter des Preußischen Landtags, der bei einem gelungenen Atten-

v.l.n.r.: Otto Müller, Bernd Letterhaus,
Nikolaus Groß

verlegt, wo Kölner Opfer des National-
sozialismus lebten oder wirkten.
Auch der Widerstand der **Katholischen
Arbeiterbewegung** (KAB) war – im
Gegensatz zur Amtskirche – groß. Er
wurde in ihrer Zentrale im Ketteler-
Haus im Agnesviertel organisiert.
Schon direkt nach der Machtübernahme trafen sich dort oppositionelle
Katholiken. Später standen sie in Verbindung zu Widerstandskreisen in
Berlin, die schließlich am 20. Juli 1944
das Attentat auf Hitler verübten. Der
Kontakt fand vor allem über Jakob
Kaiser statt, der vor 1933 Führer der
christlichen Gewerkschaften in Köln
war. Er traf hier gemeinsam mit Carl
Goerdeler mit den Vertretern der KAB
im Ketteler-Haus zusammen. Nach
dem gescheiterten Attentat wurden
verhaftet: Prälat Otto Müller, der Präses und damit geistliche Leiter der

tat für das Amt des Arbeits- und Wie-
deraufbauministers vorgesehen war,
und Nikolaus Groß, der Redakteur der
»Westdeutschen Arbeiterzeitung«
und nach deren Verbot Schriftleiter
der »Ketteler-Wacht«. Müller starb in
der Haft in Berlin; Letterhaus wurde
im Juli 1944 und Groß im Januar 1945
im Gefängnis Berlin-Plötzensee hingerichtet.

Weiter geht es zur **24** **Breite Straße.**
Dort, wo sich heute das DuMont-Ca-
ree erstreckt, befanden sich von 1847
bis 1998 Verlag und Redaktion des
Hauses **DuMont Schauberg,** die vor
allem die Kölnische Zeitung und

> Wenn wir die Breite Straße weiter
> gehen, kommen wir auch hier – wie
> vor allem in der gesamten Innenstadt
> – an »arisierten Häusern« bzw. ihren
> Nachfolgebauten vorbei: Breite Straße
> Nr. 1, 2, 8, 11, 38, 54/56, 58/60, 59-63, 82,
> 86/88, 89/91, 100, 116, 137/139, 141/143,
> 171.

Verlag DuMont Schauberg, 1910

gegen den Verlag vor und warben seine Abonnenten ab. Der Verlag sah sich daher angesichts seiner wachsenden wirtschaftlichen Schwierigkeiten gezwungen, das Traditionsblatt »Kölnische Zeitung« einzustellen und nur noch den »Kölner Stadt-Anzeiger« herauszugeben.

Von der Breite Straße erreichen wir die **25** **St.-Apern-Straße 17–23.** Das **Kreishaus** wurde nach Plänen von Carl Moritz 1909 vollendet und war Verwaltungssitz für den Landkreis Köln. Die Werksteinfassade zeichnete sich durch ihren klassizistischen Stil in Verbindung mit geometrischen Jugendstilmustern aus. Das Kreiswappen und Allegorien des Handwerks

später den Kölner Stadt-Anzeiger herausgaben [→ *Das neuzeitliche Köln, S. 246 ff.*]. Nach der Machtübernahme der Nationalsozialisten 1933 unterlag das Pressewesen einer strengen Zensur durch das Ministerium für »Volksaufklärung und Propaganda« unter Joseph Goebbels. Wie im deutschen Großbürgertum und in weiten Teilen der Wirtschaft üblich, hatte man sich auch bei DuMont Schauberg Illusionen über die Gefährlichkeit der Nationalsozialisten und über die Möglichkeit, sie »zu zähmen«, gemacht. Vor und nach der Machtübernahme gingen die Nationalsozialisten massiv

Kreishaus

und der Industrie wurden über dem Mittelportal angebracht. Nachdem die ebenfalls in dem Gebäude ansässige Kreissparkasse 1936 auszog, nistete sich sinnigerweise die NSDAP-Leitung für den Kreis Köln-Land hier ein. So blieb das Haus »Kreishaus«. Der ehemalige Kassenraum wurde zu einem Sitzungssaal umgebaut, in dessen Milchglasdecke ein Hakenkreuzemblem eingelassen wurde. Nach 1945 wurde das Gebäude bis zur Gebietsreform 1975/76 und der damit einhergehenden Auflösung der Landkreise wieder seinem ursprünglichen Zweck zugeführt.

Wenige Meter weiter, in der **26** **St.-Apern-Straße 29–31,** befand sich seit 1884 die Synagoge der orthodoxen jüdischen Gemeinde »**Adass Jeschorun«,** die ebenfalls während des Pogroms verwüstet wurde. Eine am Eckhaus angebrachte Gedenktafel erinnert daran. Der Gemeinde angeschlossen war ein Lehrerseminar, die Volksschule Morijah und seit 1912 das Reformrealgymnasium Jawne, die Religionsschule Talmud Thora und der Verein Limnud Thora sowie ab 1939 die Volksschule Lützowstraße. Biegt man von der St.-Apern-Straße in die Helenenstraße ein, stößt man gegenüber dem Hotel auf einen kleinen Platz. Er ist seit 1990 nach dem Direktor des Gymnasiums Jawne, Erich Klibansky, benannt, der über 130 jüdischen Kindern das Leben rettete, indem er für sie Kindertransporte nach England organisierte. Er selbst floh nicht, sondern versuchte vor Ort zu helfen. Er begleitete die Schüler, die nicht emigrieren konnten, in die De-

portation. Am 20. Juli 1942 wurde er mit seiner Frau und seinen drei Söhnen in Richtung Minsk deportiert,

oben: Synagoge Adass Jeschorum
unten: Denkmal Löwenbrunnen auf dem Klibansky-Platz

wo sie schon auf dem Weg in das russische Ghetto ermordet wurden. Das Mahnmal Löwenbrunnen erinnert

Kunst am Bau: **Verzierungen** am EL-DE-Haus

seit 1997 an das Schicksal von rund 1100 ermordeten jüdischen Kölner Kindern, deren Namen auf den Bronzetafeln rund um den Brunnen eingelassen wurden. Dort, wo der Brunnen steht, befand sich früher der Innenhof der Jawne. Das von Dieter und Irene Corbach gestiftete Mahnmal versteht sich als eine **Kindergedenkstätte.** Der Bildhauer und ehemalige Schüler des Jawnegymnasiums Hermann Gurfinkel wählte für die Gestaltung des Brunnens das Motiv des Löwen von Juda.

Am Kolpinghaus vorbei gehen wir in die Helenenstraße hinein und kommen vorbei am Haus Nr. 9, wo sich die Gastwirtschaft **»Haus Mainz«** befand, eines der Lokale, in denen sich die Nationalsozialisten bereits in der Weimarer Republik trafen. Ein Stück weiter über Auf dem Berlich biegen wir in die Elisenstraße ein und erreichen an der Ecke Elisenstraße 1/-Appellhofplatz 23–25 das **27** **EL-DE-Haus, den Sitz der Kölner Gestapo von 1935 bis 1945.** Mit dem EL-DE-Haus (gesprochen: L-D-Haus) wird heute am eindringlichsten an die NS-Zeit in Köln erinnert; sein Name ist zum Inbegriff der NS-Schreckensherrschaft in Köln geworden. Der Name rührt her von den Initialen seines Erbauers, Leopold Dahmen, die den Haupteingang schmücken. Der katholische Goldwarenhändler, der am Appellhofplatz 21 wohnte, plante den

EL-DE-Haus,
1935–1942

Bau eines Wohn- und Geschäftshauses. Nach den Plänen des Architekten Hans Erberich entstand 1934/35 ein viergeschossiger Eckbau mit ursprünglich sechs Achsen an seiner Hauptschaufront zum Appellhofplatz und einer zwölfachsigen Fassade entlang der relativ engen Elisenstraße. Der Bau war nach dem Wunsch des Bauherrn in einer strengen, neoklassizistischen Bauweise mit einer Tuffsteinfassade versehen und mit einer abgerundeten Hausecke errichtet worden. Der Baustil wurde vom NS-Blatt Westdeutscher Beobachter als zeitgemäß gelobt. An der Hausecke befindet sich heute noch das gut erhaltene Wandrelief von 1935. Darauf sind ein geflügelter Hermeshelm und zwei Wappen zu erkennen. Dies spielte offenkundig auf den Beruf des Bauherrn an, denn Hermes war Gott der Händler, aber auch der Diebe – und Totenführer. Links erkennt man das Stadtwappen. Im rechten Wappen findet sich – wie über der Eingangstür – die Bezeichnung »EL-DE« und darunter sind zwei Pendel einer Standuhr abgebildet, in deren kreisförmigen unteren Teilen ein L und ein D für Leopold Dahmen eingehauen wurde. In den beiden Obergeschossen und im voll als Geschoß ausgebildeten, ehemaligen Attikabereich

Das EL-DE-Haus, bei Nacht beleuchtet

waren ursprünglich zwölf Dreizimmerwohnungen und im Erdgeschoß Geschäftsräume geplant. Das Haus verfügte über eine eigene Brunnenanlage. Garagen waren ebenso bereits vorgesehen wie ein Luftschutzraum für rund 60 Personen.

Im Sommer 1935 wurde das Haus noch im Rohbau von der Gestapo in Beschlag genommen. Bereits bestehende Mietverträge mussten aufgelöst werden; der neue Mieter war fortan das Deutsche Reich. Die Gestapo ließ das Gebäude für ihre Zwecke umbauen: In den vorgesehenen Wohnräumen wurden Büros eingerichtet und in dem oberen von zwei Kellern das Hausgefängnis mit zehn Zellen geschaffen. Am 1. Dezember 1935 nahm hier die Gestapostelle Köln ihren Betrieb auf. Einer besonderen Ironie der Geschichte ist es zu verdanken, dass ausgerechnet dieses Haus den Krieg überdau-

unbekümmerte Umgang mit der NS-Vergangenheit nach dem Krieg: Mieter wurden nun städtische Dienststellen wie das Standesamt, die Rentenstelle und das Rechtsamt. Baugeschichtlich erhielt das Haus erst nach dem Krieg durch umfangreiche Anbauten sein wuchtiges Aussehen

Geheime Staatspolizei (Gestapo)

Die Geheime Staatspolizei (Gestapo) gilt als das wichtigste und gefürchteste Herrschaftsinstrument des Nationalsozialismus. Sie ging im April 1933 aus der Politischen Polizei Preußens hervor. Die Überwachung der Bevölkerung und die Verfolgung der rassischen und politischen Gegner des NS-Regimes zählte zu ihren wesentlichen Aufgaben. In den Kriegsjahren erfolgten rund 70 Prozent aller staatspolizeilichen Festnahmen wegen »Arbeitsniederlegungen«, also aus zumeist unpolitischen Gründen wegen Verstößen gegen die Disziplin am Arbeitsplatz. Die Gestapo befand sich wie die gesamte Polizei zunächst in Länderhoheit, wurde 1936 »verreichlicht« und mit der Kriminalpolizei zur »Sicherheitspolizei« vereinigt. »Reichsführer-SS« Heinrich Himmler wurde zugleich zum »Chef der deutschen Polizei« ernannt. Die Zentrale der Gestapo bildete das Geheime Staatspolizeiamt (Gestapa) bzw. seit 1939 das »Reichssicherheitshauptamt« in der Prinz-Heinrich-Straße 8 in Berlin. Köln war Sitz einer Staatspolizeistelle und damit der Staatspolizei*leit*stelle in der Rheinprovinz mit Sitz in Koblenz (bis 1939) bzw. Düsseldorf (ab 1939) untergeordnet. Die Staatspolizeistelle Köln war zuständig für den Regierungsbezirk Köln und seit 1943 auch für den Regierungsbezirk Aachen sowie für die besetzten Gebiete Eupen und Malmedy. Sie besaß seit 1938 in Bonn und seit 1943 in Aachen eine Außenstelle.

Die Macht der Gestapo gründete sich nicht allein auf willkürliche Verhaftungen mittels der »Schutzhaft« und auf Einweisungen ins Konzentrationslager, sondern auf die bereitwillige Mithilfe eines erheblichen Teils der Bevölkerung, die über Denunziationen die meisten Ermittlungen überhaupt erst ermöglichten. Die Zahl der Kölner Gestapobeamten war – wie andernorts – vergleichsweise gering. Ende 1939 waren etwa 100 Beamte im Außen- und Innendienst der Kölner Zentrale und ihren Nebenstellen beschäftigt, im April 1942 waren nur noch etwa 70 Personen im Ermittlungsdienst tätig. Neben ihrem Hausgefängnis im EL-DE-Haus verfügte die Kölner Gestapo über eine Reihe weiterer Haftstätten, u.a. im Klingelpütz, in Brauweiler, im Messelager und über »Arbeitserziehungslager« am Flughafen Mülheim-Ruhr und in Hunswinkel.

ert hat, während links und rechts kaum etwas stehen blieb. Die Geschichte des EL-DE-Hauses geht auch **nach 1945** weiter. Gleich zweifach zeigt sich an ihr der

von heute. Niemand scheint es gestört zu haben, dass das Gestapo-Haus »dupliziert« wurde. In den Jahren 1947 bis 1949 entstand anstelle des zerstörten Wohnhauses von Dahmen ein Anbau, der sich dem erhaltenen Gestapohaus vollständig anglich: Der Tuffstein stammte aus dem gleichen Steinbruch, die Stockwerkaufteilung,

größeres Haus gar nicht nötig. Die Gestapo funktionierte vor allem durch die Mitwirkung der deutschen Gesellschaft.

Das Hausgefängnis der Gestapo

lung, Fenstermaße und Gesimse wurden genau angepasst. Die Anzahl der Fensterachsen verdoppelte sich von sechs auf zwölf. Den zusätzlich gestalteten Eingang versah man mit den beiden schmiedeeisernen Leuchtern vom Eingang Elisenstraße, um auf dem Appellhofplatz einen symmetrischen und repräsentativen Bau zu gewinnen. Auch in der Elisenstraße wurde das Haus durch einen Anbau von zwölf auf sechzehn Fensterachsen erweitert. Der gesamte Bau wurde oberhalb der Attika um ein Geschoß aufgestockt. Dadurch erhielt das EL-DE-Haus erst den Eindruck eines gewaltigen Gebäudes, das dem Bild der gefürchteten, alles beherrschenden Gestapo besser zu entsprechen vermag. Allerdings hatte die Gestapo ein

Das Hausgefängnis der Gestapo

Die unmittelbarsten Zeugnisse der NS-Schreckensherrschaft in Köln stellen die erhalten gebliebenen Inschriften der Gefangnen im Hausgefängnis der Gestapo dar, das seit 1981 als Gedenkstätte öffentlich zugänglich ist. Keine Spuren verweisen heute auf die im Innenhof des Gebäudes erfolgten Hinrichtungen. Auch der im Oktober 1945 gefundene Galgen ist nicht mehr erhalten. Die genaue Zahl der von der Kölner Gestapo Hingerichteten lässt sich nicht bestimmen. Doch es dürften mehrere hundert Menschen gewesen sein, die im Innenhof des EL-DE-Hauses hingerichtet wurden. Es handelte sich hauptsächlich um Ausländer (Zwangsarbeiter und Kriegsgefangene). Seit 1988 befindet sich im EL-DE-Haus – neben dem Rechtsamt und einer Galerie im Nachkriegsanbau – das NS-Dokumentationszentrum der Stadt Köln, das neben der Gedenkstätte seit 1997 die Dauerausstellung »Köln im Nationalsozialismus« sowie Sonderausstellungen zeigt und über eine Bibliothek und Gruppenräume verfügt. Wir werden dies auf der Museums-Tour kennen lernen. Wer jetzt schon hineingehen möchte, sei auf die Seiten 290 ff. verwiesen.

Gegenüber dem EL-DE-Haus hat ebenfalls das **28 Gebäude des Landgerichts** den Krieg überdauert, das heute Sitz des Amtsgerichts und des Finanzgerichts ist. Auch die **Kölner Justiz** war intensiv in die NS-Diktatur verstrickt. Zum Landgerichtspräsidenten wurde mit Walter Müller ein strammer Parteigenosse eingesetzt, der wegen seiner Forderung nach

strengeren Urteilen als »Kopf-ab-Müller« in die Geschichte eingegangen ist. Beim Landgericht wurde bereits aufgrund der Verordnung zur »Abwehr heimtückischer Angriffe auf die Regierung der nationalen Erhebung« vom 21. März 1933 ein »Sondergericht« eingesetzt. Jede Kritik an der Regierung konnte nun als Verbrechen bestraft werden. Die »normalen« Bürger machten regen Gebrauch davon, ihre Nachbarn, Freunde und Kollegen zu denunzieren. Die zu Tausenden erhaltenen Akten der Sondergerichte sind voll davon. Zahlreiche Ermittlungen wurden eingestellt, doch der Willkür war auch in der Justiz Tür und Tor geöffnet. Drastische und drakonische Strafen der Sondergerichte

Amtsgericht Appellhofplatz, Nordseite, um 1910

sind belegt. Hunderte von Urteilen wurden wegen »Rassenschande« gefällt, womit der Geschlechtsverkehr zwischen »Ariern« und »Nichtariern« bestraft wurde. Insbesondere im Krieg verschärfte sich die willkürliche Praxis. Nach 1941 arbeiteten bis zu vier Sondergerichte in Köln und zeitweilig ein Senat des Volksgerichtshofs. Jetzt wurden zahlreiche Todesurteile gefällt, teilweise wegen Bagatelldelikten in Schnellverfahren innerhalb eines Tages. Ihre Zahl ist nicht bekannt, doch wird sie auf über 1000 geschätzt. Im Kölner Gefängnis, dem »Klingelpütz«, befand sich die Hinrichtungsstätte für Sondergerichte aus der Region [→ *S. 161f.*]. Die Elsässerin Martha Heublein, ihr Mann und ein französischer Jude wurden noch nach einem Urteil des Kölner Senats des Volksgerichtshofs vom 16. Januar 1945 hingerichtet, weil sie mit kleinen Wurfzetteln zur Beendigung des Krieges aufgerufen hatten.

In dem ebenfalls erhalten gebliebenen prunkvollen Justizgebäude am **Reichensperger Platz** wurde ein weiterer grausamer Teil der NS-Rassenpolitik umgesetzt: Hier befand sich das Erbgesundheitsgericht sowie als das Erbgesundheitsobergericht als die übergeordnete Instanz für die Gerichte in Aachen, Bonn, Koblenz, Köln, Saarbrücken und Trier. Das Kölner Gericht ordnete über 4000 **Zwangssterilisationen** an. Schon das schreckliche Schau-

Öffentlicher Aushang zur Hinrichtung von Paula Wöhler

spiel, das sich am Oberlandesgericht bereits am **31. März 1933** abspielte, warf ein bezeichnendes Licht auf die zukünftige Rolle der Justiz. An diesem Tag wurden aus dem Gerichtsgebäude alle jüdischen Richter, Staatsanwälte und Rechtsanwälte auf die Straße getrieben und auf Wagen, auf denen sonst Mülltonnen transportiert wurden, durch die Stadt gefahren und zur Schau gestellt. Es ist kein einziger Fall belegt, dass sich einer ihrer Kollegen, mit denen sie z.T. über viele Jahre zusammengearbeitet hatten, gegen diesen barbarischen, völlig unrechtmäßigen Akt offiziell protestiert oder ihn auch nur kritisiert hätte. Vielleicht dachten auch einige schon an die Karrierechancen, die sich nach der Entlassung der jüdischen Kollegen ergaben.

Edith Stein (1891–1942) wurde 1891 in Breslau als Kind jüdischer Eltern geboren. Sie studierte in Breslau, Göttingen und Freiburg Germanistik und Geschichte, Philosophie und Psychologie und schrieb 1916 eine glänzende Dissertation bei Edmund Husserl, dessen Assistentin sie bis 1922 war. 1922 konvertierte sie nach der Lektüre der Biographie der heiligen Karmelitin Theresia von Avila zum katholischen Glauben. Sie arbeitete zunächst als Gymnasiallehrerin und ab 1932 als Dozentin am katholischen Institut für Wissenschaftliche Pädagogik in Münster, bis sie 1933 Berufsverbot erhielt. 1933 trat sie als Schwester Teresia Benedicta a Cruce in das Kölner Karmelitinnenkloster an der Dürener Straße ein. Sie floh 1938 in den Karmel im niederländischen Echt. Von dort wurde sie am 7. August 1942 nach Auschwitz deportiert, wo sie zwei Tage später in der Gaskammer ermordet wurde. Zu ihrer ebenfalls in den Orden eingetretenen Schwester Rosa soll sie bei ihrer Verhaftung am 2. August 1942 gesagt haben: »Komm, wir gehen für unser Volk«. Edith Stein wurde 1987 in Köln selig gesprochen und 1998 in Rom heilig gesprochen.

Edith-Stein-Denkmal

Über die Burgmauer und die Zeughausstraße hinweg erreichen wir vor dem Gebäude der IHK auf dem **29** **Börsenplatz** unsere nächste Station, das 1999 errichtete Denkmal für **Edith Stein.** Das Denkmal von Bert Gerresheim wurde vom Kölner Erzbistum in Auftrag gegeben. Edith Stein wird gleich dreimal figürlich dargestellt: als sitzende Jüdin, als gespaltenes Wesen zwischen Judentum und Christentum in den späteren Jahren und aufrecht stehend als Karmeliterin in der Ordenstracht. Eine problematische Symbolik, die das Denkmal vermittelt. Das Denkmal war auch in der Öffentlichkeit umstritten. Es wurde kritisiert, die katholische Kirche würde die geborene Jüdin als christliche Märtyrerin vereinnahmen. Es sollte zunächst vor dem Generalvikariat des Bistums in der Marzellenstraße auf städtischem Grund aufgestellt werden, doch nach der laut gewordenen Kritik drohte die Stadt die Genehmigung zu versagen, worauf das Denkmal auf kirchlichem Grund und Boden vor dem Priesterseminar und der Residenz des Kölner Erzbischofs aufgestellt wurde.

Die gegenüber liegende **30** **Industrie- und Handelskammer** (IHK) ist ein Nachkriegsbau [→ *S. 210 f.*], der anstelle des 1943 zerstörten Gebäudes Unter Sachsenhausen 4 errichtet wurde. Die IHK wurde rasch gleichgeschaltet. Der Bankier Kurt Freiherr von Schröder verdrängte Anfang April 1933 den bisherigen Präsidenten Paul Silverberg und blieb bis 1945 im Amt. Schröder spielte in der Kölner Wirtschaft und weit darüber hinaus eine wichtige Rolle; er hatte den Weg Hitlers an die Macht mit geebnet [→ *S. 166 f.*], gehörte bereits vor 1933 zu den finanziellen Förderern und wirt-

Industrie- und Handelskammer, um 1935

DAF-Zentrale, um 1936

schaftspolitischen Beratern der NSDAP und danach – als SS-Oberführer – der SS. Den IHKs kam in der NS-Wirtschaftspolitik eine große Bedeutung zu. Sie wurden 1943 reichsweit in Gauwirtschaftskammern umgewandelt.

Wir gehen nun Unter Sachsenhausen in Richtung Dom. Unmittelbar an der **31** **Nord-Süd-Fahrt** kommen wir am **Bankhaus Sal. Oppenheim** vorbei. Dieses Haus wurde in den 1950er Jahren anstelle des im Krieg zerstörten Stammhauses in der Budengasse gebaut. Das Bankhaus nutzt zudem ein daran anschließendes, 1914 vollendetes Gebäude. Die 1789 gegründete Privatbank geriet angesichts ihrer jüdischen Tradition in der NS-Zeit unter erheblichem Druck. 1936 mussten die jüdischen Teilhaber ausscheiden und

seit 1938 sah man sich gezwungen, fortan als »Pferdmenges & Co« zu firmieren. Dem Teilhaber Robert Pferdmenges verdankt die Familie Oppenheim den Bestand ihrer Bank, die seit 1947 auch wieder ihren angestammten Namen trägt.

Unter Sachsenhausen weiter in Richtung Dom erreichen wir an der **32** **Ecke An den Dominikanern/ Marzellenstraße** einen großen Zweckbau, der den Krieg nahezu unversehrt überstanden hat. Heute befindet sich hier der Sitz des Sozialgerichts. Das ursprüngliche Bankgebäude nutzte seit 1933 die **Gauleitung der Deutschen Arbeitsfront (DAF).** Die DAF war am 10. Mai 1933 nach der Auflösung der Gewerkschaften gegründet worden. Sie war als Zusammenschluss »aller schaffenden Deutschen« mit ca. 25 Millionen Mitgliedern

(1942) die größte NS-Massenorganisation. Sie war eine Einheitsorganisation für Arbeiter, Angestellte, Handwerker, Gewerbetreibende und Unternehmer. Damit war sie wichtiger Teil des nationalsozialistischen Konzepts der »Volksgemeinschaft«. Der Mitgliedschaft konnte man sich kaum entziehen. Bei einem Mitgliedsbeitrag von 1,5 Prozent des monatlichen Einkommens konnte die DAF ein riesiges Vermögen aufbauen, zumal das beschlagnahmte Vermögen der aufgelösten Gewerkschaften auf sie übergegangen war. Ein gigantischer Apparat mit reichsweit über 44 000 hauptamtlichen Funktionären und 1,3 Millionen ehrenamtlichen Mitarbeitern wurde aufgebaut. Reichsleiter wurde 1933 ein »Kölner«: Robert Ley, der von 1925 bis 1931 Gauleiter des Gaus Rheinland-Süd mit Sitz in Köln gewesen war und eine entscheidende Rolle beim Aufbau der Kölner NSDAP gespielt hatte. In Köln wurde der frühere Bürgermeister und stellvertretende NSDAP-Gauleiter Richard Schaller Gauamtsleiter der DAF [→ S. 89].

Zu den Hauptaufgaben der DAF zählte die politische Schulung der Mitglieder und ihre Betreuung in sozialen

»Fahnenappell« bei einer KdF-Fahrt ins Walsertal, März 1941

Fragen und in der Freizeit. Zu den Untergliederungen der DAF gehörte auch die Organisation »Kraft durch Freude« (KdF), eine weit verzweigte »Freizeitbewegung«. Sie war die massenwirksamste und populärste NS-Organisation. Sie organisierte Theater, Konzerte und bunte Abende, aber auch Betriebssport und über das ihr angeschlossene Amt »Schönheit der Arbeit« bauliche Verschönerungen in den Betrieben und vor allem Reisen und Wanderungen. Bis zum Ausbruch des Zweiten Weltkrieges nahmen 33 Millionen Menschen an preiswerten Ferienreisen in Deutschland und etwa 500 000 an Auslandsreisen auf den »KdF-Schiffen« teil – Kreuzfahr-

Teilnehmerkarte für eine KdF-Reise

ten nach Madeira, an die italienischen Küsten und nach Norwegen. Erklärtes Ziel war es, die Arbeitsleistung und die Zufriedenheit mit dem System zu steigern. Auch die Kölner Organisation der DAF wuchs derart rasch, dass selbst das wuchtige Haus der DAF

Pater **Josef Spieker** im Gefängnis Wittlich
rechts: Domvikar **Josef Teusch**

nicht ausreichte. Die Unterorganisation »Kraft durch Freude« bezog 1937 ein eigenes Gebäude in der Zeppelinstrasse 1–3 und ab 1941/42 im Hotel Eden in der Bahnhofstrasse 1–3.

Biegen wir nach links in die **33 Marzellenstraße,** gelangen wir zu der barocken Kirche Kölns, **St. Mariä Himmelfahrt.** Hier predigte der Jesuiten-

pater **Josef Spieker,** der aufgrund der Denunziation eines Zuhörers 1934 von der Gestapo verhaftet wurde. Es folgten weitere Verhaftungen, die Einweisung in das KZ Börgermoor und eine Verurteilung zu 15 Monaten Gefängnis durch das Sondergericht. 1937 gelang ihm die Flucht in die Niederlande, von wo aus er nach Chile emigrierte. Erst 1950 kehrte er nach Deutschland zurück. Ein Stück weiter befindet sich das **Generalvikariat.** Als Antwort auf die nationalsozialistischen Angriffe richtete die Deutsche Bischofskonferenz 1934 hier die »**Abwehrstelle** gegen die antichristliche nationalsozialistische Propaganda« ein. Geleitet wurde sie von Domvikar Josef Teusch. Die Stelle vertrieb rund 20 Broschüren mit einer geschätzten Gesamtauflage von 17 Millionen Exemplaren – die so genannten Teusch-Schriften – in ganz Deutschland.

Auf unserem Weg zum Ort des ehemaligen Gefängnisses Klingelpütz erkennen wir in der Höhe der Nord-Süd-Fahrt das Druckhaus der Kölnischen Rundschau, der Nachfolgerin der katholischen **34** Kölnischen **Volkszeitung,** die am Neumarkt gedruckt wurde. Sie erschien bis 1941. Nach Kriegsende wurde Dr. **Reinhold Heinen** (1894–1969) Gründer und Verleger der Kölnischen Rundschau. In der Zentrumspartei gehörte Heinen zu den wichtigsten Kommunalpolitikern und baute als Generalsekretär von 1921 bis 1933 die Kommunalpoliti-

Reinhold Heinen

sche Vereinigung aus. Er war Herausgeber der »Kommunalpolitischen Blätter« und 1933/34 Verlagsdirektor beim Kölner Lokal-Anzeiger. Heinen leistete aktiven Widerstand gegen die NS-Diktatur, wurde 1941 verhaftet und war bis Kriegsende im KZ Sachsenhausen inhaftiert. Als unbelasteter ehemaliger politischer Häftling erhielt er von der britischen Militärverwaltung die Lizenz zur Herausgabe seiner Zeitung, wie auch die sozialdemokratische Rheinische Zeitung und die kommunistische Volksstimme lizensiert wurden. Der Verleger der Kölnischen Zeitung, Kurt Neven DuMont, galt hingegen bei den Alliierten als belastet, so dass der Kölner Stadt-Anzeiger erst 1949 nach der Gründung der Bundesrepublik und dem Wegfall des Lizenzzwangs wieder erscheinen konnte. Rasch gelang es ihm aber, die früher gestartete Kölnische Rundschau in der Auflagenhöhe weit zu überflügeln.

Über die Viktoriastraße erreichen wir das Parkgelände, wo früher der **35** **Klingelpütz** stand. Das Gefängnis wurde in den Jahren 1834 bis 1838 gebaut und 1969 abgerissen. Es war die

Der Klingelpütz

Eine Gruppe von Zwangsarbeitern
wird aus dem Gestapoflügel im Gefängnis
Klingelpütz befreit, März 1945

– mit einer Guillotine ausgestattete –
Hinrichtungsstätte für die Sondergerichte Aachen, Dortmund, Düsseldorf,
Duisburg, Essen, Hagen, Wuppertal,
Koblenz, Köln und Münster sowie für
den »Volksgerichtshof« und das
Reichsgericht. Die genaue Zahl der
Hingerichteten ist unbekannt. Schätzungen sprechen von etwa 1 000 Opfern, jedoch könnten es auch deutlich
mehr sein. Im Juli 1933 wurden sechs
Kommunisten, die in einem Schauprozess für den Mord an zwei SA-
Mitgliedern verurteilt wurden, auf
ausdrückliche Anweisung Görings
mit dem Handbeil hingerichtet. Das
für etwa 800 Gefangene gebaute Gefängnis war ständig überbelegt, zeitweise mit mehr als 1 700 Häftlingen.

Die Gestapo verfügte seit 1944 über
einen der Flügel des Gefängnisses,
in dem seit einem Bombenschaden
1944 katastrophale Verhältnisse
herrschten. Wenn wir heute durch
den Park spazieren, wo früher der
Klingelpütz stand, dann befinden sich
die Gefängnismauern noch unter uns,
da die Trümmer zu einem Hügel aufgetürmt wurden. Am höchsten Punkt
steht seit 1979 ein Steinquader, auf
dem eine Gedenktafel des Kölner
Künstlers Karl Burgeff angebracht ist.
Ihre Inschrift lautet: »Hier wurden
von 1933–1945 über tausend von der
nationalsozialistischen Willkürjustiz
unschuldig zum Tod Verurteilte hingerichtet.«

Die amerikanische Militärregierung
zwang im Mai 1945 die ranghöchsten
im Klingelpütz einsitzenden NS-Funktionäre das Grab auf dem Gefängnishof zu öffnen [→ *Foto S. 180*]. Die sieben Leichen – sechs Männer und eine
Frau – erhielten ihre letzte Ruhestätte
auf dem nahe gelegenen **36** **Hansaplatz.** Am 3. Juni 1945 kamen rund
1 500 Menschen zusammen, um das
von den Amerikanern gesetzte erste
Denkmal an die NS-Zeit in Köln, das
zugleich Grabstätte ist, einzuweihen.
Die Inschrift auf dem Gedenkstein
spricht im Unterschied zu den in den

Das Mahnmal auf dem Hansaplatz

späteren Jahren von den Kölnern aufgestellten allgemeinen Totenmalen
eine klare Sprache: »Hier ruhen sieben
Opfer der Gestapo. Dieses Mal erinnere an Deutschlands schandvollste
Zeit 1933 – 1945«. Die Bronzeplastik
neben der Grabplatte stammt von
dem niederländischen Bildhauer

gesamt 804 Männer und Frauen –
darunter 570 »Ostarbeiter« und 200
Polen – bei ihrer Ankunft registriert.
290 von ihnen kamen vom Lager
Hornstraße, 87 von anderen Kölner
Reichsbahnlagern, 39 vom Reichsbahn-
ausbesserungswerk Opladen, 58 aus
Lagern in Düren und Jülich, 94 aus

Zwangsarbeiterinnnen und Zwangsarbeiter
vor einer Lok, um 1943

Putzkolonne vor einem Waggon auf dem
Bahnhof Deutzerfeld. Im Vordergrund der deutsche
Vorarbeiter, 1940–1944

Mari Andriessen und wurde 1958 aufgestellt. Nach dem Krieg wurden hier
viele Jahre lang die offiziellen Gedenk-
feiern zum 8. Mai abgehalten.

Über den Hansaring geht es nun zum
37 **Hansa-Hochhaus** [→ *S. 66 f.*]. Hier
befand sich vom Frühjahr 1944 bis
Februar 1945 ein **Lager für über 800**
Zwangsarbeiter. Es diente als Ersatz
für das abgebrannte Lager Hornstraße. Ab Mai 1944 wurden dort ins-

dem Durchgangslager Spellen (Nie-
derrhein), 203 aus dem Gemeinschafts-
lager Genthin in Berlin, die restlichen
33 aus anderen Lagern oder direkt aus
ihren Heimatländern. Das Lager befand sich im dritten und vierten Stock
des Bürogebäudes. Die dort internier-
ten Zwangsarbeiter durften nicht
den Haupteingang, sondern nur den
Nebeneingang in der Ritterstraße benutzen. Das Lager war notdürftig mit
Schlafräumen, einer Küche und einer

Wache ausgestattet, unbeheizt und nach Bombardierungen wiederholt verwüstet.

Das Lager Hansa-Hochhaus unterstand der **Reichsbahn,** bei der die Zwangsarbeiter des Lagers arbeiten mussten. Um fünf Uhr morgens wurden sie geweckt und nach dem Appell gingen sie um halb sieben in Kolonnen zur Arbeit, bewacht von bewaffneten Beamten der Bahnschutzpolizei. Sie verrichteten sehr schwere Aufräum- und Reparaturarbeiten bei den Gleisen

aus der Sowjetunion und in einer geringeren Anzahl aus Polen. Wie viele in Köln für die Reichsbahn arbeiten mussten, ist nicht überliefert, doch es dürften einige Tausend gewesen sein. Nachweislich existierten im Stadtgebiet mehr als 20 Reichsbahn-Lager. Die Reichsbahn profitierte mehrfach vom NS-Terrorsystem: In Vieh- oder Güterwagen wickelte sie die Deportation der Juden, »Zigeuner« und anderer Gruppen sowie den Transport von Zwangsarbeitern und Kriegsgefangenen nach Deutschland zu ihren »Arbeitseinsätzen« ab.

Wir beenden nun unseren Rundgang und machen allerdings noch einige **Abstecher,** die für die NS-Zeit in Köln wesentlich sind. Zunächst fahren wir zur **Claudiusstraße** in der Südstadt (mit der Straßenbahn bis zur Station Ubierring) oder mit dem Fahrrad

Reichsadler mit Hakenkreuz vor dem Eingang der NSDAP-Gauleitung in der ehemaligen Universität

und Bahnanlagen, in den Betriebswerken, auf den Rangierbahnhöfen, im Reichsbahn-Ausbesserungswerk Köln-Nippes, im Bereich des Hauptbahnhofs und des Güterbahnhofs Gereon. Die Reichsbahn war eine der Hauptnutznießerinnen von Zwangsarbeit. Allein in der Reichsbahndirektion Köln, die den Bereich zwischen Trier, Koblenz, Euskirchen, Malmedy, Aachen, Jülich und Kleve umfasste, waren im September 1944 8 000 ausländische Arbeitskräfte eingesetzt, mehrheitlich

am Rhein entlang; über die Trajanstraße gelangen wir zur Claudiusstraße. Das heutige Gebäude der Fachhochschule ist für die Geschichte der NS-Zeit gleich dreifach interessant. Hier befand sich die 1919 wieder gegründete **Universität** [→ *S. 79 ff.*]. Die Kölner Universität schaltete sich am 11. April 1933 noch vor der reichsweiten **Gleichschaltung** selbst gleich, indem der bisherige Rektor Ebers zum Rücktritt genötigt und an seiner Stelle der Pathologe Professor Leupold gewählt wurde, ein Vertrauensmann der NSDAP an der Universität. Damit gab die Köl-

oben: Festsaal der Gauleitung, 1935
rechts: Gauleiter Grohé in seinem Büro

ner Universität, wie NS-Kultusminister Rust lobend hervorhob, ein »richtungsgebendes Beispiel«. An der Universität wurden vor allem jüdische Hochschullehrer wie der bedeutende Rechtsgelehrte Hans Kelsen und der Romanist Leo Spitzer sowie politisch missliebige Wissenschaftler wie Benedikt Schmittmann, Paul Honigsheim und Eugen Schmalenbach entlassen. Am 17. Mai 1933 organisierte die Kölner Studentenschaft im Rahmen einer »Kundgebung wider den undeutschen Geist« die **Bücherverbrennung** vor dem Universitätsgebäude in der Claudiusstraße. Es wurden die Bücher von zahlreichen renommierten Autoren verbrannt, unter ihnen Bertolt Brecht, Alfred Döblin, Ernest Hemingway, Erika, Heinrich, Klaus und Thomas Mann, Kurt Tucholsky, Stefan Zweig. Die Fachhochschule Köln hat in den letzten Jahren bereits drei Gedenkveranstaltungen durchgeführt, bei denen aus den Werken der Autoren gelesen wurde, deren Bücher verbrannt wurden.

Bücherverbrennung
am 17. Mai 1933 vor
dem Gebäude der
Universität

Die »Ehrenhalle« in der Gauleitung

Zudem wurden die Namen der Autoren als bleibendes Zeugnis in die Bodenplatten vor dem Eingang der Fachhochschule eingemeißelt. Bücherverbrennungen gab es auch auf Kölner Schulhöfen. Bereits am 10. Mai 1933 hatte die »Organisation der Buchhändler in Köln« 1176 Bücher und Bilder vernichtet. Die Nationalsozialisten wollten mit den Bücherverbrennungen ihren Willen zur Gleichschaltung von Kultur und Wissenschaft demonstrieren und gaben damit zugleich ein Symbol der Unterdrückung der Geistesfreiheit.

Nach Fertigstellung der neuen Universität in Lindenthal 1934 zog in ihr bisherige Gebäude in der Claudiusstraße die **Gauleitung des Gaus Köln-Aachen** ein. Hier residierten der Gauleiter mit seinem Apparat und die Amtleiter der bis zu 29 Gauämter. Wie man schon mit einem Blick auf das wuchtige Gebäude sieht, handelte es sich um eine riesige Organisation.

Artikel in der
Rheinischen Zeitung
zum Treffen Hitler und Papen
im Stadtwaldgürtel 35

Ein weiterer Abstecher führt uns nach Lindenthal. Mit dem Fahrrad oder der KVB (vom Neumarkt oder Rudolfplatz mit der Straßenbahn 1 und 7 bis Haltestelle Gürtel) fahren wir zum Haus **Stadtwaldgürtel 35.** In diesem Haus des Kölner Bankiers Kurt Freiherr von Schröder [→ *S. 157 f.*] trafen sich am **4. Januar 1933 Hitler** und der frühere Reichskanzler Franz von **Papen.** Die Initiative zu dem Gespräch ging von Schröder aus, der in einem Brief am 26. September 1932 an den damaligen Reichskanzler Papen die Bildung einer »Nationalen Front« der Rechtsparteien unter Einschluss der NSDAP gefordert hatte. Schröder bemühte sich, die Spannungen zwischen

Unterstand des unbekannten SA.-Mannes

In dieser Villa in Köln-Lindenthal – einer der elegantesten Wohngebäude der Kölner Großkapitalle – fand das denkwürdige Tête-à-tête zwischen Adolf Hitler und Franz von Papen, angefangen von dem Eigentümer und Gastgeber, dem Bank- und Börsenkönig Baron von Schröder, statt. Das auf dem Bilde im Vordergrund sichtbare schöpft kostenlose Auto gehört nicht etwa dem Mercedes-Benz-Fahrer Hitler, sondern unserm Photographen.

Adolf und Fränzchen

Eine Unterhaltung, die die Welt und die Lachmuskeln erschütterte

(Zeitungsartikel im Kleindruck, teils unleserlich)

Kurt Freiherr von Schröder

Hitler und Papen abzubauen, was das Zusammentreffen in seinem Haus erst ermöglichte. Bei dem Gespräch, das unter strenger Geheimhaltung statt fand, wurde die Ernennung Hitlers zum Reichskanzler vorbereitet. Erörtert wurde vor allem, wie hinter den Kulissen die Widerstände bei Reichspräsident von Hindenburg gegen eine Kanzlerschaft Hitlers überwunden werden konnten. Noch im gleichen Monat, am 30. Januar 1933, wurde Hitler tatsächlich zum Reichskanzler ernannt. Das Treffen Hitlers mit Papen in Köln am 4. Januar 1933 hat man daher in der Geschichtswissenschaft als »Geburtsstunde des Dritten Reiches« bezeichnet – Köln war so gesehen der »Geburtsort«. Vor dem auffallend blau gestrichenen Haus wurde nach zwei von der damaligen Mehrheit der Bezirksvertretung Lindenthal abgelehnten Versuchen in den Jahren 1983 und 1991 am 9. November 1996 im Gehweg eine Gedenktafel eingelassen.

Bildet der Stadtwaldgürtel 35 den Anfangspunkt der NS-Herrschaft, so erinnert eine Gedenktafel ein gutes Stück den Gürtel stadtauswärts, am Haus **Sülzgürtel 8,** an die größte Widerstandsgruppe in Köln, die in der Endphase des Krieges wirkte: das **Nationalkomitee Freies Deutschland.** Die Wohnung der Familie Humbach auf der ersten Etage diente als Anlaufstelle, da das Haus kriegsbedingt zum großen Teil unbewohnt war. Nach-

dem die Kölner Gestapo bis 1938 sämtliche Widerstandsgruppen zerschlagen hatte, entstanden Oppositionsbewegungen erst wieder unter den zunehmend chaotischen Bedingungen in der Endphase des Krieges. Eine herausragende Rolle spielte dabei die Kölner Gruppe des Nationalkomitees Freies Deutschland, das im Juli 1943 nach der Niederlage von Stalin-

Haus Sülzgürtel 8: der Treffpunkt des Nationalkomitees Freies Deutschland

grad in der Sowjetunion von deutschen Offizieren gegründet worden war. Ermutigt durch das Abhören entsprechender Meldungen des Moskauer

Grete und Heinz Humbach zeigen auf ihre frühere Wohnung im Haus Sülzgürtel 8, 1990
rechts: **Engelbert Brinker**

Rundfunks wurde Ende 1943 auch in Köln eine Gruppe des Nationalkomitees gegründet, das sich seit März 1944 »Volksfrontkomitee Freies Deutschland« nannte. Es handelt sich um die größte und breiteste Kölner Widerstandsgruppe während des Krieges, der sich über 200 Menschen unterschiedlicher politischer Richtung anschlossen, mehrheitlich Kommunisten, aber auch Sozialdemokraten und andere. So war es u.a. gelungen, die Ärzte Dr. Jakob Ahles und Dr. Mertens, den Bibelforscher Kurt Stahl aus Bensberg, die Sozialdemokraten Franz Bott und Max Neugebauer, den Regierungsinspektor Bosbach vom Kölner Arbeitsamt und den Direktor des Braunkohlensyndikats Dr. Becker, der Mitglied der NSDAP war, für eine Mitarbeit zu gewinnen. Geleitet wurde das Kölner Nationalkomitee von einer Fünfergruppe, bestehend aus den Kommunisten Engelbert Brinker, Johannes

Kerp, Otto Richter, Wilhelm Tollmann und Jakob Zorn.

Es gelang der Gruppe, Betriebszellen bei den Humboldtwerken in Deutz, dem Carlswerk in Mülheim, den IG-Farben-Werken in Leverkusen und auf dem Güterbahnhof Gremberghoven aufzubauen. Zu Arbeitern der Fordwerke, der Firmen Kolb und Mercedes sowie der Kölner Baumwollbleicherei gab es einzelne Verbindungen, und es wurden auch Kontakte zu Zwangsarbeitern hergestellt, die teilweise in die Arbeit einbezogen wurden. Die Gruppe strebte ein rasches Ende des Krieges an und rief die Bevölkerung und die Arbeiter dazu auf, die Kriegsproduktion zu sabotieren. Zudem wurden bereits Überlegungen für den demokratischen Neuanfang nach dem Sturz des NS-Regimes entwickelt und diese ins Englische übersetzt, um sie dem amerikanischen Militär beim erwarteten Einmarsch zu übergeben. Im November 1944 wurde die gesamte Leitung der Gruppe im Haus Sülzgürtel 8 verhaftet. Die Gestapo hatte durch Denunziation von dem Wider-

standskreis erfahren und wartete in der Wohnung auf die Mitglieder der Gruppe, die zur Anlaufstelle kamen. Willi Tollmann, der führende Kopf der Gruppe, wollte sich der Verhaftung durch einen Sprung aus dem Fenster im zweiten Stock entziehen und überlebte schwer verletzt. Tollmann, Richter und Brinker starben bei den Quälereien während ihrer Haft im EL-DE-Haus und in Brauweiler. Kerp, Neuge-

v.l.n.r.: Otto Richter, Wilhelm Tollmann, Jakob Zorn

bauer und Stahl starben in der Haft bzw. unmittelbar danach. Gegen 72 Festgenommene wurde bereits das Todesurteil beantragt, dass am 12. April 1945 vollstreckt werden sollte. Sie entgingen den Hinrichtungen nur wegen des Vormarsches der Alliierten. Seit 1998 erinnert eine informative Gedenktafel an die Tätigkeit der Gruppe und die Geschichte des Hauses, die zunächst in den Boden eingelassen wurde und von einem neuen Besitzer auf eigene Kosten an einen würdevollen Platz an der Fassade angebracht wurde, weil er meinte, die Erinnerung an diese wichtige Geschichte würde ansonsten mit Füßen getreten – auch das gibt es in Köln.

Parolen des Nationalkomitees

»Arbeiter und Soldaten: Keine Stunde für den Krieg. Geht nicht zur Front. Kämpft mit uns für den Frieden. Für die Freiheit. Für die Volksfront. Gegen die Nazis! Komitee der Volksfront.«

»Hitlers Tod – Frieden, Freiheit, Brot«
»Arbeite nicht für den Krieg – feiere krank, dann brauchst Du keine Granaten zu drehen.«

»Bring Deine Familie in Sicherheit.«

»Wirf die Knarre hin. «

(Diese Parolen wurden mit Flugblättern, Plakaten sowie Klebe- und Streuzettel verbreitet.)

Von hier aus fahren wir – am besten wohl mit der Straßenbahn-Linie 13 – den Gürtel in die entgegensetzte Richtung entlang bis zur Haltestelle Ehrenfeldgürtel/Venloer Straße. Ein Stück die Venloer Straße stadtauswärts auf der rechten Seite unmittel-

**Hinrichtung in der Hüttenstraße
am 25. Oktober 1944**

bar hinter dem Bahnübergang stoßen wir auf die **Hüttenstraße** (heute Bartholomäus-Schink-Straße). Eine Gedenktafel, an einem Pfeiler am Bahndamm angebracht, erinnert an eines der schrecklichsten Verbrechen in der NS-Zeit in Köln: zwei **öffentliche Hinrichtungen.**

Am **25. Oktober 1944** wurden hier ohne jedes Gerichtsurteil an einem eigens aufgebauten Galgen elf Kriegsgefangene und Zwangsarbeiter erhängt, unter ihnen fünf Sowjetrussen, ein Kroate und wahrscheinlich mindestens ein Belgier oder Franzose. Die Erhängung wurde von einem Gestapokommissar geleitet. Ein Zwischenfall passierte, als ein Opfer nach dem Wegziehen des Querbalkens mit den Füßen auf den Boden kam und noch lebte, weil die Galgenschlinge zu lang war. Ein in Zivil gekleideter Gestapobeamter zog darauf hin die

Schaulustige bei
der Hinrichtung

Beine des Mannes nach hinten weg, sodass dieser qualvoll erstickte. Die Hinrichtung erfolgte zwischen 15.00 und 15.30 Uhr. Die Leichen der elf Ausländer hingen bis abends 19 Uhr am Galgen und wurden dann von KZ-Häftlingen auf einen Lastwagen der Städtischen Müllabfuhr gelegt und zum Westfriedhof gebracht, wo sie auf dem »Gestapofeld« verscharrt wurden. Das Galgengerüst wurde stehen gelassen, es wurde nochmals benötigt. Am **10. November 1944** wurden 13 Deutsche erhängt. Der gefürchtete Gestapokommissar Kütter wählte die zu ermordenden Häftlinge aus. Elf von ihnen gehörten zur »Ehrenfelder Gruppe«, die sich um den 23jährigen Hans Steinbrück gebildet hatte. Sechs Erhängte waren minderjährig und hatten früher den Edelweißpiraten angehört. Die beiden Jüngsten Bartholomäus Schink und Günther Schwarz waren gerade 16 Jahre alt. Gestapochef Hoffmann verlas die Exekutionsformel. Auch die am 10. November Hingerichteten liegen auf dem »Gestapofeld« des Westfriedhofs beerdigt. Zu beiden Hinrichtungen hatte sich eine große Menschenmenge eingefunden, Schaulustige mussten mit Zäunen zurückgehalten werden. Die gesamte Gefolgschaft der Gestapo war, soweit bekannt, zumindest zur ersten Hinrichtung in Bussen nach Ehrenfeld gefahren worden, um – wie es hieß – »diesem Schauspiel« beizuwohnen. Die Hinrichtungen waren Stadtgespräch. Für die Gestapo dienten sie zur Abschreckung und zur Demonstration, dass

sie noch Herr der Lage war. Doch sie sollte sich täuschen: Gestapochef Hoffmann wurde am 26. November 1944 »im Kampf gegen eine Bande« ermordet.

Von hier aus geht es weiter über die Venloer Straße zum **Westfriedhof** (mit der Straßenbahn bis Haltestelle Westfriedhof). Gegenüber dem Westfriedhof und jüdischem Friedhof befand sich seit Mai 1935

Kripobeamte bei der Kontrolle von Ausweispapieren

das »Zigeunerlager« auf einem Platz an der **Venloer Straße 888**, der wegen seiner Nähe zum Sportplatz des Sportvereins »Schwarz-Weiß-Köln« auch **»Schwarz-Weiß-Platz«** genannt wurde. Das Kölner Lager stellte das erste

**Sinti und Roma vor ihren Wohnwagen
auf dem »Schwarz-Weiß-Platz«**

Lager dieser Art im gesamten Reich dar und diente als Muster für den Bau weiterer Lager in Deutschland. Die Verfolgung von Sinti und Roma verschärfte sich mit der Errichtung des Lagers erheblich. Die in Wohnwagen lebenden Sinti und Roma wurden hierhin zwangsweise eingewiesen oder mussten aus ihren Mietwohnungen ausziehen, wenn sie Fürsorgeunterstützung erhielten. Das Lager war mit einem zwei Meter hohen Maschen- und Stacheldraht umzäunt und wurde von einem auf dem Lagerplatz in einer Baracke lebenden SS-Mann und von mehreren Beamten des Polizeireviers Ehrenfeld überwacht. Auf dem Platz fanden Razzien der Kriminalpolizei und die rassistischen Vermessungen der »Rassenhygienischen und bevölkerungsbiologischen Forschungsstelle« statt.

Wir gehen nun auf den **Westfriedhof.** Auf dem Westfriedhof wurde seit Anfang/Mitte der 1960er Jahre ein zentraler Gedenkort an den Nationalsozialismus geschaffen. Vom Eingang aus weisen Hinweissteine zu den »Gräbern der Opfer von Krieg und Gewaltherr-

**»Jünglinge im Feuerofen«
von Heribert Calleen, von 1968**

schaft«. Zunächst kommen wir an einem großen Gräberfeld für Kölner Bombenopfer vorbei. Davor steht eine 1943 von Ossip Zadkine geschaffene beeindruckende Skulptur »Die Gefangenen«. Links an diesem Gräberfeld vorbei gelangen wir zum »Ehrenhain« für die Opfer der Gestapo, das ehemalige »Gestapofeld«. Hier waren ca. 900 Menschen verscharrt worden und heute noch, nachdem eine Reihe von ihnen aus westeuropäischen Ländern ehrenhaft in ihre Heimatländer zurückgeführt wurden, sind 788 Opfer beerdigt. Hierhin wurden auch die in der Hüttenstraße Gehängten gebracht. Es wurden z.T. bis zu zehn Leichen ohne Särge in Einzelgräbern verschüttet.
In einem Eingangsbereich stoßen wir zunächst auf

Gräberfeld der »Euthanasie«-Opfer auf dem Westfriedhof

das bronzene Mahnmal »Mutter mit totem Sohn« von Kurt Lehmann von 1964. Gestaltet ist es als Pietá: die Mutter hält den Leichnam ihres Sohnes auf dem Schoß. Von da aus treten wir ein in das Gräberfeld. Auf der rechten Seite wurde eine Gedenkplatte mit der Inschrift »Hier ruhen als Opfer der Gestapo 780 Angehörige verschiedener Nationen« angebracht. Genauere Informationen werden auf den Platten nicht geboten. Dahinter steht die große Plastik von Heribert Calleen »Jünglinge im Feuerofen« aus dem Jahr 1968. Auf der gegenüberliegenden Seite befindet sich das Gräberfeld mit 116 Gedenksteinen für »Euthanasieopfer«,

Denkmal für die Reste der gefundenen Thorarollen

die auf der Grabplatte sinnentstellend »wehrlose Opfer« genannt werden. Etwas weiter sind Opfer aus der Sowjetunion beerdigt. Im hinteren Bereich des Gedenkortes wurde in den siebziger Jahren von der sowjetischen Botschaft ein größerer Gedenkstein mit einer kyrillischen Inschrift aufgestellt. Eine weitere Grabstätte

eines Massengrabs für polnische Opfer befindet sich mit einem Kreuz für polnische Opfer auf der gegenüberliegenden Seite des Gräberfelds für die Bombenopfer.

Das »Gestapofeld« befand sich in unmittelbarer Nähe zum jüdischen Friedhof und einer Kompostanlage – der rassistische Wahn spiegelt sich

Das zerstörte Köln, 1945

auch in der Anordnung auf dem Friedhof wider. Auch auf dem **Jüdischen Friedhof** sind zahlreiche Erinnerungen an die Schrecken des Nationalsozialismus vorhanden: auf den einzelnen Grabsteinen, wo neben den dort Beerdigten auch die Namen der im Holocaust ermordeten Verwandten aufgelistet sind; in der Mitte ein hoher Mittelstein mit dem Davidstern in Erinnerung an Rabbiner Isidor Caro und den mit ihm in Theresienstadt Ermordeten bzw. allen über »11 000 Schwestern und Brüdern unserer Gemeinde«; ein 1978 aufgestelltes Denkmal für Reste von damals gefundenen Thorarollen, die nach der Pogromnacht hier vergraben wurden.

Wiederaufbau

Nach Köln Heimkehrende, 1945
rechts: Zwei im Wirtschaftswunder-Land: Wirtschaftsminister Ludwig Erhard und eine Kölnerin auf der Lebensmittelmesse Anuga in Köln, 1955

Köln war eine der am meisten zerstörten deutschen Städte im Zweiten Weltkrieg. Die Startbedingungen nach dem Kriegsende gestalteten sich besonders schwierig, von der moralischen Last der NS-Vergangenheit ganz zu schweigen. Dennoch gelang in den fünfziger und sechziger Jahren ein rascher Wiederaufbau. Die überraschend positive wirtschaftliche Entwicklung erlebten viele als ein »Wirtschaftswunder«.

Amerikanische und britische Militärregierung

Am 6. März 1945 eroberten amerikanische Truppen das linksrheinische Köln und drangen, ohne auf großen Widerstand zu stoßen, bis zum Rheinufer vor. Deutsche Pioniere hatten kurz zuvor die einzige noch erhalten gebliebene Brücke, die Hohenzollernbrücke, gesprengt. Daher konnten die Amerikaner erst zwischen dem 12. und 15. April in den rechtsrheinischen Vororten einmarschieren. Streng genommen, war selbst für das Linksrheinische der Krieg am 6. März 1945 noch nicht beendet, denn von der rechten Rheinseite schossen nun deutsche Soldaten auf den besetzten Teil Kölns. Doch das blieb nur ein Nachgeplänkel.

Ein Überblick

Drei amerikanische Soldaten in Köln, März/April 1945

Köln machte auf die Besatzer und die ersten Zurückkehrenden einen gespenstischen Eindruck. Amerikanische Berichterstatter sprachen von Köln als »einem der großen Trümmerhaufen der Welt«. Bereits am 7. März bezog die Militärregierung ihren Sitz in einem unzerstörten Bürogebäude am Kaiser-Wilhelm-Ring 2 [→ *S. 195 ff.*]. Innerhalb von zwei Tagen zogen 40 000 US-Soldaten in die Stadt ein. Von der Bevölkerung wurden

Amerikanische Soldaten auf der Straße Unter Sachsenhausen in Richtung Dom, 6. März 1945

die amerikanischen Soldaten freundlich empfangen. Die Amerikaner waren auf ihre Rolle als militärische Machthaber gut vorbereitet. Köln als die erste eroberte deutsche Großstadt sollte ein Musterfall ihrer Besatzungspolitik werden. Zunächst galt es, die Verwaltung wieder aufzubauen. Das Amt des Oberbürgermeisters trugen sie Konrad Adenauer an, der zunächst ablehnte, weil er Repressalien für seine noch im Krieg befindlichen Söhne fürchtete, aber als »civil adviser« wirkte, bevor er am 4. Mai 1945 das Amt des Oberbürgermeisters offiziell übernahm.

Aufgrund einer Vereinbarung zwischen den Siegermächten übernahmen am 21. Juni 1945 die Briten die Militärregierung in Köln. Die amerikanischen Militärs zogen nach 100 Tagen Herrschaft aus Köln ab. Oberbürgermeister Adenauer geriet bald mit den britischen Militärbehörden in Konflikt. Sie kritisierten, er würde sich zu wenig um die alltäglichen Probleme kümmern und sich statt dessen zu sehr mit der zukünftigen Stadtplanung und Plänen für Eingemeindungen nach Köln beschäftigen und sich vor allem zu sehr politisch betätigen, was damals noch nicht erlaubt war. Am 6. Oktober 1945 wurde Adenauer von der britischen Militärmacht überraschend als Oberbürgermeister entlassen. Sein Nachfolger wurde Hermann Pünder, der in der Weimarer Republik Chef der Reichskanzlei gewesen war.

Last der NS-Vergangenheit

Neben der Organisation des alltäglichen Lebens beschäftigte die Militärbehörden die Frage, wie sie mit der NS-Vergangenheit der Stadt umgehen sollten und was mit den vielen Tausen-

Die von den Amerikanern angelegte Behelfsbrücke, die Pfahljochbrücke, 1946

den zu geschehen habe, die sich auch in Köln in das NS-Regime verstrickt hatten? Die Schrecken der NS-Diktatur blieben allgegenwärtig: Im März 1945 wurden auf dem Gelände des EL-DE-Hauses, der ehemaligen Gestapozentrale, die Leichen von Hingerichteten und der Galgen gefunden. Auf dem Gelände des Klingelpütz-Gefängnisses fand man im Mai 1945 sieben verscharrte Leichen und im Oktober weitere 80 Leichen. Die amerikanische Militärverwaltung war anfänglich sehr rigide vorgegangen und hatte in der Stadtverwaltung nur Beschäftigte geduldet, die nicht Mitglied der NSDAP waren. Später ließen sie aus praktischen Gründen zumindest einfache Parteimitglieder zu. Für die Briten hatte die Effektivität der aufzubauenden

Verwaltung dagegen eindeutig Vorrang vor der politischen
Säuberung. Immer mehr alte Parteimitglieder wurden wieder
eingestellt.

So schnell ändern sich die Zeiten
Balsam auf die kölsche Seele oder wie eine Legende entsteht

»Wir tragen Schuld an unserem Unglück; wir müssen uns klar darüber werden. Die einen
haben gesündigt durch die Tat, die anderen durch ihr teilnahmsloses Zuschauen, sei es, daß
sie blind waren, oder daß sie nicht sehen wollten. Wieder andere, die die Macht dazu gehabt
hätten, haben nicht eingegriffen und dem Bösen, dem Wahnsinn nicht Einhalt geboten, als es
noch möglich war.« *(Oberbürgermeister Adenauer in einem Aufruf an die »Kölner, Kölnerinnen«
vom 7. Juli 1945)*

»Die Kölner Bevölkerung möge uns in der kommenden Zeit einen Bruchteil der Geduld und der
Nachsicht entgegenbringen, die die übergroße Mehrheit dem vergangenen Schandregiment
entgegengebracht hat. (Lebhafter Beifall).« *(Hans Böckler als Alterspräsident auf der ersten
Versammlung der von den Briten berufenen
Stadtverordneten 1945)*

»Keine große Stadt ist vom Krieg so schwer
getroffen wie Köln. Und dabei hatte sie von
allen deutschen Großstädten es am wenigsten
verdient; denn nirgendwo ist mit dem Nationalsozialismus bis 1933 so offener und seit 1933 so
viel geistiger Widerstand geleistet worden.«
(Konrad Adenauer im März 1946)

»... man kann mit ihnen reden: überhaupt
lassen die Kölner mit sich reden: sie sind die
am wenigsten fanatische Rasse, die ich kenne,
und es ist gewiß kein Zufall, daß Hitler sich in
keiner Stadt so wenig wohlgefühlt hat wie in
Köln; die Souveränität der Bevölkerung liegt so
sehr in der Luft, dass kein Tyrann, kein Diktator
sich in Köln wohlfühlen kann.« *(Heinrich Böll:
Köln eine Stadt – nebenbei eine Großstadt, 1953)*

Ausgraben von
Leichen **auf dem**
Gelände des
Klingelpütz

Mit Fragebogen zur Mitgliedschaft in
der NSDAP und ihren Gliederungen versuchte die Militärregierung, Hauptschuldige von Mitläufern und Entlasteten zu trennen. **»Entnazifizierungsausschüsse«** wurden eingerichtet. Es
begann die Zeit des Herunterspielens der eigenen Verantwortung. Half dies nicht, wurden oft Leumundszeugnisse von
Unbelasteten eingeholt, die berühmt-berüchtigten »Persil-
scheine«. Sie wurden erstaunlich bereitwillig ausgestellt, nicht
zuletzt von der katholischen Kirche. Das Ergebnis war schließlich die Rehabilitierung ehemaliger Nationalsozialisten: Am
Ende der Besatzungszeit war die Masse der im Frühjahr 1945

Entlassenen wieder in Amt und Würden. Andererseits fielen die Urteile gegen die Täter auffallend milde aus, dies gilt auch für die schlimmsten Beamten der Gestapo und für die führenden Köpfe der Gauleitung.

Das **politische Leben** begann mit den »Ortsausschüssen«, die sich als eine Art basisdemokratische Selbsthilfegruppen gegründet hatten. Sie kümmerten sich um die alltäglichen Probleme und beteiligten sich an den Entnazifizierungsverfahren. Bald nach Kriegsende setzten die Bestrebungen ein, Parteien (wieder) zu gründen. Ehemalige Zentrumspolitiker kamen bereits Mitte März zusammen und verständigten sich darauf, eine neue überkonfessionelle christliche Partei ins Leben zu rufen, was am 19. August 1945 geschah [→ *S. 221 ff.*]. Die offizielle Gründungsversammlung der Kölner SPD fand erst am 29. September 1945 in der Aula der Universität statt, da die britische Besatzungsmacht die Parteigründung zunächst verweigert hatte. Am gleichen Ort wurde am 13. Oktober 1945 auch die KPD wieder gegründet, da sie erst kurz zuvor offiziell zugelassen worden war. Große Bedeutung für die westlichen Besatzungszonen kam der Gründung der Einheitsgewerkschaft in Köln zu [→ *S. 198 ff.*].

Durch die Strassen
Bettlern gleich,
Ziehn wir dank
dem NAZI-Reich

Entnazifizieren – denkwürdige Sprüche

Die »Rheinische Zeitung« definierte im September 1948 den Begriff »entnazisieren«: »...in der Textilbranche ein Verfahren, aus einem braunen Hemd eine weiße Weste zu machen«.

Tünnes-und-Schäl-Witz jener Tage: Fragt Tünnes den Schäl: »Saach ens, ich han dich nit en de Prozession gesenn«; antwortet Schäl: »Dat han ich och nit nüdich, ich wor nit en de Partei«.

Städtisches Plakat von 1945: Erinnern an die Schuld

Schüler hatten Ziegelsteine oder Briketts als Entgelt für die Schulspeisung in die Schule mitzubringen

Verkaufsstand,
1946

Not und Hunger der ersten Nachkriegsjahre

Nach der am 7. April 1945 abgeschlossenen Registrierung
lebten im linksrheinischen Köln rund 42 000 Personen sowie
2 260 Kinder unter zwölf Jahren. Dies entsprach lediglich knapp
acht Prozent der Vorkriegsbevölkerung. Das Rechtsrheinische
hingegen erreichte mit 62 000 Personen, die Anfang Mai gezählt wurden, bereits etwa ein Drittel der Vorkriegsbevölkerung.
Jedoch änderte sich das Bild innerhalb weniger Wochen, da
nun täglich fast 1 000 Personen zuzogen. Im Mai 1945 konnten
bereits wieder 138 500 Einwohner gezählt werden, im Juli
250 000 und im Dezember 447 000. 1946 entspannte sich die
Lage, da sich im gesamten Jahr lediglich noch 50 000 in Köln
ansiedelten. Es dauerte aber immerhin bis 1959, bis die Einwohnerzahl der Vorkriegszeit wieder erreicht wurde.

   Durch die Kriegsverwüstungen war die gesamte Infrastruk-
tur der Stadt zusammengebrochen. Busse und Bahnen verkehr-
ten nicht mehr, sämtliche Brücken waren zerstört, der Rhein
konnte von Schiffen nicht mehr befahren werden, drei Viertel
der Wohnungen waren vernichtet. Wasser und Strom mussten
wieder angeschlossen werden, die Entwässerung gesichert
und das Kanalnetz repariert werden, um der Seuchengefahr
vorzubeugen. Hunger, Kälte und Wohnungsmangel kennzeich-
neten den Kampf um das tägliche Überleben. Vor dem proviso-
rischen Rathaus am Ring kam es zu Hungerdemonstrationen
[→ *S. 194 f.*]. Die Not machte erfinderisch: Aus Kriegsmaterial

entstanden Jacken, Kochtöpfe oder Kaffeekannen. Erst die Währungsreform am 20. Juni 1948 beendete auf einen Schlag den Schwarzmarkt. Über Nacht waren die Geschäfte plötzlich gut gefüllt, mit Waren, die bis dahin gesetzwidrig zurückgehalten worden waren.

Wiederaufgebaute Mülheimer Brücke in surrealer Ruinenlandschaft, Anfang der fünfziger Jahre

Wiederaufbau

Köln glich in der Innenstadt einer Ruinenlandschaft, aus der auf wundersame Art und Weise der scheinbar unversehrte Dom herausragte. Vor lauter Trümmern und Schutt waren Straßen unpassierbar, ganze Straßenzüge nicht mehr erkennbar. 32 Millionen Kubikmeter Schutt, mehr als in jeder anderen Großstadt Westdeutschlands einschließlich Berlins, kamen zusammen. Die wichtigste Voraussetzung für den gesamten Wiederaufbau bildete daher die Enttrümmerung [→ S. 197f]. Doch das Bild einer weitgehend zerstörten Stadt, die in der immer wieder genannte Zahl von einer über 90 Prozent zerstörten Altstadt gipfelt, kaschiert die Tatsache, dass **Köln erst nach dem Zweiten Weltkrieg wirklich zerstört** wurde. Nach amtlichen Angaben wurde der Gesamtzerstörungsgrad im Frühjahr 1945 auf 70 Prozent festgesetzt; in der südlichen Altstadt betrug er 93, im nördlichen Teil 87 Prozent, weiter außerhalb liegende Stadtteile waren z.T. vergleichsweise gering zerstört. Aber wann war ein Gebäude eigentlich »zerstört«? Der städtischen Verwaltung darf getrost ein Interesse unterstellt werden, den Grad der Zer-

störung nach oben geschraubt zu haben, da davon finanzielle
Unterstützungen abhingen. Tatsächlich zeigt ein genaueres
Hinsehen, dass sehr vieles hätte wiederhergestellt werden können. Doch man wollte es nicht! Nicht nur Hausfassaden waren
häufig stehen geblieben, oft waren die Gebäude in ihrer Bausubstanz erhalten geblieben. Doch es bot sich die Gelegenheit,
einen Krieg der anderen Art zu führen, gegen die dem damaligen Zeitgeist – bis in die siebziger Jahre hinein – verhassten
Bauten des Historismus des ausgehenden 19. und beginnenden
20. Jahrhunderts. Besonders deutlich wird
dies beim Schicksal der Ringe: Hier
ging nach dem Krieg mehr

**Das gut erhaltene
Hohenstaufenbad
wurde abgerissen**

Bausubstanz verloren als während des Krieges. Bekannt sind
die Fälle des Opernhauses am Rudolfplatz, des Hohenstaufen-
bades am Hohenstaufenring und des Kunstgewerbemuseums
am Hansaring. Es war eine **Kulturschande** nach 1945 [→ *Das
neuzeitliche Köln, S. 215*]. So gesehen war der Wiederaufbau in
vielen Bereichen eigentlich ein Neuaufbau. Auf der anderen
Seite erlebte Köln auch nicht einen solch radikalen Kahlschlag
wie viele andere Städte. Einiges konnte auch gerettet werden.
So entstand das für Köln typische architektonische Wechsel-
bad von historischen Bauten, modernistischen Funktionsge-
bäuden und bürgerlichen Wohnidyllen. Das Kölner Stadtbild
ist durch dieses teilweise unvermittelte Nebeneinander und
die Härte des Kontrasts bis heute geprägt.

Wie das zerstörte Köln wieder aufgebaut werden sollte,
bildete in den ersten Nachkriegsjahren die Kernfrage der Kommunalpolitik. Ende 1946 wurde der Architekt Rudolf Schwarz
als Leiter der »Wiederaufbaugesellschaft« und als General-
stadtplaner berufen. Auch er lehnte den Historismus ab, be-

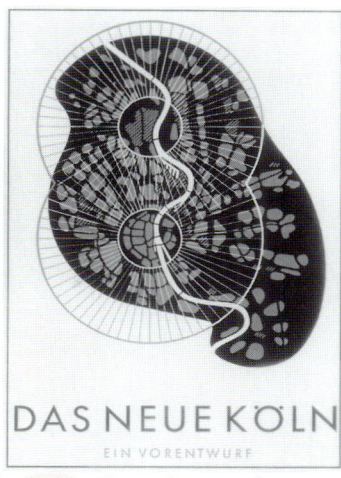

mühte sich jedoch, die Kölner Traditionen zu bewahren und gleichzeitig dem steigenden Straßenverkehr Rechnung zu tragen. Ein erklärtes Ziel war es, die historischen Straßengrundrisse zu erhalten. Schwarz' Grundidee für den Wiederaufbau war die Konzeption des »Kölner Städtebundes«. Zu den relativ selbstständigen neun »Stadtstädten« zählte er neben Ehrenfeld, Nippes, Kalk und Mülheim auch Leverkusen und Porz. Das städtebauliche Leitbild von Schwarz bildete die bereits von Fritz Schumacher entwickelte Vorstellung von der »Doppelstadt«: eine Südstadt als Kultur- und Handelszentrum und eine Nordstadt als »Arbeitsstätte« mit Wohnungen für 300 000 – 350.000 Menschen. Aus dieser Idee der Nordstadt erwuchs später der Bau der sogenannten »Neuen Stadt/Chor-

**links: Die Architekten Riphahn, Schwarz und Kleinertz (v.r.n.l.) vor einem Stadtmodell, 1946
rechts: Titelseite des Planungsentwurfs von Rudolf Schwarz**

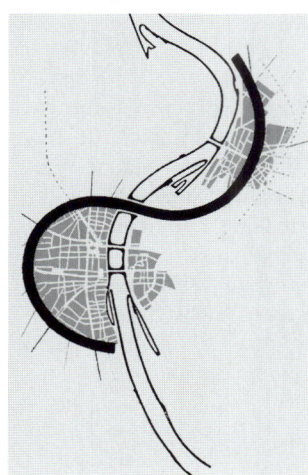

weiler«. Die Innenstadt sollte wieder aufgebaut und zu einer »Hochstadt« bedeutender kultureller Einrichtungen werden. Von der Altstadt wurde lediglich der Teil um das Rathaus und das Martinsviertel wieder traditionell aufgebaut – dieser Bruchteil der ehemaligen Altstadt musste die Erinnerung an das »alte Köln« abdecken. Beim Neubau der Altstadt wollte man anstelle der verdichteten Bauweise des 19. Jahrhun-

Die von Schwarz entwickelte »doppelte Kurve des Verkehrs«

Straßenverkehr
auf der Deutzer
Brücke und Unter
Sachsenhausen,
um 1950/55

derts dreigeschossige Gebäude in aufgelocker-
ter Bebauung mit viel Grün einschließlich be-
grünter Innenhöfen errichten, wie es Schwarz
später teilweise im Griechenmarktviertel umgesetzt hat.

Eine zentrale Rolle in der Stadtplanung von
Schwarz spielte bereits die **Verkehrsfrage.** Er
ging dabei davon aus, dass sich um den »Städte-
bund« eine städtebauliche S-Kurve, eine »große
imperiale Kurve« legte. Der Verkehr sollte um
den historischen Stadtkern geführt und auf wenigen Straßen
zusammengefasst werden und die innerstädtischen Bezirke
abseits vom Verkehr in der Stille liegen. Das Gebiet zwischen
St. Maria im Kapitol und dem Dom sollte vom Durchgangsver-
kehr befreit werden. Auch ein alte Idee wurde wieder aufge-
wärmt: Der Hauptbahnhof sollte verlegt werden. Den Bächen
war eine Zubringerfunktion zu der bereits früh vorgesehenen
heutigen Severinsbrücke zugedacht. Der bereits in der NS-Zeit
angelegte Ost-West-Achse (Hahnenstraße/Cäcilienstraße) kam
durch die geplante Verlagerung des Hauptgeschäftsviertels an
die Ringstraße zwischen Rudolfplatz und Kaiser-Wilhelm-Ring
wachsende Bedeutung zu. Riphahn gelang es, der Straße durch
eine niedrige Bebauung und vorgezogene Pavillons das Mon-
ströse der NS-Planung zu nehmen. Eine Anlehnung an die NS-
Planung stellte auch die von Schwarz geplante Nord-Süd-Fahrt
dar, allerdings handelt es sich hier nur um eine gemäßigte
Übernahme [→ *S. 223 ff.*].

Wirtschaftswunder

Die Kölner Wirtschaft verzeichnete in den fünfziger und sechziger Jahren einen rasanten Aufschwung. Sie hatte den Krieg vergleichsweise glimpflich überstanden: Während drei Viertel der Wohnungen zerstört waren, waren von 204 Industriebetrieben lediglich 14 völlig, fast die Hälfte aller Betriebe zwischen

Industriebetrieb in den ersten Jahren nach 1945

11 und 40 Prozent und über 20 Prozent der Firmen waren weniger als 10 Prozent zerstört. Dazu zählten auch so bedeutende Werke wie Ford, Glanzstoff-Courtaulds, Stollwerck, Liesegang, Carlswerk, Radium Gummiwerk. Zudem war ein Teil der Produktionsmittel rechtzeitig ausgelagert und so vor der Vernichtung geschützt worden. Im April 1945 konnten in 400 Betrieben wieder 15 000 Menschen beschäftigt werden. Ford nahm seine Produktion im Mai 1945 wieder auf und stellte Ende des Jahres bereits mit 2 745 Arbeitern 2 846 LKW-Einheiten her. Bis 1950 waren bereits fast 600 gewerbliche Unternehmen gegründet worden. Der starke Nachholbedarf der Konsumenten förderte die Inlandskonjunktur. Der dringend notwendige Wohnungs-

Modehaus Hannemann auf der Mittelstraße, Anfang der fünfziger Jahre

bau belebte Bauwirtschaft und Handwerk. In den Notjahren zählte der Wohnungsbau zu den vordringlichsten Aufgaben.

Infolge der stürmischen wirtschaftlichen Entwicklung stieg in den fünfziger Jahren die Zahl der Beschäftigten um 60 Prozent (von 277 474 auf 460 627). Um 1960 war die Vollbeschäf-

Der viermillionste Fordwagen aus Köln, 1968

Werbung für den in Köln produzierten Ford Taunus 12 M, um 1955

tigung erreicht. In der Bauwirtschaft und der Metallindustrie entstand sogar ein großer Mangel an Arbeitskräften, weswegen ausländische Arbeitnehmer angeworben wurden [→ S. 277]. Der bereits vor dem Krieg begonnene Strukturwandel der Kölner Wirtschaft setzte sich fort, der das Gewicht vom sekundären bzw. produzierenden Sektor (Industrie, Handwerk, Energiewirtschaft) zunehmend auf den tertiären Sektor (Dienstleistungen) verlagerte, auch wenn Köln eine bedeutende Industriestadt blieb. Köln profitierte dabei von der Nähe zur Bundeshauptstadt Bonn: Ende der fünfziger Jahre hatten in Köln bereits etwa 50 Behörden und 250 Bundesverbände aller Art, darunter der Bundesverband der Deutschen Industrie, sowie 60 Wirtschaftsspitzenverbände und eine Reihe von Auslandsvertretungen und weiteren Interessensverbänden ihren Sitz genommen. Seine traditionell starke Stellung bei Banken und Versicherungen konnte Köln nach dem Krieg weiter ausbauen. Schon früh kam auch den Medien eine große Bedeutung zu: Nach der Auflösung des Nordwestdeutschen Rundfunks (NWDR) behielt der Westdeutsche Rundfunk seinen

Sitz in Köln [→ *S. 217ff.*]. Die Deutsche Welle sendete seit 1956
und der Deutschlandfunk seit 1962 von Köln aus. 1954 siedelte
der British Forces Broadcastings Service (BFBS), ein Sender für
die in Nordwestdeutschland stationierten britischen Soldaten,
nach Köln über. Mit diesen Sendeanstalten war der Grund gelegt für die bedeutsame Entwicklung Kölns zur Medienstadt in
den achtziger und neunziger Jahren.

Kulturstadt Köln

Der Ruf Kölns als bedeutende deutsche und europäische Kul-
turstadt wurde unmittelbar in den ersten Nachkriegsjahren
begründet. Gerade in den Notjahren investierte die Stadt in

**Kino Capitol
am Hohenzollern-
ring, 1950**

Kultur. Überraschend schnell begann hier das kulturelle Leben.
Nach Jahren der Diktatur herrschte ein ungeahnter Hunger
nach Kultur. Konzerte des Gürzenichchors und -orchesters waren ebenso überfüllt wie Opern- und Schauspielaufführungen
in der Aula der Universität, im Millowitsch-Theater oder in den
Kinos. Die Bemühungen, Köln zum Standort der Deutschen
Bibliothek und des Sitzes des Börsenvereins zu machen, schei-

terten jedoch. Die Kölner Kultur stand in der Zeit des Wiederaufbaus vor gigantischen Aufgaben. Der größte Teil der Museen,
Theater und Konzertsäle lag in Trümmern. Als erstes Museum
wurde das Rautenstrauch-Joest-Museum 1948 wiedereröffnet.
1956 folgte die Neueröffnung des Schnütgenmuseums in St.
Cäcilien, das wegen der Präsentation der musealen Objekte im
klerikalen Raum wegweisend geworden ist. Köln konnte sich zu
einem der international führenden Kunstmärkte

Kurt Hackenberg (1914–1981) wurde als Sohn eines
Fabrikanten in Wuppertal geboren. Er studierte in Köln
und Berlin Geschichte, Kunstgeschichte und Germanistik
sowie Zeitungs- und Theaterwissenschaften. 1940 promovierte er und war von 1941 bis 1945 Soldat. Nach dem
Krieg wurde er zunächst Leiter des Presse- und Werbe-
amtes sowie des Archivs der Stadt Wuppertal. 1955
wurde er zum Kölner Kulturdezernenten gewählt und
blieb dies bis 1979. Er war als Kulturdezernent schon zu
Lebzeiten eine legendäre Gestalt. Hackenberg hat maßgeblich den Wiederaufbau der Kultur nach 1945 geprägt
und Köln zur internationalen Kultur- und Kunststadt
werden lassen. Ihm gelangen Verpflichtungen hervorra-
gender Intendanten, Dirigenten und Regisseure. Er setzte
sich nachdrücklich für den Bau des Römisch-Germanischen Museums
und den Neubau des Wallraf-Richartz-Museums ein und förderte das
Tanztheater sowie den Kölner Kunstmarkt. Seine Vorliebe gehörte der
bildenden Kunst und damit den Kölner Museen. Er war mehr ein
Pragmatiker als ein Theoretiker kulturpolitischer Programme. Er
unterstützte auch Vertreter der avantgardistischen Kunst und scheu-
te dabei nicht vor Konflikten zurück – wie der Skandal um die Ausstellung »Happening und Fluxus« 1968 zeigte.

**Kurt Hackenberg,
um 1974**

etablieren. Der von Galeristen angeregte, 1967 zum ersten Mal
veranstaltete Kölner Kunstmarkt blieb trotz der wachsenden
Konkurrenz der neuen Hauptstadt Berlin führend in Deutschland. Maßgeblich beteiligt am Aufstieg Kölns zur Kulturmetropole war Kurt Hackenberg, Kulturdezernent von 1955 bis 1979.

Politischer Wandel

Während des Wiederaufbaus vollzog sich in den fünfziger Jahren ein grundlegender politischer Wandel: Gewann die CDU
die ersten Wahlen 1946 mit überwältigendem Vorsprung, so
bildete die SPD seit Mitte der fünfziger Jahre für mehrere Jahrzehnte die bestimmende politische Kraft in Köln. 1948 führte
ein Stimmenpatt zu einer der berühmten »kölschen« Lösungen:
zur jährlichen Rotation im Amt des Oberbürgermeisters. Bei

Rathaus, um 1956/57

der Wahl von 1952 lag die CDU vorn und stellte mit Ernst Schwering den Oberbürgermeister und zunächst mit Willi Suth und seit 1953 mit Max Adenauer, einem Sohn von Bundeskanzler Konrad Adenauer, auch den Oberstadtdirektor. Der Umbruch vollzog sich bei der Kommunalwahl 1956, seitdem war die SPD bis 1999 die stärkste Partei – z.T. auch mit absoluter Mehrheit – und stellte den Oberbürgermeister. Nicht zuletzt hatte sie das dem populären Theo Burauen [→ *S. 230*] zu verdanken, der von 1956 bis 1973 Oberbürgermeister war. 1964 erfolgte auch ein Wechsel an der Spitze der Stadtverwaltung: Heinz Mohnen (SPD) folgte auf Max Adenauer.

Wahlplakate
der CDU und der SPD
zur Kommunalwahl
am 13. Oktober 1946

Wieder**aufbau**

Rundgang

Wir beginnen den Rundgang am **Rathaus** – aber aufgepasst, an dem Ort, wo sich 1945 das Rathaus befand: im **1 Allianz-Gebäude** am Kaiser-Wilhelm-Ring 31–41 (Straßenbahn-Haltestelle Christophstraße). Da das alte Rathaus im Krieg fast völlig zerstört wurde, zogen Rat und Verwaltung in das weitgehend verschonte Allianz-Gebäude [→ *S. 68 f.*]. Doch das Provisorium sollte länger dauern als erwartet,

Das Kölner Rathaus, Sommer 1946

denn erst am 12. April 1957 erfolgte der Umzug in den neuen »Spanischen Bau« im alten Ratshausviertel. Zwölf Jahre lang befand sich also im Allianz-Gebäude das politische Zentrum Kölns. Die dominierenden Parteien in den Jahrzehnten der Kommunalpolitik

nach 1945 waren CDU und SPD. Trotz der deutlichen Dominanz der CDU in den ersten Jahren war 1948 im Rathaus ein Stimmenpatt zwischen CDU und FDP auf der einen und SPD und KPD auf der anderen Seite entstanden. Das Los entschied, wer 1948 Oberbürgermeister wurde: Mit Robert Görlinger war es zum ersten Mal ein Sozial-

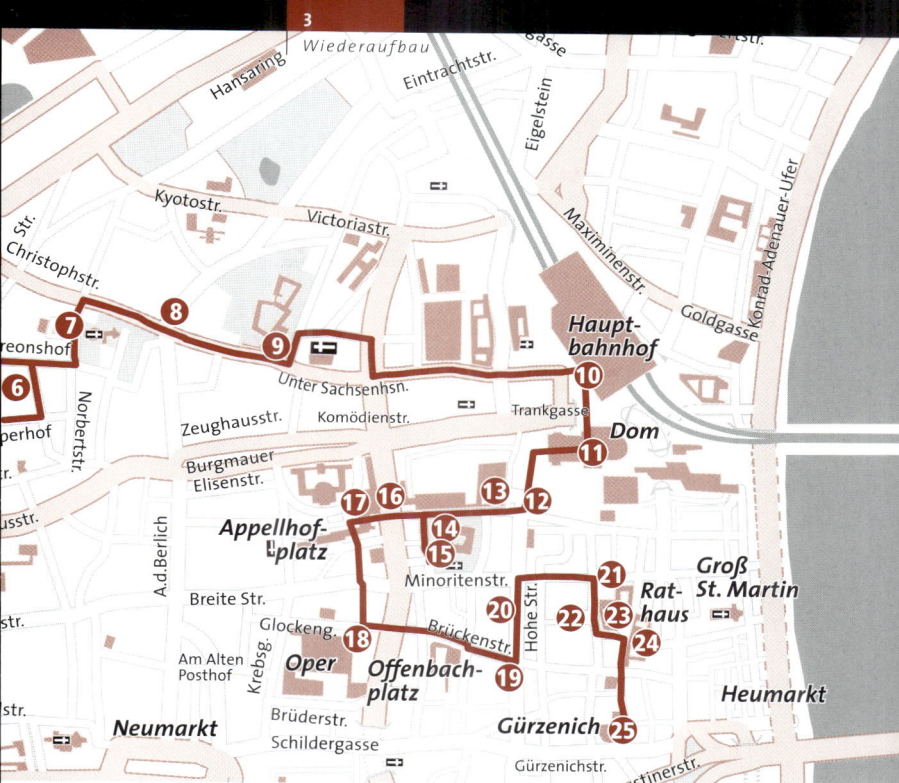

demokrat. Man verständigte sich auf eine Rotation im Amt des Oberbürgermeisters: Jährlich tauschten Görlinger und Ernst Schwering von der CDU die Ämter, bis nach den Wahlen von 1952 Schwering das Amt bis 1956 wieder alleine ausübte. 1951 erhielten hier im Ratssaal Bundeskanzler Konrad Adenauer und der DGB-Vorsitzende Hans Böckler die Ehrenbürgerschaft der Stadt verliehen.

Ernst Schwering (1886–1962) wurde in Coesfeld geboren. Sein Vater lehrte am Apostelgymnasium, wo Sohn Ernst das Abitur machte. Nach Jura-Studium und Promotion trat er in die Stadtverwaltung ein und machte dort rasch Karriere. 1926 wurde er Beigeordneter für Wohlfahrt und Jugendpflege. 1933 wurde er von den Nationalsozialisten entlassen. Schwering stand in lockerer Verbindung zum Widerstandskreis um das Kettelerhaus. Von der amerikanischen Besatzungsmacht wurde er zum Dezernenten des Hauptamts Allgemeine Verwaltung und der Hauptabteilung Wohlfahrt ernannt. Im April 1946 schied er aber aus städtischen Diensten aus und wandte sich wieder seiner Anwaltspraxis zu. Er wurde 1946 als CDU-Mitglied in den Rat gewählt und war Oberbürgermeister in den Jahren 1948, 1950 und von 1952 bis 1956, Bürgermeister in den Jahren 1949, 1951 und von 1956 bis 1961. 1954/55 und 1957/58 war er Präsident des Deutschen Städtetages, von 1956 bis 1958 Fraktionsvorsitzender im Rat sowie Landtagsabgeordneter von 1950 bis 1962.

Robert Görlinger (1888–1954) wurde in Rheinpfalz geboren und stammte aus ärmlichen Verhältnissen. 1905 kam er nach Köln und arbeitete zunächst als Laufbursche, dann als Fabrikarbeiter. Von 1915 bis 1918 diente er als Soldat. Seit 1909 gehörte er der SPD an. 1919 wurde er zum Sekretär des Metallarbeiter-Verbandes gewählt und war von 1925 bis 1933 Geschäftsführer der Kölner Arbeiterwohlfahrt. Von 1919 bis 1933 war er Stadtverordneter und von 1927 bis 1933 Fraktionsvorsitzender. Von 1923 bis 1933 war er zudem Mitglied des Rheinischen Provinziallandtags. Nach der Machtübernahme der Nationalsozialisten floh er in das Saargebiet und später nach Frankreich. Dort leistete Görlinger Widerstand gegen das NS-Regime. Bereits 1939 wurde er interniert und 1941 nach Deutschland gebracht und zu einer zweijährigen Haftstrafe verurteilt. 1943 wurde er in das Konzentrationslager Sachsenhausen eingeliefert. Nach der Befreiung kehrte er im Juli 1945 nach Köln zurück und wurde wieder Geschäftsführer der AWO. Zudem war er von 1949 bis 1954 Mitglied des Rates, von 1947 bis 1949 Landtagsabgeordneter und saß von 1949 bis 1954 im Deutschen Bundestag. Er war Bürgermeister von 1946 bis 1948, Oberbürgermeister von November 1948 bis Dezember 1949 und von November 1951 bis Dezember 1952.

»Köln hungert«, so lautete der Aufschrei in einer Entschließung der Stadtverordnetenversammlung von 1946. »Wir haben Hunger« und »Beendet das Schiebertum und den Schwarzen Markt« – so erklang es am 27. März 1946 vor dem Rathaus bei einer Demonstration gegen den Hunger. 1946/47 kam es in Köln zu regelrechten Hungersnöten. Während der Kriegszeit war die Versorgung der Bevölkerung dagegen immer sichergestellt worden – vor allem wegen der Ausplünderung der besetzten Gebiete im Osten. Um die Lebensmittelversorgung einigermaßen organisieren zu können, hatten bereits die Amerikaner Lebensmittelkarten

Hungerdemonstration vor dem Rathaus im Gebäude der Allianz mit Peter Josef Schaeven als Redner, 27. März 1947

†

Schmerzerfüllt teilen wir Ihnen mit, daß heute
früh 6 Uhr unser

LETZTES BROT

im Alter von nahezu 2 Tagen verschieden ist.

Es folgte ihm gleichzeitig das letzte Achtel Butter
in die Ewigkeit.

Mit knurrendem Magen werden wir ihrer stets
gedenken.

In großer Sorge:

KARL HUNGER UND FRAU
Lotti, geb. Fleischlos
WILLI HUNGER UND FRAU
Puffi, geb. Ohnefett
ERICH HUNGER UND FRAU
Mosel, geb. Eiermangel
AUGUST KOHLDAMPF UND FRAU
Rosi, geb. Magermilch
ERNA KARTOFFELKNAPP als Braut

BAD ELEND, im Kalorienjahr 1946
Steckrübengasse 13

Etwaige Beileidsbesuche bitten wir im Trauerhause unauf-
fällig abzugeben. Beileidsbesuche bitten wir zu unterlassen

oben: Heimkehr von einer
»Hamsterfahrt« aufs Land, 1945/46
links: Todesanzeige »Letztes Brot«,
1946

eingeführt. Die Kölner und Kölnerinnen bauten auf jedem freien Quadratmeter Boden Kartoffeln, Bohnen oder Steckrüben an. Man pflanzte auf den Balkonen Gemüse oder Tabak an, betrieb Schwarzbrennerei oder hielt in den ohnehin schon viel zu kleinen Wohnungen Kaninchen oder sogar Schafe und Schweine. Tausende zogen täglich zu »Hamsterfahrten« aufs Land, vor allem ins Vorgebirge, um bei den Bauern etwas aufzutreiben. Aber all dies half nichts: Statt der notwendigen 2 400 Kalorien täglich konnten zwischen Juli 1946 und Mai 1947 oft nur weniger als 800 Kalorien an die Bevölkerung abgegeben werden. Im April 1947 sank die Tagesration auf 755 Kalorien. Drei Jahre dauerte es, bis die Zuteilungen erstmals 1 500 Kalorien erreichten, immer noch weniger als zwei Drittel des notwendigen Bedarfs. Zudem war das Essen auch qualitativ schlecht: Der Anteil an Eiweiß und Fett lag weit unter dem lebensnotwendigen Existenzminimum. Gesundheitliche Schäden traten besonders bei Kranken und Alten auf. Für die Kölner ging es buchstäblich ums Überleben.

Auf der anderen Seite, am **2** **Kaiser-Wilhelm-Ring 2–4,** befand sich das eigentliche Machtzentrum in den ersten Nachkriegsjahren. Das gut erhaltene Haus, indem zuvor eine Versicherung untergebracht war, hatten die Amerikaner bereits einen Tag nach ihrem Einmarsch als Sitz der **Militär-**

Wartende vor dem Gebäude der amerikanischen Militärregierung, 1945

regierung ausgesucht. Stadtkommandant wurde Lieutenant Colonel John K. Patterson, der im Sommer 1945 erkrankt in die USA zurückkehrte. Die amerikanischen Militärs wunderten sich darüber, dass die Kölner und Kölnerinnen gut genährt und gekleidet waren, wie ein Blick auf Fotos aus der Zeit belegt, und sie wunderten sich

Amerikanische Besatzer über die Kölner
(Bericht vom 21. März 1945)

»Viel davon ist offenkundig nicht echt; überschwängliche Begeisterung und lächelndes Entgegenkommen sind den Menschen in dieser Gegend immer leicht gefallen. Die Opportunisten verraten sich zwangsläufig durch ihren Eifer, die in der Stadt verbliebenen Nazis anzuschwärzen oder mit dem Finger auf sie zu zeigen. Es ist nützlich, in diesem Zusammenhang daran zu erinnern, dass ein führender Zentrumspolitiker sein Zusammengehen mit den Nazis einst mit folgendem Zynismus in Kölner Mundart verteidigte: ›Mer Kölner sin wie der leeve Jott, immer met der sterkste Battallione.‹ Ganz offensichtlich sitzt der Schuh nun am anderen Fuß.«

darüber, dass sie nicht als Besatzer, sondern als Befreier empfangen wurden. Die Befreiung verstanden aber die meisten als eine Befreiung vom Schrecken des Krieges, nicht als eine Befreiung von einem Unrechtsregime. Am stärksten irritierte die Amerikaner daher, wie unbekümmert die meisten

Kölner beim Lesen der Bekanntmachungen der Militärregierung, 1945

George Orwell über die Kölner
(März 1945)

»Die Propaganda, vor allem ihre eigene, hat uns glauben gemacht, dass sie alle hochgewachsen, blond und arrogant seien. Was man in Köln jedoch tatsächlich sieht, das sind eher gedrungene, dunkelhaarige Menschen, offensichtlich demselben Schlag zugehörig wie die Belgier jenseits der Grenze. Jedenfalls sind sie keineswegs besonders auffällig. Allerdings sind sie wohl besser genährt als die Menschen in Frankreich und Belgien, auch haben sie modernere Fahrräder, und man sieht mehr Frauen in Seidenstrümpfen, als bei uns in England. Aber sonst gibt es wirklich nichts Außergewöhnliches zu bemerken.«

Militärregierung unter britischem Mandat, 1946

Kölnerinnen und Kölner mit ihrer NS-Vergangenheit umgingen. Ein Bewusstsein der politischen Befreiung kam ebenso wenig auf, wie ein Gefühl von Schuld und Verantwortung. Den Besatzern wurde häufig entgegengehalten, man habe im Krieg genug gelitten. Die Kölner sahen sich selbst als Opfer und forderten Nachsicht. Eine wirkliche Befreiung brachten die Amerikaner nur für mehrere Tausend Zwangsarbeiter/innen, für die Gefangenen, für die ungefähr 150 Juden, die sich versteckt gehalten hatten, für die Soldaten und Volkssturm-Männer, die desertiert waren.

Nach dem Abzug der Amerikaner zogen die Briten in das Haus ein und hatten hier bis 1956 den Sitz der Militärregierung. Ein Überbleibsel ihrer Herrschaft sollte die Kommunalpolitik in NRW bis 1999 bestimmen: die nach britischem

Vorbild eingerichtete Doppelspitze von Oberbürgermeister als Repräsentant der Stadt und Oberstadtdirektor als Leiter der Stadtverwaltung.

Auch bei den beiden nächsten Stationen befassen wir uns mit der unmittelbaren Nachkriegszeit. Wir begeben uns zunächst über die Bismarckstraße und Venloer Straße zum Stadtgarten, durchqueren diesen und gehen über eine Brücke zum **3** **Herkulesberg.** Es handelt sich um einen der größten **Trümmerberge** Kölns – neben dem Beethovenpark und dem Aachener Weiher. Die Enttrümmerung bildete die vordringlichste Aufgabe für den

Der Trümmerberg im Beethovenpark im ersten Jahr nach der Begrünung, um 1955

Oberbürgermeister Hermann Pünder (Mitte) bei der Schutträumaktion, September 1946

gesamten Wiederaufbau. Bis Ende 1945 waren 83 Kilometer Straße geräumt und 615 000 von 32 Millionen Kubikmeter Schutt entfernt. Um die schleppenden Aufräumarbeiten voranzubringen und der Kritik der Militärbehörde zu begegnen, rief Oberbürgermeister Pünder alle arbeitsfähigen Kölner Männer und Frauen zu einem Ehrendienst am 29. April 1946 unter dem Motto »Kölle bliev Kölle« auf. Anders als in anderen Städten hatte man bis dahin Bürger nicht zum Aufräumen der Stadt verpflichtet, sondern Firmen damit beauftragt. Insofern ist für Köln das populäre Bild von den Trümmerfrauen nicht so bedeutend gewesen. 90 Prozent der Einsatzfähigen, 101 000 Männer und 72 300 Frauen, nahmen an der Enttrümmerung teil und räumten 526 000 Quadratmeter Straßenfläche und 384 Morgen Ackerland frei. Wegen des Erfolgs wurde die Aktion in den beiden folgenden Jahren auf freiwilliger Basis wiederholt. 1946 waren auch 26.245 ehemalige NSDAP-Mitglieder zu einem sechstägigen »Sühnedienst« zum Trümmer-

räumen verpflichtet worden. Trotz dieser Verpflichtungen blieb die reguläre Räumung viel effektiver. Zukünftig soll am Herkulesberg eine Installation an die unter Wiesen und Bäumen versteckte Geschichte erinnern.

Wir gehen nun den Berg hinunter zur Subbelrather Straße und erreichen ein gutes Stück des Weges über den Venloer Wall auf dem **4** **Hans-Böckler-Platz** das Gebäude des **DGB**. Das 1913 fertig gestellte Gebäude war das Haus der Christlichen Gewerkschaften und bis 1921 Sitz des Zentralvorstandes der Christlichen Gewerkschaften Deutschlands. Jakob Kaiser war hier als Landesgeschäfts-

Demonstration vor dem Gewerkschaftshaus gegen das milde Urteil gegen Richard Schaller, Mai 1948

führer des Landesverbandes Rheinland tätig. Kaiser hatte sich als einziger geweigert, die Selbstauflösung der Christlichen Gewerkschaften zu vollziehen. Der Anbau und Wiederaufbau stellt einen typischen Bau der fünfziger Jahre dar. Schon bald nach Kriegsende begannen Gespräche über die Wiedergründung der Gewerkschaften. Als Lehre aus der Zeit des Nationalsozialismus wollte man von Anfang an die organisatorische Zersplitterung der Gewerkschaften überwinden. Von Köln gingen auch die entscheidenden Impulse zur Gründung der Einheitsge-

arbeiter Werner Hansen Anfang Juni 1945 verfasste Entwurf für die Bildung einer **Einheitsgewerkschaft** stieß bereits auf größere Resonanz, auch bei der katholischen Arbeiterbewegung. Am 2. August 1945 fand im Rathaus im Allianzgebäude die

Hans Böckler (1875–1951) wurde im mittelfränkischen Trautskirchen als Sohn eines früh verstorbenen Fuhrmanns geboren. Er erlernte das Handwerk des Gold- und Silberschlägers und war 1894 dem Deutschen Metallarbeiter-Verband (DMV) und der SPD beigetreten. 1903 wurde er Sekretär des DMV im Saargebiet, dann in Frankfurt am Main und 1910 Bezirksleiter für Schlesien in Breslau. Im Krieg wurde er als Soldat verwundet. 1920 ging er als Bevollmächtigter des DMV nach Köln und wurde 1927 Bezirksvorsitzender des Allgemeinen Deutschen Gewerkschaftsbundes (ADGB) in Düsseldorf. Von 1924 bis 1928 war er Kölner Stadtverordneter und von 1928 bis 1933 Mitglied des Reichstags für den Wahlkreis Köln-Aachen. In der NS-Zeit wurde er mehrfach verhaftet, blieb aber bis zum Kriegsende, obgleich er Kontakte zu Widerstandsgruppen unterhielt, relativ unbehelligt. 1945 wurde er von der Militärregierung zum Stadtverordneten und 1946 zum Mitglied des Landtags ernannt. Im August 1945 hatte er wesentlichen Anteil an der Gründung der Kölner Gewerkschaften – auf der Grundlage des wesentlich von ihm mitentwickelten Konzepts der Einheitsgewerkschaft. Im April 1947 wählte man ihn zum Vorsitzenden des DGB in der Britischen Zone und im Oktober 1949 zum ersten Bundesvorsitzenden. Die Stadt verlieh ihm zusammen mit Adenauer im Januar 1951 die Ehrenbürgerschaft. Auf dem Ratsturm hat seine Figur unmittelbar neben der Adenauer ihren Platz gefunden.

DGB-Gebäude am Venloer Wall, 1949

offizielle Gründungsversammlung der neuen Gewerkschaft statt, die sozialdemokratische, christdemokratische, kommunistische und liberale Richtungen der Gewerkschaftsbewegung vereinigte und Arbeiter, Angestellte und Beamte gleichermaßen »in einem einzigen Bund« umfassen sollte.

werkschaft aus. Köln sollte zu ihrer Geburtsstätte werden. Der von Hans Böckler und seinem wichtigsten Mit-

Doch die britische Besatzung behinderte die gewerkschaftliche Entwicklung und befürwortete lediglich einen Bund von Industrieverbänden. Daher wurden selbständige Einzelgewerkschaften geschaffen, die schließlich im April 1947 in Bielefeld den Deutschen Gewerkschaftsbund für die britische Zone gründeten. Im Oktober 1949 erfolgte in München die Gründung des DGB als Dachverband von 16 Industriegewerkschaften. Auch ein anderer wichtiger Bestandteil des frühen Konzeptes einer Einheitsgewerkschaft führte nicht zum Erfolg: Bereits 1946/47 zeichnete sich ab, dass für Angestellte und Beamte gesonderte Verbände geschaffen wurden. Erst 2001 vereinigte

Plakat **für die 40-Stunden-Woche, fünfziger Jahre**

sich die Deutsche Angestelltengewerkschaft (DAG) mit anderen Gewerkschaften zur neu gegründeten Dienstleistungsgewerkschaft Verdi. Hans Böckler wurde 1949 der erste DGB-Bundesvorsitzende. Der Sozialdemokrat Paul Weh übernahm als Vorsitzender eines »Fünferausschusses« die Leitung des Kölner Bezirks der Gewerkschaften. Es wurden 17 Industriegruppen aufgebaut, die allerdings noch stark unter der zentralen Leitung standen. Im September 1945 zählte die Kölner Einheitsgewerkschaft bereits über 12 000 Mitglieder und im März 1946 über 40 000 Mitglieder.

Vom DGB-Haus spazieren wir jetzt über die Venloer Straße zurück zum Ring, und zwar zum **5 Kaiserhof** am **Hohenzollernring 92.** Der Name

ist noch heute erhalten. Dies ist aber auch das einzige, was geblieben ist. Seit einiger Zeit befindet sich dort das »Dollhouse«, ein Table Dance Club mit leicht bekleideten Damen und Herren. Sei's drum. Ein wenig erinnert dies an die früheren verruchten Zeiten, die im Friesenviertel bis zur Sanierung in den siebziger Jahren herrschten und die an einigen Ecken immer noch herrschen. Doch in den 1950er Jahren entwickelte sich im Kaiserhof etwas wirklich »Dolles«. Hier traten in Karnevalsrevuen die berühmte **Grete Fluss** und die junge **Trude Herr** auf. Eine enorme Attraktion, die allabendlich das Publikum anlockte. Die 1892 geborene Grete Fluss wurde weit über Köln hin-

Grete Fluss im Kaiserhof

aus als die populärste und erfolgreichste Humoristin gefeiert. Sie galt als Inbegriff der »kölschen Volksseele«, liebevoll »et Flusse Griet« genannt. Ein Mikrofon benötigte sie dank ihrer durchdringenden Stimme nicht. Ihre Welt war die Bühne. Film, Fernsehen, Radio und Schallplattenaufnahmen spielten für sie keine Rolle. In ihren Revuen zeigte sie sich so spontan und schlagfertig, dass selbst ihre mitwirkenden Kolleginnen und Kollegen vor Lachen abbrechen mussten. Grete Fluss starb 1964, nach 55 Jahren auf den Bühnenbrettern.

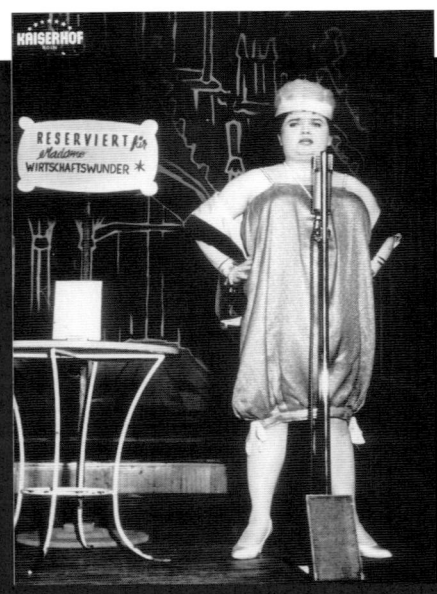

**Ich will keine Schokolade,
ich will lieber einen Mann**

Ich lebe unerhört solide
und habe nie ein Rendezvous.
Ich gehe höchstens mit den Eltern
ein Stück spazieren ab und zu.
Mein Vater sagt: »So muss das bleiben«
und dafür schenkt er mir Konfekt.
Doch neulich platzte mir der Kragen,
weil mir Konfekt nun mal nicht
schmeckt.
*Ich will keine Schokolade,
ich will lieber einen Mann.
Ich will einen, der mich küssen
und um den Finger wickeln kann.*

Ich hatte neulich 'grad Geburtstag.
Und diesen Tag vergess' ich nie,
denn alle Tanten und Verwandten,
die waren mit von der Partie.
Sie brachten Rosen und Narzissen
und Schokolade zentnerschwer.
Da hat's mich plötzlich fortgerissen.
Ich schrie: »Ich will das Zeug nicht mehr«.
*Ich will keine Schokolade,
ich will lieber einen Mann.
Ich will einen, der mich küssen
und um den Finger wickeln kann.*

Ich kaufte Sonntag auf dem Rummel
für zwanzig Pfennig mir ein Los.
Ich hab' auch wirklich 'was gewonnen,
doch die Enttäuschung, die war groß.
Denn ich gewann dort einen Teddy
aus Schokolad und Marzipan
Den schmeiß ich wütend in die Menge
und schrie den Losverkäufer an:
*Ich will keine Schokolade,
ich will lieber einen Mann.
Ich will einen, der mich küssen
und um den Finger wickeln kann.
(Lied von Trude Herr von 1959)*

Eine ihrer Kolleginnen war die 1927 in Köln geborene Trude Herr. Sie wollte bereits als Mädchen Schauspielerin werden und spielte nach dem Krieg u.a. am Millowitsch-Theater in kleinen Rollen. In finanzielle Not geraten, arbeitete sie jahrelang als Bardame in der Schwulenbar Barberina am Waidmarkt/Hohe Pforte. Von 1954 bis 1958 trat sie als »dicke Ulknudel« im Karneval auf. 1959 gelang ihr mit dem Lied »Ich will keine Schokolade, ich will lieber einen Mann« der Durchbruch. Sie spielte in über 25 Unterhaltungsfilmen mit, u.a. mit Heinz Erhardt. Von 1977 bis 1987 betrieb sie sehr erfolgreich das »Theater im Vringsveedel« (heute Kino Odeon), in dem sie ihre eigenen Stücke aufführte. Sie starb 1991. Vor dem Bürgerzentrum Stollwerck ist ein kleiner Park nach ihr benannt. Wally Bockmayer belebte in den neunziger Jahren den Kaiserhof als kölsche Showbühne wieder – mit Gigi Herr, der Nichte von Trude, als Star.

Weiter geht es über die Straße Im Klapperhof, nach links zum Hildeboldplatz und zu den weitläufigen Gebäuden des **6** **Gerling-Konzerns.** Diese umspannen verschiedene Epochen, von den dreißiger Jahren bis zum im Jahr 2001 fertig gestellten Ring-Karree von Norman Foster. Wesentliche Teile wurden in den 1950/60er Jahren gebaut und daher wird die Geschichte der Bauten des Gerling-Konzerns in diesem Kapitel behandelt. Die damalige Stadtkonservatorin Hiltrud Kier hatte die Bauten des Gerling-Konzerns aus taktischen Gründen nicht in das von

der älteste Gebäudeteil, das Langen'sche Palais, vornehm zurückgesetzt, 1880 nach Plänen von Hermann Pflaume erbaut und 1920 von Firmengründer Robert Gerling erworben. Gerling hatte die 1904 von ihm gegründete »Centrale für Versicherungswesen Robert Gerling & Co.« rasch zu einem großen geschäftlichen Erfolg führen können. Er gründete zudem 1909 die

Friesenviertel mit Gerlingbauten

ihr 1976 bis 1978 erarbeitete Denkmalverzeichnis aufgenommen, um nicht die Annahme des gesamten Verzeichnisses durch den Rat zu gefährden. Als »Reichsparteitagsstil« und »Kölner Reichskanzlei« stießen die Gebäude auf Ablehnung. Doch die Baugeschichte des Konzerns ist bedeutend vielschichtiger. Ein Rundgang um das »Gerling-Viertel« wird es zeigen. Ungefähr in der Mitte der von-Werth-Straße steht

»Rheinische Feuerversicherung« und 1910 die »Kronprinz Lebensversicherung«. Die Firmen fasste er 1920 in der »Gerling-Konzern Rheinische Versicherungs-Gruppe AG« zusammen. Die ständige Vergrößerung des Konzerns erforderte rasch Erweiterungsbauten. 1930/31 entstand südlich an das Langen'sche Palais ein Anbau der Architekten Bruno Paul und Franz Weber, die auch das deutlich moderner geprägte Dischhaus erbaut hatten [→ *S. 38 f.*]. Der Bau glich sich dem Palais an, wurde aber nicht wie dieses zurückgesetzt. Der Neubau mit der Muschelkalkfassade und den markanten Einfassungen der Fenster wurde von der zeitgenössischen Presse als ein »neuzeitlich sachliches Verwaltungsgebäude« von »zurückhaltender Eleganz« gewürdigt, dessen »Klassizismus durchaus vom Geist heutiger Architekturgesinnung bestimmt worden ist«.

Nordflügel (der Anbau links vom Palais) wurde schließlich im Vergleich zum Südflügel um zwei Fensterachsen verkürzt, weil zwischenzeitlich beschlossen worden war, die Christophstraße zu verbreitern. Insofern ist der Gesamtbau nicht ganz symmetrisch. Insgesamt kann hier von einer »Nazi-Architektur« nicht gesprochen werden. Architekt Bruno Paul war Direk-

Von vornherein als symmetrische Entsprechung geplant war auch ein Nordflügel, angrenzend zur Christophstraße. Dessen Verwirklichung scheiterte jedoch zunächst daran, dass einige Häuser in der Christophstraße noch nicht erworben werden konnten. Besonders symbolträchtig war das Eckhaus Christophstraße/von-Werth-Straße, wo der Firmengründer Robert Gerling 1892 bei einer Firma seine Lehre absolviert hatte. Noch vor seinem frühen Tod 1935 wurde das Haus gekauft, doch der Neubau entstand erst in den Jahren 1936 bis 1938. Der

tor der Berliner Kunstschule und dem »neuen Bauen« verpflichtet, auch wenn seine Gerling-Bauten – den Wünschen des Auftragnehmers gemäß – bedeutend konservativer, klassizistischer angelegt waren. Paul wurde schon 1932 öffentlich dermaßen diffamiert, dass er bereits zum 1. Januar 1933 von seinem Amt zurücktrat. Dennoch ließ Gerling den Bau nach den Plänen Pauls vollenden, wenn auch dieser bei der Ausführung nicht mehr beteiligt war.

Die Ruine des beschädigten Langen'-sche Palais wurde nach dem Krieg mit einer neuen Fassade versehen. Der 1949 bis 1951 von dem Architekten Kurt Groote errichtete Neubau ist wie das Palais zurückgesetzt und

Nationalsozialismus, allerdings bot nicht dieser Gebäudeteil, sondern weitere Bauten aus dem Jahre 1958 den Anlass für die Kritiker, von der »Kölner Reichskanzlei« zu sprechen. Der Bau von Groote weist eine Reihe von Kennzeichen des »Klassizismus« von Staatsbauten während der NS-Zeit auf: die Kolonnade, glatte Werksteinflächen, kantig geschnittene Fenster- und Türöffnungen und Pfeilerreihen.

v.l.n.r.: **Nordflügel,** Ende der dreißiger Jahre. **Mittelbau, 1951. Bauten des Gerlingkonzerns, um 1960. »Lackbar«** in der Wandelhalle im Anbau aus den fünfziger Jahren

nimmt Bezug auf die Flügelbauten, erhält aber durch seine Erhöhung über diese Bauten einen monumentalen Charakter. Das neue Obergeschoss wurde durch eine Kolonnade, einen Säulengang, betont, in die Tierkreiszeichen von Willi Hoselmann eingefügt sind. Dieser Bau steht wie kein anderer des Gerling-Komplexes in direkter Nachfolge der Architektur des

Er entspricht damit etwa der Tribüne des Zeppelinfeldes des Reichsparteitagsgeländes in Nürnberg und dem Eingang zur Neuen Reichskanzlei, beide von Albert Speer entworfen. Architekt Kurt Groote war Architekturmitarbeiter des ›Schwarzen Korps‹ und gehörte seit 1944 zum offiziellen Wiederaufbaustab von Düsseldorf, wo er auch nach 1945 im Stadtplanungsamt tätig war.

Die schnelle Expansion des Konzerns erforderte weitere Anbauten. Wir gehen zurück bis zur Ecke Gereonshof/von-Werth-Straße. Anfang der fünfziger Jahre wurde der Erweiterungsbau des Südflügels errichtet, das Eckhaus

Der Stahlskelettbau des Hochhauses erhielt durch die strenge und gleichförmige Gliederung der Fensterrahmen und durch die Fassade aus teueren Natursteinen einen monumentalen Charakter. In den oberen Geschos-

abgerissen und schließlich das Hochhaus am Gereonshof gebaut, das erste Hochhaus der Nachkriegszeit in Köln. Konzernchef Hans Gerling griff stark in das Architekturgeschehen seines Konzerns ein; beim Hochhausbau warfen die Architekten Hentrich und Heuser entnervt das Handtuch. Die Hochhauspläne wurden durch das Baubüro Gerling unter der Leitung von Erich Hennes, einem ehemaligen Mitarbeiter von Speer, stark überarbeitet. Die Bauten – nicht nur der fünfziger Jahre – sind durch eine sehr gleichförmige Rasterarchitektur geprägt und geben ihnen den Charakter von Herrschaftsbauten, die stets durch Bauplastik gekennzeichnet waren.

sen des knapp 56 Meter hohen Baus befand sich der Sitz der Konzernleitung. Und ganz oben steht seit 1952 zur Weihnachtszeit Kölns höchster Weihnachtsbaum. Im Innern des Hochhauses ist die Einrichtung der fünfziger Jahre weitgehend erhalten. Zudem finden sich eine Anzahl von Büsten Arno Brekers, u.a. von Robert und Hans Gerling, von Otto Wolff und vielen anderen. Von dem Gils'schen Stiftungsgebäude wurde nur die im rückwärtigen Bereich gelegene Kapelle erhalten, in der die Bibliothek des Konzerns eingerichtet wurde.

Weitere Bauten folgten in den Jahren 1956 bis 1958 am Gereonshof, die mit einem nur fünfgeschossigem Kopfbau und viergeschossigen Seitenflügeln vor dem Hochhaus einen Platz entstehen ließen. Hier war die Hauptverwaltung der zum Gerling-Konzern gehörenden Friedrich-Wilhelm-Lebensversicherungsgesellschaft. Am west-

sich Arbeiten von Breker: das Dreikönigsrelief auf der älteren Seite und der Heilige Christophorus in Bronze auf der Seite der Baus von Ende der fünfziger Jahre. An der östlichen Seite des Platzes (d.h. in Richtung St. Gere-

lichen Seitenteil brachte man einen auffälligen Erker an. Er deutet auf etwas Besonderes hin: Hier bezog der Konzernchef sein Büro. Für Planung und Bau dieses Blocks zeichnete Arno Breker bis in die Mitte der sechziger Jahre verantwortlich, der dieses Mal nicht nur, wie beim Hochhaus, für die Bauplastik zuständig war. Am westlichen Zugang des Platzes befinden

v.l.n.r.: Robert Gerling, Büste von Arno Breker. Der »Kultraum« mit den Breker-Büsten im Mittelbau. Brunnen und Figuren von Breker am Gereonshof. Treppenhaus im Friedrich-Wilhelm-Gebäude. unten: EDV-Anlage bei Gerling, sechziger Jahre.

on) schließlich die Breker-Reliefs des Heiligen Georg und des Heiligen Martin zu Pferde. Auch die drei barockisierenden Brunnen schuf Breker, einschließlich der vier Delphine, auf denen Knaben reiten, die einen Fisch in der Hand halten. Selbst Details wie Lampen und die mit bronzenen Masken verzierten Fahnenstangen sind einheitlich gestaltet. Brekers Figuren wurden anfänglich in der Öffentlichkeit positiv aufgenommen. Der »Kölner Stadt-Anzeiger« schrieb am 27. Januar

oben: Gerling Rundbau
unten: Gerling Ring-Karree

1953: »Nach den bewegten Jahren in Berlin ist er wieder in seine rheinische Heimat zurückgekehrt.«
Der Bau und seine Umgebung sollten ein Gesamtkunstwerk werden. Nach der Einweihung der neuen Platzanlage am Gereonshof im September 1958 kam heftige Kritik an der »Kölner Reichskanzlei« auf. Ohne Frage stehen diese Gerling-Bauten in einer klassizistischen Tradition, die einen formalen Vergleich z.B. zum äußeren Aufriss der Neuen Reichskanzlei in Berlin durchaus zulassen. Dass alle an dem Bau beteiligten Architekten im Umfeld von Hitler gewirkt hatten, wirft zudem ein befremdliches Licht auf den Bauherrn Gerling. Doch diese Architektur war ein Zeugnis der Zeit des Wiederaufbaus, das sich bei zahlreichen anderen Banken-

und Versicherungsbauten jener Jahre findet; ohne dass hier jemals ein ebenso zulässiger Vergleich zur NS-Zeit hergestellt worden wäre. Ebenso wenig wurde je bemängelt, dass alle Bürobauten aus der NS-Zeit nach 1945 erhalten blieben, während reihenweise historistische Bauten abgerissen wurden. Wir verlassen jetzt den Gereonshof und gehen über die Spiesergasse zur Straße Im Klapperhof. Dort steht auf der rechten Seite ein zwischen 1961 und 1966 errichteter ungewöhnlicher Bürobau in Form ei-

nes geöffneten Rundbaus, bei dem Breker beratend tätig war. Auf der gegenüberliegenden Seite steht ein Gebäude aus den siebziger Jahren. Von hier aus erblicken wir bereits das 2001 vollendete Ring-Karree von Norman Foster, ebenfalls ein typischer Gerling-Bau, wie wir an der charakteristischen Fensterrasterung und der Werksteinverkleidung leicht erkennen. Wir spazieren aber die Spiesergasse zurück und gehen gerade aus durch das Gässchen Gereonskloster. Wir kommen vorbei an Neubauten aus den siebziger Jahren, in die das 1970 von Gerling erworbene ehemalige Stadtarchiv einbezogen und auch im Innern erhalten wurde. Insgesamt lässt sich sagen, dass es in Köln kein anderes Ensemble von Bürobauten eines Großunternehmens gibt, das die eigene Geschichte in den jeweiligen Epochen so widerspiegelt wie die Gerling-Bauten.

kann. St. Gereon war wie die anderen elf romanischen Kirchen im Krieg schwer beschädigt worden. Erst 1979

Die zerstörte Kirche **St. Gereon,** 1946

Wir befinden uns jetzt bereits auf dem Platz vor **7** **St. Gereon,** einer der schönsten und doch am wenigsten bekannten Plätze Kölns. St. Gereon ist wahrscheinlich die älteste Kölner Kirche, die auf das ausgehende vierte Jahrhundert zurückgeht, und sicherlich eine der schönsten. Der Blick zur Kuppel in dem zwischen 1219 und 1227 erbauten hohen gewölbten Dekagon (Zehneck) stellt wohl einen der faszinierendsten Blicke dar, die man in Köln auf ein oder in einem Gebäude haben

konnte der Außenbau und 1983 das Innere wiederhergestellt werden. Der **Wiederaufbau der romanischen Kirchen** stellt eine der größten Leistungen des Wiederaufbaus dar, der heute noch nicht abgeschlossen ist. Besondere Verdienste hat sich dabei der 1981 gegründete Förderverein Romanische Kirchen erworben, dem mehr als 4 000 Mitglieder angehören.

Axa-Gebäude – kurz vor dem Abriss, 2005

Zur nächsten Station gehen wir über die Christophstraße und Unter Sachsenhausen. Hier sind gleich mehrere Bauten für Banken und Versicherungen aus den fünfziger Jahren erhalten. An der **8** **Ecke Gereonstraße/Mohrenstraße** kommen wir an einem großen Eckhaus vorbei, das nach dem Umzug der Axa-Versicherung in einen Neubau in Holweide seit Anfang 2005 leer steht. Entworfen hatte das Gebäude **Wilhelm Koep,** ein bedeutender Kölner Architekt der Nachkriegszeit, der wohl zu Unrecht anders als Wilhelm Riphahn oder Rudolf Schwarz in Vergessenheit geraten ist. Er baute u.a. das Blau-Gold-Haus am Domplatz, zu dem wir später noch gelangen, die 4711-Fabrik in Ehrenfeld, die Kölner Ladenstadt, das Senats-Hotel, das Modehaus Weingarten, das Rundschau-Gebäude und die Sartory-Säle. Sein Versicherungsgebäude an der Gereonstraße soll nun abgerissen werden und an dessen Stelle ein überdimensionierter Neubau mit zwei zusätzlichen Geschossen entstehen, der keine Rücksicht auf die Umgebung nehmen wird. Dies wird einst als eine weitere schlimme Sünde der Denkmalpflege in die Geschichte eingehen – ähnlich wie der Abriss der Hauptpost nur einige Hundert Meter entfernt von hier.

Am **9** **Börsenplatz** entstanden zwischen 1950 und 1952 zwei Gebäude, die den Beginn des Wirtschaftswunders markieren. Unter Sachsenhausen 10–26 befindet sich das Gebäude der **Industrie- und Handelskammer (IHK),** das Karl Hell entwarf. Die Fassade ist reich gestaltet. Durch die gro-

Industrie- und Handelskammer, um 1950

ße Fensterfront fällt sofort das elegante Treppenhaus ins Auge. Besonders beeindruckend wirkt es, wenn es abends beleuchtet ist. Im Erdgeschoß liegt das Stützsystem frei. Der Börsensaal im Haus ist zweigeschossig. Der Brunnen vor dem Haus nennt sich »Börsenbrunnen« und wurde 1964 von Heribert Calleen geschaffen. Unmittelbar daneben auf dem **Maria-Ablaß-Platz** erblicken wir ein nach Plänen von Wilhelm Riphahn und Paul Doetsch erbautes Bürohaus. Die Stirnseite des großen, siebengeschossigen Baus ist dem kleinen Platz zugewandt. Der seitlich anschließende viergeschossige Flügelbau ist deutlich zurückgesetzt. Eine breite Treppe führt zu einer Eingangshalle hinauf. Das Haus entstand für die **Concordia-Versicherung.** Das gerade in den 1950er Jahren zahlreiche Bauten für Banken und Versicherungen entstanden, waren deutliche Zeugnisse des Wirtschaftswunders: am Ring, Unter Sachsenhausen, Gereonstraße, Christophstraße, überall entstanden große repräsentative Bürobauten. Wir gehen die Maria-Ablaß-Straße hinunter und stoßen an der Ecke Tunisstraße auf einen weiteren dieser Bauten, auf die Gebäude der **Herstatt-Bank.** Der an Unter Sachsenhausen grenzende Gebäudeteil entstand zwischen 1955 und 1957 nach Plänen von Hanns Koerfer und der daran anschließende Bau in den Jahren 1962/63 durch die Architekten Sobotka & Müller. 1974 ging die Bank pleite [→ *S. 277 f.*]. An den mit Naturwerkstein-

platten verkleideten Bauten springen die charakteristischen Flugdächer ins Auge. Die Tunisstraße, die wir nunmehr überqueren, war ebenfalls ein Produkt des Wiederaufbaus; sie ist

Concordia-Versicherung, um 1955

Teil der Nord-Süd-Fahrt [→ *S. 223 ff.*] und zerschneidet damit das ehemalige Bankenviertel auf eine recht brutale Art. Auf der gegenüberliegenden Ecke befindet sich der Neubau des Bankhauses Sal. Oppenheim, der 1952/53 errichtet wurde.

Bankhaus I.D. Herstatt, 1958

St. Mariä Himmelfahrt und Bahnhofsvorplatz
ohne (1972) und mit (1980) ABC-Bank
ganz rechts: Hauptbahnhof, um 1960

Unsere nächste Station ist der 10
Hauptbahnhof. Auf dem Weg dort-
hin kommen wir an dem schwarzen
klobigen Klotz des Baus der **ABC-Bank**
vorbei, der in den Jahren 1975 und
1976 von Joachim und Margot Schür-
mann erbaut wurde. Kunsthistorike-
rinnen mögen diesen preisgekrönten
neungeschossigen Stahlskelettbau
»mit eleganter, schwarz versiegelter
Glasfassade« rühmen (so Hiltrud Kier);
doch selbst wenn man sich davon –
mühselig genug – überzeugen lassen
würde, steht eines fest: der Bau steht
an der falschen Stelle. Wie ein überdi-

mensionierter Fremdkörper verhält er
sich zu den Nachbarbauten und ver-
deckt die barocke Kirche St. Mariä
Himmelfahrt. Welch einen Blick hätten die Ankommenden vom Bahnhof
aus: auf der linken Seite der Dom und
zur rechten die große barocke Kirche
– Köln hätte endlich mal einen Platz
gehabt! Die im August 2005 abgeschlos-
sene Umgestaltung des Vorplatzes
stellt jedoch einen gelungenen Licht-
blick dar.

Auch der **Hauptbahnhof** war im Krieg
beschädigt worden, aber er blieb noch
funktionsfähig und wurde auch genutzt. Auch die Empfangshalle wäre
wieder aufzubauen gewesen – ein
weiteres Beispiel dieses leidigen The-

mas. Die zwischen 1955 und 1957 erbaute neue »luftige«, helle Empfangshalle mit einem elliptisch gekrümmten Dach ist ebenfalls ein bedeutender Bau der fünfziger Jahre. Die vollständig verglaste Fassade gestattet einen Blick auf den Dom. Das Dach wird von sechs Überzügen gehalten, die im Mosaik durch dunklere Streifen markiert sind. Der Hauptbahnhof war zwischen 1950 und 1956 um eine bedeutende Attraktion reicher: Wer mittwochs gegen 18.00 Uhr zum Bahnhof eilte, tat dies nicht unbedingt (nur), um einen Zug

links: **Andrang zu den Mittwochsgesprächen**
mitte: **Gustav Gründgens,** links neben ihm
Gerhard Ludwig, 1952
rechts: **Diskussionsfreudiges Publikum, 1953**

zu erreichen. Zwischen 1950 und 1956 fanden im Bahnhof die vom Buchhändler Gerhard Ludwig veranstalteten **Mittwochsgespräche** statt, zunächst in seiner »Bahnhofsbuchhandlung« und bald im Wartesaal dritte Klasse, der beim Neubau beseitigt wurde. Nach Jahren der Diktatur zog das

Einige Themen der Mittwochsgespräche

»Die Aufgabe des Dichters in unserer Zeit« (Nr. 1) / »Gibt es einen Ausweg aus der Vermassung?« (Nr. 33) / »Warum will heute keiner mehr denken?« (Nr. 45) / »Wer liest heute noch Geschichten aus 1001 Nacht?« (Nr. 47) / »Hat uns die Presse heute noch etwas zu sagen?« (Nr. 70) / »Müssen Erwachsene erzogen werden?« (Nr. 77) / »Wo bleibt die Gleichberechtigung des Mannes?« (Nr. 109) / »Warum zahlen wir unsere Steuern so gerne?« (Nr. 122) / »Religion – Opium für das Volk? (Nr. 138) / »Gibt es ein Recht auf Tyrannenmord?« (Nr. 139) / »Ich habe keine Zeit ...« (Nr. 154) / »Star-Theater oder Ensemble?« (Nr. 163) / »Können Gesetze die Moral heben?« (Nr. 172) / »Ist die Meinung von Lieschen Müller wichtig?« (Nr. 175) / »Müssen Schlager so sein?« (Nr. 181) / »Sind die Amerikaner auch Menschen?« (Nr. 185) / »Will man überhaupt die Wiedervereinigung?« (Nr. 223) / »Müssen wir die moderne Musik fürchten?« (Nr. 234) / »Darf man vergessen?« (Nr. 260)

Domjubiläum: 700 Jahre Kölner Dom,
15. August 1948

Motto der Reihe »Freier Eintritt, freie Fragen, freie Antworten« zahlreiche Besucher an. Der Wartesaal fasste eigentlich nur 350 Personen, doch mitunter kamen bis zu 800. Es entstand eine neue Gesprächskultur, bei der mit großer Leidenschaft auch über heikle Themen aus Politik, Gesellschaft, Kunst, Literatur und Musik debattiert wurde. Insgesamt waren es 269 Veranstaltungen, auf denen oftmals prominente Redner sprachen: Gustaf Gründgens, Carl Zuckmayer, Ludwig Erhard, Rudolf Augstein, Heinrich Böll, Ernst Rowohlt, Carlo Schmid, Ernst von Salomon. Letzterer meinte: »Wenn es einen Ort gibt, wo mit solcher Leidenschaft und in einem Niveau diskutiert wird, dann nur hier in Köln.«

Vom Hauptbahnhof gehen wir zum **11** **Dom.** Der nur auf den ersten Blick kaum beschädigte, aber doch stark getroffene Dom war für viele Kölner ein Symbol für den Drang nach dem Wiederaufbau. Im August 1948 wurde mit großem Aufwand das Fest zum **700jährigen Jubiläum** der Grundsteinlegung des Doms gefeiert. Das Fest

bot zum ersten Mal ein Stück Normalität und brachte internationale Anerkennung nach dem Krieg – ein Fest
der Versöhnung und der religiösen Neu-
bestimmung. Zehntausende Gäste be-
suchten Köln. Den Höhepunkt bildete
eine Prozession mit den Schreinen der
Heiligen Drei Könige an den Trümmer-
halden vorbei in den Dom hinein, wo

gebaut wurden, das **Verkehrsamt** oder
wie es sich heute nennt: KölnTouris-
mus. Im Innern der Informationshalle
ist der Charakter der fünfziger Jahre
klar erkennbar: u.a. die mit Mosaik-
steinen verkleideten Säulen und der
elegant geschwungene Treppenauf-
gang. Neben diesem Gebäude erblicken
wir das heutige **Domforum.** Das Haus

**links: Bank für Gemeinwirtschaft mit Domhotel
im Hintergrund, 1963
rechts: Abfahrtstelle für Stadtrundfahrten**
des Verkehrsamtes vor dem Dom, um 1960

zum ersten Mal seit dem Krieg eine
Messe im Dom stattfand. Am gleichen
Tag fand eine Kundgebung von über
100.000 katholischen Laien im Stadion statt. Erst 1956 waren die Restau-
rierungsarbeiten am Dom soweit vor-
angekommen, dass der Dom jetzt in
seinem ganzen Umfang wieder genutzt werden konnte; feierlich wurde
er im Rahmen eines Katholikentages
wieder eröffnet.

Ein Stück weiter nach links sehen wir
den ersten von mehreren der bedeutendsten Bauten der 1950er Jahre in
Köln, die in der **12 Domumgebung**

wurde 1952/53 nach den Plänen von
Fritz Schaller für die Bank für Gemeinwirtschaft errichtet. Auch hier sind
typische konstruktive Elemente der
Wiederaufbauphase zu erkennen: die
Betonrasterfassade, das Sichtbeton-
stützgerüst und der Umgang auf dem
zurückgesetzten Dachgeschoss. Architektonisch besonders beachtlich, steht
der Bau auf einem Raster nur weniger
Stützen. Ein plastisch reich verzierter
Eckbalkon bietet einen idealen Blick

auf Prozessionen wie auf Karnevalszüge. Ein zentraler Lichthof umspannt alle Stockwerke. Das Gebäude wird heute vom Erzbistum mit großem Erfolg als Domforum genutzt, ein Ort der Begegnung und für Veranstaltungen. Eine Verschnaufpause im Domfo-

Das »Blau-Gold-Haus« von 4711, Dezember 1952

rum lohnt sich; der Eintritt ist kostenlos und ein Blick nach oben in den imponierenden Lichthof ist beeindruckend. Auf der vierten, der obersten Etage befindet sich das Domradio (»der gute Draht nach oben«) – der direkte Blick auf den Dom dient der Erleuchtung der Redakteure.
Ein Stück weiter links sehen wir den prachtvollen Bau des **»Blau-Gold-Hauses« von 4711**. Das 1951/52 nach Entwürfen von Wilhelm Koep entworfene Haus sollte die »duftene Glasvi-

trine« werden. Es grenzt unmittelbar an das Domhotel. Dem Stahlskelett-Bau wurde mit einer reich dekorierten Fassade aus Glas, Aluminium und Stahl versehen, deren Pracht sich bei Abendbeleuchtung voll entfaltet. Die Metallarbeiten an der Fassade greifen in unterschiedlichen Formen die Glocke als Hinweis auf das Stammhaus in der Glockengasse und ein Segelschiff als Hinweis auf die weltweiten Handelsbeziehungen auf. Auf imponierende Weise zeigt sich hier die Ornamentfreude der Baukunst der fünfziger Jahre. Auch das flache, weit überstehende Dach zählt zu den damaligen Stilelementen. Die Kaufläden im Erdgeschoß mit ihren elegant geschwungenen Schaufenstern befinden sich noch im Originalzustand, allerdings sind nur noch zwei Türen nebst Türgriffen original erhalten. Eigentlich umfasst der Denkmalschutz auch das Detail. Beurteilen Sie selbst, wie die billige Glastür einer Bank in der Mitte des Gebäudes im Vergleich zu den Originaltüren rechts daneben wirkt. Man fragt sich, wer diese Geschmacklosigkeit zu verantworten hat und warum es eigentlich so etwa wie einen Denkmalschutz gibt, wenn man sich offenkundig daran nicht halten muss. Dieser Bau ist das ausgefallenste und beeindruckendste Geschäftshaus der frühen fünfziger Jahre in Köln. Architekt Wilhelm Koep gestaltete auch das neue Fabrikgebäude von Muelhens in Ehrenfeld an der Venloer Straße – ein ebenfalls imposanter Bau, der auch heute in ein Einkaufszentrum integriert ist – und der eine der ungewöhnlichsten und modernsten Industrieanlagen Kölns der Nachkriegszeit darstellt.

Zur nächsten Station gehen wir ein Stück über die Hohe Straße bis zum Wallrafplatz. Auf der rechten Seite befindet sich das **13 Funkhaus des WDR.** Das bereits zwischen 1949 und 1952 nach den Plänen von Peter Friedrich Schneider unter Verwendung der

Eindruck. Es wurden sieben Sendesäle, Regiezimmer sowie Aufnahme- und Sprechräume errichtet, mit modernster Technik ausgestattet und hervorragend isoliert. Jetzt konnten vier verschiedene Programme gleichzeitig ausgestrahlt werden. Der Große Sen-

Funkhaus Wallrafplatz, um 1960
rechts: Foyer und Garderobe, 1961

Ruinen des Hotels »Monopol« errichtete Gebäude zählt zu den bedeutendsten Bauten der Nachkriegszeit in Köln. Das im Krieg erhalten gebliebene alte Funkhaus in der Dagobertstraße [→ S. 61] wurde aufgegeben und später abgerissen. Die Architektur des Neubaus knüpft mit der klaren Form, der Reihung der Fenster, den freigelegten Stützen im Erdgeschoß und dem zurückversetzten Dachgeschoss an die Tradition des Neuen Bauens an. Das verglaste Erdgeschoß und das zurückgesetzte Dach des fast quadratischen Baus verhindern einen blockhaften

desaal wurde bereits im August 1950 eingeweiht. Er bietet 800 Personen Platz und verfügt über eine Bühne für 150 Musiker. Ein Blick durch die Fenster im Erdgeschoss in den Eingangsbereich sollte nicht versäumt werden. Die Innenausstattung stellt ein wichtiges Zeugnis der Kunst der fünfziger Jahre dar. Das gesamte Foyer mit Garderobe und auch der »Kleine Sendesaal« sind sehr gut erhalten. Der Bildhauer Ludwig Gies und der Maler

WDR – eine Erfolgsgeschichte

Der Kölner Sender ging im September 1946 wieder auf Sendung. Gesendet wurde aus dem erhalten gebliebenen Funkhaus in der Dagobertstraße. Doch fungierte der Kölner Sender nach 1945 zunächst nur als eine Zweigstelle des NWDR, des Nordwestdeutschen Rundfunks in Hamburg, der seit dem 1. Januar 1948 eine Anstalt des öffentlichen Rechts war. Aus Köln wurde bereits 1950 rund ein Drittel des Programms gesendet und bald im wöchentlichen Wechsel mit dem Hamburger Sender alle Sendungen des Hauptprogramms bestritten. Aus dem Kölner Funkhaus startete am 25. Dezember 1952 das Fernsehprogramm; zunächst mit 200 Empfangsgeräten, an denen den Zuschauern auch ein ›Kölsch Kreppespillche‹ und Volkstänze geboten wurden. Rasch nahm die Fernsehbegeisterung zu. Zum **1. Januar 1956** wurde der Westdeutsche Rundfunk gegründet, nachdem sich der Nordwestdeutsche Rundfunk aufgespalten hatte. Hans Hartmann wurde zum ersten Intendanten gewählt. 1957 startete eine der erfolgreichsten Sendungen des WDR, die lokale und regionale Informationssendung »Hier und Heute«, die als Rumpfsendung heute noch im Programm ist.

Der Sender verfügt heute über sechs Hörfunkprogramme und über das WDR Fernsehen, seit 1991 ein Vollprogramm mit zurzeit neun Regionalprogrammen. **Die wirtschaftliche und kulturelle Bedeutung** des WDR für Köln ist seit jeher enorm. Er zählte bereits 1960 1 378 Mitarbeiter/innen (1970: 2 997; 1980: 3 764; 1990: 4 545; 2000: 4 413). Im Jahr 2000 beschäftigte der WDR 19 370 freie Mitarbeiter. Von seinen Aufträgen profitiert die Kölner Wirtschaft. Ohne den WDR wäre die bedeutende Entwicklung Kölns zur Medienstadt nicht denkbar [→ S. 276]. Der WDR beeinflusst weite Teile des Kölner Kulturlebens maßgeblich.

Karlheinz Stockhausen im Studio der Neuen Musik

Das gilt für den Bereich der Literatur, zumal zahlreiche Autoren – z.B. Heinrich Böll – als freie Mitarbeiter bei ihm arbeiteten. Besonders wichtig gestaltet sich sein Einfluss aber vor allem im Musikleben der Stadt. Der WDR betreibt mit dem Sinfonieorchester, dem Rundfunkorchester und der Big Band drei Orchester, dazu den Rundfunkchor. Er ist zudem an der Kölner Philharmonie beteiligt. Insbesondere hatten NWDR/WDR eine große Bedeutung für die Entwicklung der **Neuen Musik.** 1951 wurde von dem Musiktheoretiker und Journalisten Herbert Eimert das »Studio für elektronische Musik« des NWDR gegründet. Die Neue Musik erhielt einen festen Sendeplatz: die »Musikalischen Nachtprogramme« und die Konzertreihe »musik der zeit«. 1953 wurde Köln Austragungsort für das »Neue Musikfest«. Köln entwickelte sich zu einem weltweit beachteten Zentrum der Neuen Musik, das zahlreiche international bekannte Musiker wie Karlheinz Stockhausen, Mauricio Kagel, Bernd Alois Zimmermann und György Ligeti anzog. Stockhausen übernahm 1963 nach der Pensionierung von Eimert die Leitung des Studios. Eine enge Verknüpfung zur Musikhochschule ist dabei charakteristisch. Kagel, Ligeti, Stockhausen und Zimmermann unterrichteten dort und zudem wurde an der Musikhochschule 1965 ein »Studio für Elektronische Musik« errichtet. Das Interesse der Hörer an Neuer Musik war jedoch wohl recht gering. Befürchtungen wurden geäußert, der Sender koppele sich vom Hörer ab und verrenne sich in eine »Sackgasse«.

WDR-Bauten
An der Rechts-
schule, um 1955

Köln kann sich rühmen, mit diesem Bau den ersten Museumsneubau in der gesamten Bundesrepublik nach dem Krieg errichtet zu haben. Dies zeigt, welchen Stellenwert selbst während der Not der Nachkriegsjahre die Kölner Stadtpolitik der Kultur beigemessen hat, ohne die die spätere Bedeutung Kölns als Kulturmetropole nicht denkbar gewesen wäre. Der Neu-

Treppenhaus im **Wallraf-Richartz-Museum,** 1957

Anton Wolff zählten zu den mitwirkenden Künstlern.

Das Funkhaus wurde in der besten zentralen Lage gebaut. Der enorme Erfolg des WDR, sein Aufstieg zum führenden deutschen Sender, bedeutete auch ein erhebliches Wachstum. Er brauchte immer mehr Platz. In den nächsten Jahrzehnten breitete sich der WDR wie eine Krake aus: Zug um Zug entstanden weitere Bauten. Ein Stück die Straße An der Rechtschule entlang befinden sich Anbauten aus den Jahren 1959 bis 1965, wo Fernsehstudios untergebracht sind. Das marmorne Wandrelief schuf Anfang der 1960er Jahre Karl Hartung.

Wir werden nachher weiteren Bauten des WDR aufspüren, doch zunächst wenden wir den Blick auf die gegenüberliegende Seite, auf das Museum für Angewandte Kunst, dem 14 früheren **Wallraf-Richartz-Museum.**

bau anstelle des im Krieg zerstörten alten Museumsgebäudes von 1861 [→ *Das neuzeitliche Köln, S. 46 f.*] wurde in den Jahren 1953 bis 1957 nach den Plänen von Rudolf Schwarz und Josef Bernard errichtet. Der Bau bezieht ausdrücklich die Minoritenkirche und die Teile der einstigen Klosteranlage mit ein, dessen Grundriss er aufgreift. Im einstigen Atrium, dem Innenhof, werden Kirche und Museum zu einer Ein-

Wachleute im Wallraf-Richartz-Museum, 1965

heit zusammen geführt. Achsen des Kreuzganges sind einbezogen und die hohe Eingangshalle mit der imposanten Treppe gibt den Blick auf die Kirche frei. Auch von außen gleicht sich der Museumsbau durch die spitzen Satteldächer und den Ziegelbau der Kirche an. 1986 zog das Museum in das neue Haus am Rhein, als ein Doppelmuseum mit dem Museum Ludwig.

Das Museum beherbergte die Sammlung von Ferdinand Franz Wallraf mit ihren Meisterwerken der mittelalterlichen Malerei. Durch Schenkungen und Ankäufe wurde sein Bestand bereits im 19. Jahrhundert erheblich erweitert. 1862 hatte man beispielsweise die »Heilige Familie« von Peter Paul Rubens für 5 000 Taler erworben. Museumsdirektor Alfred Hagelstange, der von 1908 bis 1914 im Amt war, kaufte auch zeitgenössische Kunst. Er setzte sich dabei glücklicherweise über die scharfe Kritik des wohl nicht besonders kunstverstän-

digen Kölner Publikums hinweg, so dass der Erwerb einzigartiger Bilder wie die Darstellung des Ehepaares Sisley von Auguste Renoir oder »Die Zugbrücke« von Vincent van Gogh möglich wurde, Bilder von heute unschätzbarem Wert. Die moderne Galerie des Museums erlitt während des Krieges Verluste [→ S. 302 ff.]. Eine äußerst wertvolle Bereicherung der Bestände stellt die Sammlung expressionistischer Kunst dar, die **Josef Haubrich** vor dem Zugriff der Nationalsozialisten retten konnte. Sie enthielt drei Werke von Max Liebermann, die sich einst im Besitz des Museums befanden, Bilder der Gruppe des »Blauen Reiter« und Werke von Maurice de Vlaminck, Maurice Utrillo oder Marc Chagall sowie Skulpturen von Georg Baron Minne und Wilhelm Lehmbruck. Seine Sammlung stiftete Haubrich im Mai 1946 der Stadt Köln. Es handelt sich um eine der bedeutendsten Kunststiftungen, die Köln je erhalten hat, und die

Josef Haubrich, 1957

einen Vergleich mit der Sammlung Ludwig durchaus standhält. Doch das Andenken an Haubrich wird in Köln stiefmütterlich behandelt: Der Name des Stifters schmückt kein Museum – auch nicht als Zusatz wie seit einigen Jahren mit der »Fondation Corboud«.

in Köln statt, unter ihnen der frühere Abgeordnete des Preußischen Landtags Leo Schwering und die früheren Stadtverordneten Peter Josef Schaeven und Sibylla Hartmann sowie der Dominikanerpater Eberhard Welty. Angesichts des Parteienverbots der briti-

Es dauerte bis 1980, bis die Kunsthalle seinen Namen trug, die allerdings 2001 dem Neubau des Rautenstrauch-Joest-Museums weichen musste. Heute verteilt sich die Sammlung Haubrich auf zwei Museen, auf das Wallraf-Richartz-Museum und das Museum Ludwig.

Wir biegen nun links in die Drususgasse ein und gehen zum Kolpingplatz, um hier an ein wichtiges Ereignis zu erinnern: die **Gründung der CDU.** Im **15** **Kolpinghaus,** das an der Breitestraße 2–4 stand, fand am 17. Juni 1945 die erste größere Aussprache von 18 Vertretern des früheren **Zentrums**

Kolpinghaus, 1945
Leo Schwering,
erster Vorsitzender
der rheinischen CDU

schen Militärbehörde konnte eine Parteigründung nur informell vollzogen werden. Das Hauptreferat hielt Leo Schwering. »Nie wieder Zentrum!«, lautete seine Devise. Einigkeit bestand darin, nicht das katholische Zentrum wiederzuerrichten, sondern eine überkonfessionelle christlichen Partei zu gründen – eine Bewegung der »Christlichen Demokraten«. Die Forderung, aus dem katholischen »Ghetto« aus-

Kölner Leitsätze

Vorläufiger Entwurf
zu einem Programm der Christlichen Demokraten Deutschlands

Vorgelegt von den Christlichen Demokraten Kölns im Juni 1945

Ein Ruf zur Sammlung des deutschen Volkes

Der Nationalsozialismus hat Deutschland in ein Unglück gestürzt, das in seiner langen Geschichte ohne Beispiel ist.

Er bedeckte die deutschen Namen vor aller Welt mit Schmach und Schande.

Nie wäre das alles über uns gekommen, wenn nicht weite Kreise unseres Volkes von einem habgierigen Materialismus sich hätten leiten lassen.

So erlagen sie allzuviele der nationalsozialistischen Demagogie, die jedem Deutschen ein Paradies auf Erden versprach.

Ohne eigenen sittlichen Halt verfielen sie dem Rassenhochmut und einem nationalistischen Machtrausch.

Mit dem Größenwahnsinn des Nationalsozialismus verband sich die ehrgeizige Herrschsucht des Militarismus und der großkapitalistischen Rüstungsmagnaten.

Am Ende stand der Krieg, der uns alle ins Verderben stürzte.

Was uns in dieser Stunde der Not allein noch retten kann, ist eine ehrliche Besinnung auf die christlichen und abendländischen Lebenswerte, die einst das deutsche Volk beherrschten und es groß und angesehen machten unter den Völkern Europas.

Darum fort mit Diktatur und Tyrannei, Herrenmenschentum und Militarismus!

Ein freies Volk soll wiedererstehen, dessen Grundgesetz die Achtung menschlicher Würde ist.

Ein neues Deutschland soll geschaffen werden, das auf Recht und Frieden gegründet ist.

Unsere Jugend soll wieder lernen, daß nicht Macht, sondern Geist die Ehre Deutschlands vor der Welt ausmacht.

Wahrheit, Ehrlichkeit und Treue zum gegebenen Wort soll unser öffentliches Leben leiten.

»Kölner Leitsätze« – Programm der Christlich-Demokratischen Volkspartei vom Juli 1945

»Soziale Gerechtigkeit und soziale Liebe sollen eine neue Volksgemeinschaft beschirmen, die die gottgegebene Freiheit des einzelnen und die Ansprüche der Gemeinschaft mit den Forderungen des Gemeinwohls zu verbinden weiß. So vertreten wir einen wahren christlichen Sozialismus, der nichts gemein hat mit falschen kollektivistischen Zielsetzungen, die dem Wesen des Menschen von Grund auf widersprechen.«

»Das Recht auf Eigentum wird gewährleistet. Die Eigentumsverhältnisse werden nach dem Grundsatz der sozialen Gerechtigkeit und den Erfordernissen des Gemeinwohls geordnet. ... Das Gemeineigentum darf so weit erweitert werden, wie das Allgemeinwohl es erfordert. ... Das Bank- und Versicherungswesen unterliegt der staatlichen Kontrolle.« (10. Leitsatz)

»Die Vorherrschaft des Großkapitals, der privaten Monopole und Konzerne wird gebrochen.« (11. Leitsatz)

»Die menschliche Arbeit wird gewertet als sittliche Leistung, nicht aber als bloße Ware.« (12. Leitsatz)

Kölner Leitsätze, Druck des vorläufigen Programms, 1945

zubrechen, war alt (sie wurde erstmals erhoben von Julius Bachem 1907) und zudem eine Lehre aus den Erfahrungen der NS-Zeit. Darauf hatte man sich bereits bei einem ersten Treffen Mitte März verständigt.

Die Kölner und Rheinländer waren hierbei die Pioniere in Deutschland und ähnlichen Bestrebungen in Berlin und Bayern voraus. In Köln und im Rheinland waren das Zentrum und die katholische Arbeiterbewegung traditionell besonders stark. Das von der Versammlung beauftragte Programm trug wesentlich die Handschrift Schwerings sowie der Dominikanerpatres Laurentius Siemer und Welty. Als evangelischer Christ hatte der spätere Superintendent Hans Encke mitgewirkt. Das Programm wurde am 1. Juli 1945 als »Kölner Leitsätze« beschlossen, die auch die programmatische Grundlage für die weitere Entwicklung der CDU in ganz Deutschland bildeten. In der Schulfrage forderte man »eine Bekenntnisschule oder eine christliche Gemeinschaftsschule« und in wirtschaftlicher und sozialer Fragen den »christlichen Sozialismus« mit heute recht ungewohnten Tönen für Christdemokraten; aber der Mantel der Geschichte sollte sich sehr rasch über dieses frühe CDU-Programm legen.

Am 19. August 1945 folgte ebenfalls im Kolpinghaus die **Gründung** der Kölner Kreispartei der **»Christlich-Demokratische Partei«.** Zum kommissarischen Vorsitzenden wurde Bruno Potthast gewählt, der im Dezember 1945 von dem erfahrenen Kommunalpolitiker Johannes Albers abgelöst wurde, der bis 1962 Vorsitzender der Kölner CDU blieb. Wiederum im Kolpinghaus wurde am 2. September 1945 ein rheinischer und westfälischer Landesverband ins Leben gerufen. Vorsitzender des rheinischen Verbandes wurde Leo Schwering. Erst danach betrat Konrad Adenauer die Arena, der bis dahin die Bemühungen um die Parteigründung nicht für sonderlich Erfolg versprechend gehalten hatte. Er hatte sich erst am 5. Januar 1946 an seinem 70. Geburtstag entschlossen, sich aktiv einzuschalten. Nachdem er am 23. Januar 1946 zum Vorsitzenden der CDU der britischen Zone gewählt war, bootete er durch ein Intrigenspiel Schwering brüsk aus und wurde Vorsitzender der rheinischen CDU. Dem Aufstieg des ehemaligen Oberbürgermeisters stand nun nichts mehr im Wege. Schwering zog sich verbittert zurück. Adenauer vollzog auch programmatisch eine Kehrtwende: Vom »Sozialismus« hielt er ohnehin nicht viel, das Wort würde nur Wähler verschrecken; 1947 waren die linken Programmpunkte zurückgedrängt.

Wir kehren nun zurück zur Straße An der Rechtschule und biegen nach links in Richtung Nord-Süd-Fahrt. Wir verfolgen weiter den städtebaulich bedenklichen Expansionskurs der **Erweiterungsbauten des WDR.** Unmittelbar angrenzend an die Gebäude, die wir bereits kennen gelernt haben, wurde in den Jahren 1965 bis 1968 das **Archivhaus** des WDR gebaut – mitten über der Nord-Süd-Fahrt. Am Gebäude

entlang verläuft ein Überweg für Fußgänger über dieses Ungestüm von Straße. Wir bleiben in der Mitte des Überwegs stehen und schauen uns den regen Autoverkehr an. Es gibt fürwahr geruhsamere und wirtlichere Orte in Köln! Aber doch keinen besseren, um auf die Geschichte der **16** **Nord-Süd-Fahrt** einzugehen und damit auf den

Nord-Süd-Fahrt und Archivhaus des WDR, um 1970

Ausbau zur autogerechten Stadt, der den Wiederaufbau bestimmte.
Die Nord-Süd-Fahrt hat die Altstadt zerschnitten und gilt mittlerweile als eine der größten städtebaulichen Sünden der Nachkriegszeit. Die Planungen gingen noch auf die 1920er Jahre zurück und waren in der NS-Zeit weiter verfolgt worden als Teil eines Achsenkreuzes. Verwirklicht haben die Nationalsozialisten lediglich die Ost-West-Achse (Hahnenstraße/Cäcilienstraße), die nach dem Krieg von Riphahn durch

Nord-Süd-Fahrt, 1963

eine Reihe von niedrigen Bauten und
vorgezogenen Pavillons auf ein er-
trägliches Maß zurückgestuft wurde.
Schwarz veränderte auch die Planungen für die Nord-Süd-Fahrt. Er verleg-
te sie an den Rand, um wenigstens
die kölschen Veedel Eigelstein und Severinsviertel erhalten zu können, und
plante eine 18 Meter breite, sechsspu-
rige Fahrbahn einschließlich der Stra-
ßenbahngleise und Fußgängerwege
von jeweils drei Meter Breite. Die 1975
endgültig fertig gestellte Straße hat
jedoch an der schmalsten Stelle eine
Breite von 24 Metern, ohne Straßenbahn, Fußgänger- oder Fahrradwege.
Traditionelle Straßen wie Unter Krah-
nenbäumen verschwanden zum großen Teil unter dem Beton der neuen
Straße. Der Bau eines Tunnels ermög-

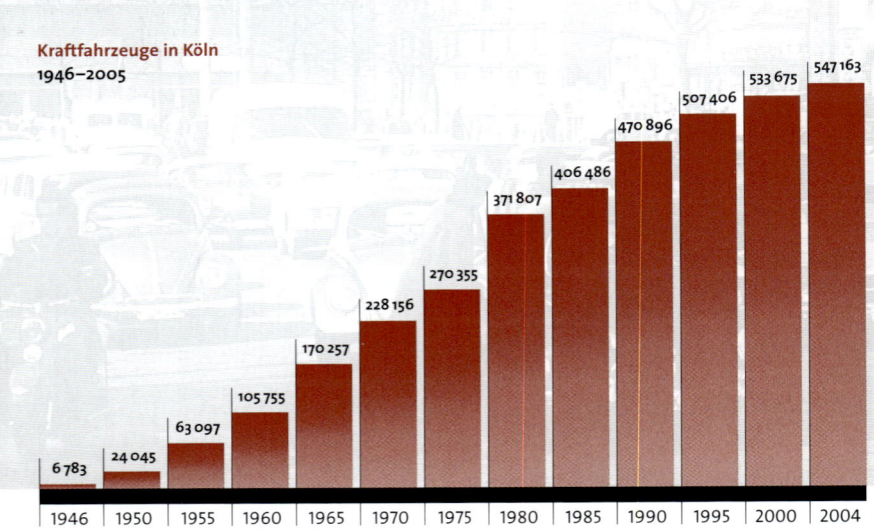

Kraftfahrzeuge in Köln
1946–2005

Jahr	Anzahl
1946	6 783
1950	24 045
1955	63 097
1960	105 755
1965	170 257
1970	228 156
1975	270 355
1980	371 807
1985	406 486
1990	470 896
1995	507 406
2000	533 675
2004	547 163

lichte es wenigstens, die Schildergasse zur Fußgängerzone umzugestalten. Auf einem weiteren Tunnelstück wurde in den letzten Jahren das Welthaus von Renzo Piano gebaut, nicht ohne einen jahrelangen Streit über die Statik. In den letzten Jahren wurden wiederholt Vorschläge entwickelt, zwischen Oper und WDR – also in dem Bereich, auf den wir jetzt blicken – einen Tunnel zu errichten und diesen dann zu bebauen. Das Projekt wird vom WDR unterstützt; schließlich leidet der Sender chronisch an Raumnot. Doch wegen der sehr hohen Kosten dürfte daraus wohl auf lange Sicht nichts werden.

Der Bau der Nord-Süd-Fahrt öffnete die Stadt dem Autoverkehr und war Beginn der Entwicklung zur **autogerechten Stadt.** Der Generalverkehrsplan von 1956 hatte die verkehrsmittelgerechte Stadt zum Leitbild und sprach dem Individualverkehr den eindeutigen Vorrang zu. Oberstadtdirektor Max Adenauer sah das Vorbild in den USA und wünschte sich, dass man zukünftig »wie in Amerika schon für 200 Meter seinen Wagen benutzen kann.« Durch den 1965 vollendeten Autobahnring um Köln sollte der Transitverkehr aus der Stadt herausgehalten werden. Bereits 1961 wurde das meist befahrene Autobahnteilstück in der Bundesrepublik Deutschland, die A 3 zwischen Köln und Leverkusen sechsspurig ausgebaut. Für den notwendigen Verkehr in der Stadt wurden die Radialstraßen verbreitert, mit halbkreisförmig geführten Straßen kombiniert und Parkhäuser gebaut sowie Fahrradwege beseitigt. Der Kaufhof eröffnete 1957 an der Cäcilienstra-

ße das heute noch betriebene erste öffentlich zugängliche Parkhaus, das als ein Meisterstück der Architektur der fünfziger Jahre gilt. Die 1962 beschlossene Stadtautobahn wurde glück-

oben: **Autobahnzufahrt** zur Zoobrücke
unten: Für Fußgänger lebensgefährlich:
Autoverkehr am Rudolfplatz, um 1960

licherweise nur zum Teil verwirklicht; sie hätte weite Teile des Inneren Grüngürtels zerstört. Realisiert wurden die Zoobrücke und der rechtsrheinische Anschluss an den Autobahnring sowie die Weiterführung der A 57 bis an die Innere Kanalstraße, wodurch der Blücherpark stark beeinträchtigt wurde.

Doch alle Erwartungen über die Ent-

U-Bahn-Bau an der Burgmauer, 1965

Hbf nieder. Die in offener Bauweise erbaute U-Bahn verwandelte die gesamte Innenstadt über Jahre in eine riesige Baustelle. 1968 wurde schließlich die erste, 1,4 Kilometer lange Teilstrecke zwischen Dom/Hauptbahnhof und Friesenplatz eröffnet.

Wir überqueren nun die Nord-Süd-Fahrt und erblicken bereits von weitem **17 das Vierscheibenhaus des WDR,** das zwischen 1962 und 1970 erbaut wurde. Diesen Koloss eines 165 Meter langen Gebäudekomplexes mitten im Zentrum der Stadt zu errichten, stieß bereits während des Baus auf lebhafte Kritik. Das Haus war als Hochhaus geplant, doch durfte es so nicht errichtet werden, weswegen es heute wie ein umgekipptes Hochhaus aussieht. Immerhin ist es den Architekten Helmut Hentrich und Hubert Petschnigg gelungen, dem Rie-

wicklung des Stadtverkehrs wurden von der Wirklichkeit überrollt. Langsam dachte man nun an den Ausbau des öffentlichen Personennahverkehrs. 1962 beschloss der Rat nicht nur den Bau einer Stadtautobahn, sondern auch den einer »Unterpflasterstraßenbahn«, gemeinhin auch U-Bahn genannt. Bereits am 19. September 1963 ging der erste Rammschlag für den Streckenabschnitt Friesenplatz-Dom/

Vierscheibenhaus des WDR, um 1970

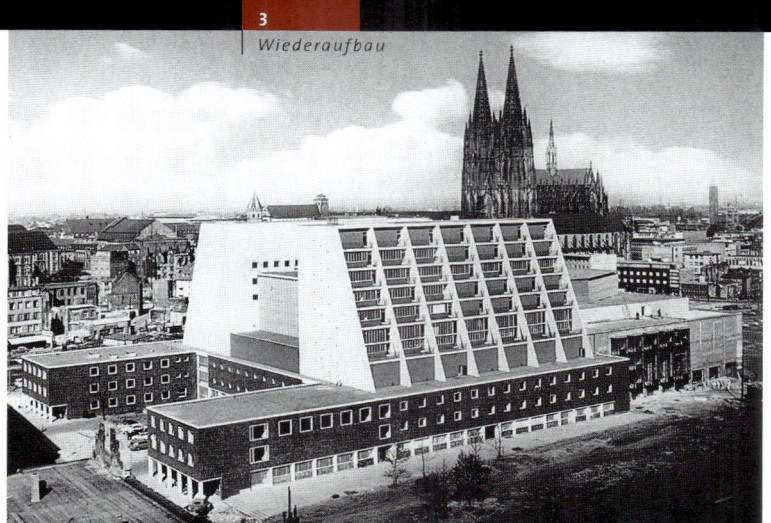

Der Neubau des Opernhauses, um 1955

sengebäude einen Teil seiner Schwere zu nehmen, indem sie es in vier horizontal lagernde, gleichmäßig gestaltete Scheiben zerschnitten und diese gegeneinander versetzten sowie ein freistehendes Tragwerk im Erdgeschoss schufen, das Fußgängern den Durchweg erlaubt. Das neue Verwaltungsgebäude bot rund 700 Mitarbeitern des WDR Platz, deren Büros bislang in der ganzen Stadt verteilt waren. Noch an weiteren Stellen befinden sich Bauten des WDR – wie das Haus Berlich in der Breite Straße, das Haus Große Budengasse, das Reichardhaus, das Haus Breite Straße.

Vorbei an der neuesten Erweiterung, den 1996 fertig gestellten WDR-Arkaden der Architekten Gottfried und Peter Böhm, gehen wir durch die Schwertnergasse auf den **18** **Offenbachplatz** vor der **Oper.** An der Stelle, an der die in der Pogromnacht und durch den Krieg zerstörte große Synagoge gestanden hatte, wurde am 18. Mai 1957 feierlich das neue Opernhaus in Anwesenheit von Bundespräsident Theodor Heuss und Bundeskanzler Konrad Adenauer eröffnet. Aufgeführt wurde »Oberon« von Carl Maria von Weber in der Inszenierung von Herbert Maisch und unter der musikalischen Leitung von Otto Ackermann. Die Oper wurde als »das schönste Theater Deutschlands« gefeiert. Es fasst 1346 Plätze, und der Bau der 22 fächerförmig angeordneten Logen machte es möglich, dass kein Platz mehr als 29 Metern von der Bühne entfernt ist. Das alte Opernhaus am Habsburger Ring in der Nähe des Rudolfplatzes hatte keine Chance: Obwohl gut erhalten und wiederaufbaufähig, entschloss man sich – die Architektur des beginnenden 20. Jahrhunderts missachtend – das Gebäude abzureißen. Um den neuen Standort der Oper hatte man längere Zeit gerungen. In

kannten Intendanten«. Die in den letzten Jahren geführte Debatte über einen möglichen Abriss oder die dringend notwendige Restaurierung des Gebäudes gestaltete sich ebenso geschichtslos und banausenhaft wie der seinerzeitige Abriss der alten Oper. Glücklicherweise haben sich im Frühjahr 2005 Rat und Verwaltung für die Sanierung der Oper ausgesprochen.

Günter Wand, 1946. Wegen der großen Kälte trugen viele Musiker Hut und Mantel.

Günter Wand (1912–2002) wurde in Elberfeld geboren und studierte in Köln Philosophie, Musikwissenschaft und Kunstgeschichte sowie in München Klavier, Komposition und Dirigieren. 1939 wurde er Kapellmeister an der Kölner Oper. 1944 übernahm er die Leitung des Mozarteum-Orchesters in Salzburg. Im Oktober 1945 erhielt er den Auftrag zur Reorganisation des Kölner Musiklebens und wurde zum Generalmusikdirektor für Oper und Konzert ernannt. Ein Jahr später wurde die musikalische Leitung der Oper auf Vorschlag Wands abgetrennt. Er widmete sich als »Gürzenich-Kapellmeister« ausschließlich seinem Orchester, das er bis 1974 leitete. Er machte das Gürzenich-Orchester zu einem hervorragenden Ensemble. Er widmete sich auch der modernen Musik. Eine große Zahl von Ur- und Erstaufführungen von Werken Bernd Alois Zimmermanns, Wolfgang Fortners und Oliver Messiaens u.a. zeugen davon. Auch nach seiner Pensionierung gelangen Wand sensationelle Erfolge als Dirigent. Von 1982 bis 1991 war er Chefdirigent des NDR-Sinfonieorchesters. Er erhielt mehrere Auszeichnungen als Ehrendirigent und Schallplattenpreise.

der Diskussion waren auch der Stadtgarten oder der Volksgarten, bis 1951 der heutige Standort festgelegt wurde. Der Architekt des Gebäudes war Wilhelm Riphahn. Die Oper gilt als eine der wichtigsten Bauten des Wiederaufbaus in Köln und auch darüber hinaus. An dem 15-Millionen-Mark-Bau sind Foyer, Zuschauerraum, Bühne, Werkstätten und Verwaltung klar ablesbar. Wegen seiner auffallenden Gestalt nannte der Volksmund das Opernhaus auch »Grabmal des unbe-

Der Abriss von einer Oper innerhalb von fünfzig Jahren sollte doch eigentlich reichen – so meint man. Jedoch stellt die Oper nur ein Teil eines Ensembles von Riphahn-Bauten dar. Dazu gehört auch das 1962 vollendete Schauspielhaus, das flache Restaurantgebäude und auch die gegenüber der Oper auf der anderen Straßenseite befindlichen Wohn- und Geschäftshäuser. Das Schauspielhaus steht nun zur Disposition. Auch dies ist eine bedenkliche Entscheidung.

Günter Wand prägte als Gür-zenich-Kapellmeister das Kölner Musikleben nachhaltig. Herbert Maisch war seit 1947 Generalintendant. Aus der kurzen Ära von Oskar Fritz Schuh (1960–1964) ist vor allem seine Ablehnung, die Oper »Die Soldaten« von Bernd Alois Zimmermanns aufzuführen, in Erinnerung geblieben. Dies wurde erst 1965 unter Arno Assmann in der Kölner Oper nachgeholt. Doch moderne Opern wurden durchaus an der Kölner Oper gespielt; so die deutsche Erstaufführung von Luigi Nonos »Intolleranza 1960« am 3. April 1962, kurz nachdem es in Venedig bei ihrer Uraufführung zu Tumulten gekommen war.

Wir überqueren nun die Nord-Süd-Fahrt und gehen über die **Brückenstraße** zur **19** **Hohe Straße.** Bereits 1948 wurde die Hohe Straße für den Autoverkehr gesperrt und am 29. Septem-

Eröffnung der Fußgängerzone Hohe Straße mit **Oberbürgermeister Burauen, September 1967**

ber 1967 offiziell zur Fußgängerzone erklärt, die vom Hauptbahnhof über Hohe Straße – Schildergasse – Neumarkt – Mittelstraße bis zum Ring geplant war. Sie wurde ein Vorbild für viele andere Städte. »Eine der schönsten und größten verkehrsfreien Einkaufsstraßen Europas, ja, ich glaube sagen zu können, der Welt«, so meinte Oberbürgermeister Burauen. Die Kölner neigen halt etwas zu Übertreibungen. Bereits in den fünfziger Jahren zeigte sich, dass der nach Kriegsende entstandene Wunsch, im Zentrum urbanes Wohnen entstehen zu lassen, gescheitert war. Vielmehr wurde in der Innenstadt eine Flut von Dienstleistungsbetrieben angesiedelt und es entstand eine »City« mit einem Einkaufszentrum, das nach Ladenschluss unwirtlich menschenleer wurde.

Hohe Straße, um 1960

Campi Eisdiele, 1946

Auf der Hohe Straße 134b, wo sich heute ein Fastfood-Restaurant befindet, eröffnete Gigi Campi bereits 1948 die **20** »**Campi Eis-Diele**« – eine besondere Attraktion in Köln. Seit 1935 betrieb die italienische Familie Campi die wohl erste Eisdiele in Köln. Gigi Campi hat über viele Jahrzehnte die Kölner Jazzszene nachhaltig gefördert. In der Eisdiele an der Hohe Straße traf sich internationale Prominenz: Juliette Greco, Luigi Nono, Bruno Maderna,

Severino Gazzelloni, Karl Drewo, Karlheinz Stockhausen, Louis Armstrong und Duke Ellington. Campi hatte 1954 eine Plattenfirma gegründet, die »mod records«, die dem »Modern Jazz« ein Forum bot. Auf die Initiative von Campi ging auch die Gründung der »Kenny Clarke-Francy Boland-Big Band« zurück. 1980 gab er das Lokal auf, heute führt er u.a. das Café und Restaurant im WDR-Gebäude am Wallrafplatz, an dessen Wänden zahlreiche Musikerporträts von Chargesheimer hängen.

Wir biegen jetzt rechts in die Große Budengasse ein (auch wenn hier mal wieder kein Straßenschild zu finden ist) und erreichen dort den vor dem Spanischen Bau des Rathauses gelegenen **21** **Theo-Burauen-Platz,** der frei-

Theo Burauen (1906–1987) wurde im Severinsviertel als Sohn eines Schriftsetzers geboren. Nach einer Lehre und Anstellung als kaufmännischer Angestellter übernahm er 1927 eine Stelle in der sozialdemokratischen Konsumgenossenschaft »Hoffnung« und ein Jahr später im Verlag der »Rheinischen Zeitung«. Seit 1923 war er Mitglied der Gewerkschaften und seit 1926 der SPD. Nach der Machtübernahme der Nationalsozialisten wurde er arbeitslos und schlug sich mit Gelegenheitsjobs durch, bis er für fünf Jahre Soldat wurde. In Widerstandsgruppen war Burauen nicht aktiv und blieb abgesehen von Vernehmungen im Jahr 1933 von der Gestapo weitgehend unbehelligt. Im Juli 1945 wurde er »Aushilfsangestellter« beim Ernährungsamt der Stadt Köln. 1946 wurde er zum Vorsitzenden des Ortsausschusses Köln-Mitte gewählt und im gleichen Jahr in den Stadtrat. Bereits 1948 wählte man ihn zum Fraktionsvorsitzenden. Beruflich wechselte er 1948 als Geschäftsführer zur Arbeiterwohlfahrt. Der Stadtrat wählte ihn 1954 zum Bürgermeister und schließlich 1956 zum Oberbürgermeister, was er bis 1973 blieb. Er hat damit die Zeit des Wiederaufbaus geprägt. Zudem gehörte er dem NRW-Landtag von 1954 bis 1966 und war u.a. Vorsitzender der Landschaftsversammlung Rheinland von 1957 bis 1961 und von 1965 bis 1973. Als »kölscher Oberbürgermeister«, wie der große Karnevalsjeck und begnadete Büttenredner sich verstand, als »begeisterter Sozialpolitiker« und praktizierender Katholik erreichte »uns Döres« eine große Popularität. Dank Burauen erzielte die SPD große Siege bei den Kommunalwahlen – 1964 sogar mit 57,4 Prozent.

Josef Kardinal Frings (1887–1978) wurde als Sohn einer Neusser Fabrikantenfamilie geboren. 1910 wurde er zum Priester geweiht und promovierte 1916 in Theologie. Er war tätig als Kaplan in Zollstock (1910–1913), Pfarr-Rektor in Fühlingen (1915–1922) und Pfarrer in Braunsfeld (1924–1937) sowie als Regens des Erzbischöflichen Priesterseminars in Bensberg, bis er 1942 zum Erzbischof von Köln berufen wurde. In der NS-Zeit äußerte er sich als einer der wenigen katholischen Bischöfe öffentlich kritisch über den Nationalsozialismus und verurteilte »Euthanasie« und Judenmord [→ S. 114 f.]. 1946 wurde er zum Kardinal erhoben und war von 1945 bis 1965 Vorsitzender der Fuldaer Bischofskonferenz. Auf dem Zweiten Vatikanischen Konzil zählte er zu den führenden Persönlichkeiten der Reformbewegung. Frings engagierte sich stark für die Wiederaufnahme Deutschlands in die Völkergemeinschaft und für die Versöhnung der Völker. Die Gründung der Hilfswerke »Misereor« (1958) und »Adveniat« (1961) verstand er als einen Dank für die Deutschland nach dem Krieg gewährte Hilfe. 1967 wurde er Ehrenbürger der Stadt Köln. Krankheitsbedingt legte er 1969 seine Ämter nieder. Köln ehrt ihn mit einer Figur auf dem Ratsturm (drittes Obergeschoss, Nordseite).

lich mehr ein »Plätzchen« ist. Er erinnert an den populärsten Kölner Oberbürgermeister im 20. Jahrhundert.

Es wird wohl reiner Zufall sein, dass heute den beiden populärsten Persönlichkeiten in der Nachkriegszeit in Köln in unmittelbarer Nachbarschaft gedacht wird. Einen Steinwurf weiter (Unter Goldschmied in Richtung Museum) befindet sich auf dem **22** **Laurenzplatz** seit 1998 das **Denkmal für Josef Kardinal Frings.** Berühmt geworden ist Frings wegen des »fringsen«, seinem Hirtenwort zu den Überlebensstrategien der Bevölkerung nach dem Krieg. Der »Klüttenklau« erlangte damit bischöfliche Absolution. Der Satz stand zwar durchaus in einem anderen Kontext, doch die hungernden und frierenden Menschen hörten es gerne. Das populäre Wort fand sogar Eingang im »Wörterbuch der deutschen Sprache«, wo es erklärt wird mit »stehlen in größter Not«.

»Fringsen«

»Wir leben in Zeiten, da in der Not auch der einzelne wird nehmen dürfen, was er zur Erhaltung seines Lebens und seiner Gesundheit notwendig hat, wenn er es auf andere Weise, durch seine Arbeit oder durch Bitten nicht erlangen kann.«

Kennedy bei seiner Ansprache und beim Bad in der Menge, 23. Juni 1963

Wir biegen nun um die Ecke zum historischen Rathaus. In der **Portals-gasse** am seitlichen Eingang zum Spanischen Bau, dem erhalten gebliebenen Portal, befindet sich eine **Gedenk-tafel,** die daran erinnert, dass von hier aus US-Präsident John F. Kennedy am 23. Juni 1963 zu den Kölnern sprach. Er wurde hier mit großem Jubel empfangen und verstand es, den Kölnern zu schmeicheln: »Ich komme aus der Stadt Boston, die stolz darauf ist, die älteste Stadt Amerikas zu sein. Aber es ist dann etwas ernüchternd, wenn man in eine Stadt kommt, die so viel älter ist als Boston, in eine Stadt, wo schon römische Kultur herrschte, als man sich dort noch gegenseitig skalpierte.« Er schloss seine Rede mit einem »Köllen Alaaf«.

Es herrschte auch in Köln große Trauer, als der junge Präsident ein halbes Jahr später, am 29. November 1963, einem Attentat zum Opfer fiel. Staatsbesuche waren in Köln aufgrund der Nähe zur Bundeshauptstadt recht häufig. Sie waren für Bevölkerung und Politik ein Zeichen der wieder gewonnenen Normalität nach dem Krieg. Umjubelt wurden auch die großen Staatsbesuche des französischen Präsidenten de Gaulle am 5. September 1962 und vor allem von Königin Elisabeth II. am 25. Mai 1965.

Oberbürgermeister Theo Burauen mit Königin Elisabeth II., 1965

Der **23** »**Spanische Bau**« ist ein kompletter Neubau aus den Jahren 1954 und 1955. Am 2. Januar 1956 nahmen hier Rat und Verwaltung ihre Tätigkeit auf und konnten erst jetzt das provisorische Rathaus, das im »Allianz-Gebäude« am Kaiser-Wilhelm-Ring untergebracht war, [→ S. 192 f.] verlassen. Es enthält den großen Sitzungssaal des Rathauses. Der Name des Vorgängerbaus, der daher rührte, dass dort

einst – ein einziges Mal! – die Spanische Liga in der Zeit des Dreißigjährigen Krieges getagt hat, wurde beibehalten. Der von Theodor Teichen und Franz Löwenstein entworfene Bau wurde um einen offenen Hof im Norden und um einen geschlossenen im Süden angelegt. Bis auf die Fenster des Ratssaals im Obergeschoß und die Verglasung der Treppenhalle sind die Fenster durchgängig gleich gehalten und geben dem Bau eine gewisse Ruhe. Die zentrale, sehr schwungvolle Treppe erschließt den mehrgeschossigen Bau und führt zum Ratssaal. Sie

verläuft vor einer von Georg Meistermann gestalteten Glaswand in die Höhe, auf der Namen von Persönlichkeiten aus der Stadtgeschichte abgebildet sind. Die fast vollständig erhaltene Inneneinrichtung ist ein eindrucksvolles Zeugnis der Kunst der fünfziger

Treppe im Spanischen Bau, oben: das von Georg Meistermann gestalteten Fenster zur Stadtgeschichte

Jahre mit ihren charakteristischen gewundenen Formen. Im Jahr 2004 wurde eine wunderschön gelungene Restaurierung abgeschlossen. Eine Besichtigung ist ein absolutes Muss!

Vom im Krieg zerstörten **24 Rathaus** wurde nur das »Historische Rathaus« mit dem Ratsturm wieder aufgebaut. Architekt des Neubaus war Karl Band, der die erhalten gebliebenen Teile integrierte. Das 1972 eingeweihte Rathaus erhielt eine großzügig angelegte »Piazetta«. Fortan kämpft man bei allen Veranstaltungen mit den akustischen Problemen, die der riesige Raum schafft. Da hilft auch nicht die 1975 aufgehängte »Wolke« von Hein Trier, die die Piazetta nicht mehr so gewal-

Gürzenich im Bau, um 1954

tig erscheinen lässt. Der Ratsturm mit seinen Figuren wurde erst 1995 fertig gestellt. Um das Figurenprogramm wurde in einer eigens bestellten Kommission hart gerungen. Einige Frauen – allen voran Irene Franken – trotzten doch noch einige zusätzliche Figuren von Frauen ab. Die Figuren konnten dank der Großzügigkeit von zahlreichen Stiftern erstellt werden. Dachten die Spender, ihr gutes Werk würde Ewigkeiten halten, da stets betont wurde, die Figuren seien besonders witterungsbeständig hergestellt worden, so wunderten sie sich nicht schlecht, als sich im Jahre 2004 herausstellte, dass zahlreiche Figuren stark beschädigt sind und erneuert werden müssen. Drum wird der Turm für die nächsten Jahre wieder einmal hinter einer Verkleidung verschwinden.

Der nahe gelegene **25** **Gürzenich** gilt als das »vielleicht schönste ›Gesamtkunstwerk‹ der 50er Jahre in Deutschland« (so Wolfram Hagspiel). Der Gürzenich wurde am 2. Oktober 1955 eingeweiht. Sein Bau stellt eine Gemeinschaftsarbeit zweier Architektenbüros dar, die im Wettbewerb 1949 beide den zweiten Preis erreichten (ein erster wurde nicht vergeben): Rudolf Schwarz und Josef Bernard sowie Karl Band mit Hans Schilling. Bei dem Gürzenich handelt es sich eigentlich nicht um einen Wiederaufbau, sondern um einen

»Gürzenich-Grill«, 1955

Neubau, der zwei vormals eigenständige Gebäude miteinander verschmolzen hat. Denn, was selten in der Literatur beschrieben wird: der mittlere Teil, der Anbau der ab 1854 nach Plänen des Stadtbaumeisters Julius Raschdorff errichtet worden war, musste weichen, obwohl er durchaus hätte wieder aufgebaut werden können. Der heutige Gürzenich-Saal füllt die gesamte Raumhülle des alten Gürzenichs. Licht fällt von drei Seiten her über schmale Kreuzstockfenster. Zudem entstanden eine große Wandelhalle, die an eine Kirche mit Vorhalle, Langhaus und Chor erinnert und mit Stützpfeilern auf die imposante Haupttreppe zuführt, sowie ein Neubau mit der Wandelhalle und dem Isabellensaal. Die als Mahnmal erhalten gebliebene Ruine von St. Alban wurde bewusst mit einbezogen und soll selbst bei ausschweifenden Karnevalsbällen an die Schrecken des Krieges erinnern. Warum der Bau häufig als »Gesamtkunstwerk« bezeichnet wird, erschließt sich schnell beim näheren Hinsehen. Es herrscht eine fast verspielte Durchgestaltung, geradezu eine Verliebtheit bis zum Detail: die Fenster, Wandgemälde in der Garderobe, die »Katzenzungen-Decke« genannte Rabbitzdecke im Festsaal, Türlaibungen, Türgriffe, Brüstungsgitter und Balustraden, Treppenaufgänge. An dem Bau waren zahlreiche Kunstgattungen und Künstler beteiligt: die Türen von Ewald Mataré, die Decke im großen Saal von Ludwig Gies, die Malereien von Richard Seewald, die Fenster von Wilhelm Teuwen und

Hans Lüneborg, die Schnitzereien und Bildhauerarbeiten von Klaus Balke, Erika Vonhoff, Elmar Hillebrand, Sepp Hürten, Theo Heiermann und Paul Weikmann, die bronzene Brunnen von Paul Nagel und die Mosaike von Helmut Kaldenhoff.

Festsaal des Gürzenich, um 1960
links: **Tünnes und Schäl: Türgriff von Ewald Mataré am Hauptportal**

Verwendet wurde nur das feinste Material: Kölns gut Stube sollte auch die schönste werden. Der Gürzenich ist eben mehr als ein Gebäude, ein Symbol, der Inbegriff von Heimat und kölscher Seele. Dies ließen sich die Kölner einiges kosten. Kölner Bürger haben für »ihren« Gürzenich fleißig gesammelt. Weil von der Düsseldorfer Landesregierung kein Geld floss, war wieder einmal bürgerschaftliches Engagement gefragt. Zur Einweihung am 2. Oktober 1955 spielte erstmals wieder nach dem Krieg das Gürzenichorchester unter Günter Wand im neuen Saal.

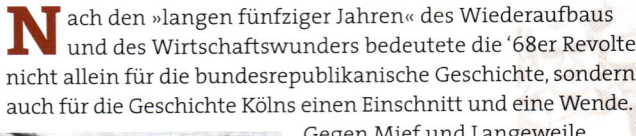

Die '68er Revolte

rechts: **KVB-Demon-stration** auf dem **Rudolfplatz, 22. Oktober 1966**

Nach den »langen fünfziger Jahren« des Wiederaufbaus und des Wirtschaftswunders bedeutete die '68er Revolte nicht allein für die bundesrepublikanische Geschichte, sondern auch für die Geschichte Kölns einen Einschnitt und eine Wende.

Neumarkt der Künste, 1969

Gegen Mief und Langeweile, Ordnungswahn und spießbürgerliche Sexualmoral der geformten und statischen Konsumgesellschaft distanzierten sich seit Mitte der sechziger Jahre unangepasste Hippies, von der Mehrheitsgesellschaft auch gerne »Gammler« genannt, durch ihre eigene Musik, Kleidung und Aussehen und versuchten, Ungebundenheit, Freiheit und Ekstase zu leben. Sie bildeten einen Nährboden für die antiautoritäre Protestbewegung der kommenden Jahre. Die Revolte brach in Köln eher beiläufig aus – über Proteste gegen eine KVB-Preiserhöhung. Bei der '68er Revolte handelte es nicht um eine Rebellion aus Armut oder sozialer Benachteiligung, sondern um ein Aufbegehren von Angehörigen des Bildungsbürgertums und der Mittelschicht. Beteiligt waren vor allem Studenten, auch wenn sich eine größere Zahl von Schülern an den Demonstrationen beteiligte. Da damals lediglich zehn Prozent eines Jahrgangs studierten, stammten mithin die meisten aus sozial gesicherten Verhältnissen. Die Bewegung politisierte sich rasch. Die Außerparlamentarische Opposition (APO) richtete sich gegen die Große Koalition und deren Notstandsgesetze; lebhaften Protest rief der Vietnamkrieg hervor; basisdemokratische Forderungen bestimmten bald den »Unikampf« und zudem brach sich eine kulturelle und sexuelle Revolution Bahn. Dies werden wir am Beispiel Kölns auf unserem Rundgang kennen lernen.

Bereits 1969, spätestens 1970 zerfiel die Bewegung in drei Teile: Eine kleine Minderheit glitt in den Terrorismus ab, ein größerer Teil verwirklichte eigene Lebensformen in den »neuen sozialen Bewegungen« und die weit überwiegende Mehrheit wandte sich wieder ihrem Studium und ihrer Karriere zu und begann den »Marsch durch die Institutionen«. Getreu dem Motto: »Wer 1968 nicht dabei war, der hatte kein Herz, wer 1970 noch dabei ist, der hat keinen Verstand!« verwirklichte eine ganze Reihe für sich persönlich das Räteprinzip: als Studienräte, Betriebsräte, Ministerialräte ... Die '68er sind ein Mythos geworden. Die Alt-68er pflegen ihn mit Sprüchen wie »Ich möchte diese Zeit nicht missen«. Ihre Gegner geißeln sie entweder nach wie vor oder singen mittlerweile das Hohelied über sie. Sicherlich sind bei den '68ern Einseitigkeiten (wie bei der Einschätzung der Invasion der Truppen des Warschauer Paktes in die Tschechoslowakei 1968 im Vergleich zum Vietnam-Krieg) und Fehler zu verzeichnen. Doch was für Fehler im Vergleich zu den vorangehenden Generationen! Die '68er Revolte hat die Gesellschaft mehr verändert, als ihre Anhänger ahnten und ihre Gegner befürchteten.

KVB-Demonstration,
22. Oktober 1966

Rundgang

Wir beginnen unseren Rundgang zur '68er Revolte in Köln dort, wo sie bereits 1966 begann: mit den berühmten **KVB-Demonstrationen** am **1 Rudolfplatz.** Der Anlass war eher nichtig, die Wirkung jedoch umso größer. Schüler/innen und Student/-innen protestierten gegen eine Erhöhung der KVB-Preise. Statt 33 Pfennigen sollten ihre Fahrscheine 50 Pfennig kosten, mithin eine Preiserhöhung von 52 Prozent, während Erwachsene

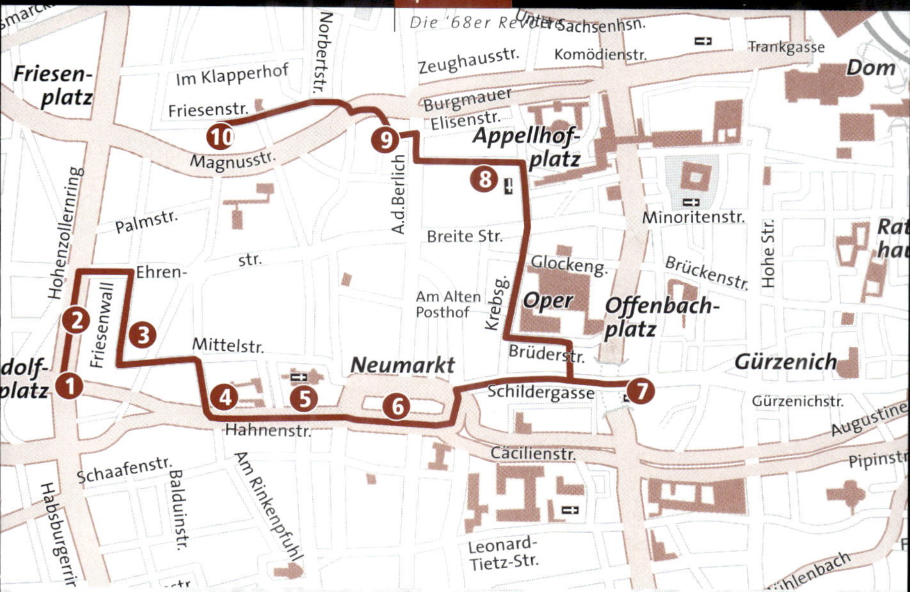

Norbertstr. · Unter Sachsenhsn. · Zeughausstr. · Komödienstr. · Trankgasse · Dom

Friesen-platz · Im Klapperhof · Friesenstr. · Burgmauer · Elisenstr. · Appellhof-platz

10 · Magnusstr. · **9**

8

A.d.Berlich · Breite Str. · Minoritenstr. · Hohe Str. · Rat-hau

Hohenzollernring · Palmstr. · Ehren-str. · Glockeng. · Brückenstr.

Friesenwall · **2** · **3** · Mittelstr. · Am Alten Posthof · Krebsg. · Oper · Offenbach-platz

dolf-platz · **1** · **4** · **5** · **6** · Neumarkt · Brüderstr. · Gürzenich

Hahnenstr. · Schildergasse · **7** · Gürzenichstr. · Augustine

Schaafenstr. · Balduinstr. · Am Rinkenpfuhl · Cäcilienstr. · Pipinstr

Habsburgerrir · Leonard-Tietz-Str. · ühlenbach

nur 25 Prozent mehr zahlen sollten. Dies war nun doch für viele zu viel. Zwischen dem 21. und 24. Oktober 1966 fanden in Köln Demonstrationen Tausender Menschen statt, bei denen es zu gewaltsamen Ausschreitungen kam. Am Ende war Köln nicht mehr so wie früher.

Die Initiative zur Demonstration kam von dort, von wo man sie am wenigsten vermutet hätte: Ausgerechnet die Schulsprecherin Susanne Schweitzer der von Nonnen geführten Liebfrauenschule in Lindenthal – ein Gymnasium, auf das vor allem die gutbürgerlichen Schichten gerne ihre Töchter schickten – gewann den Bezirksschülerrat für eine Demonstration. Da die Schülerin erst 18 Jahre alt war und damit zum damali-gen Zeitpunkt noch nicht volljährig, konnte sie die Demonstration nicht anmelden. Sie wandte sich daher an den AStA der Universität und sein Vorsitzender Klaus Laepple – ein CDU-Mitglied – unterschrieb. Eine Unterschrift, die Folgen haben sollte. Erst dadurch wurden die Studenten wach und kamen mit ins Spiel. Am **21. Oktober 1966** strömten **über 6 000 Jugendliche,** vor allem Schüler/innen von 18 Kölner Gymnasien, zur Demon-

KVB-Demonstration auf dem Rudolfplatz, 22. Oktober 1966

Gut beschirmte Demonstranten bei der
»Regenschirmdemonstration« auf dem
Rudolfplatz, 22. Oktober 1966

stration. Sie blockierten Straßenbahnenschienen, anfahrende Bahnen wurden unter wüsten Protesten zum Stehen gebracht, andere sprangen aus den Schienen. Ein Sitzstreik legte den Neumarkt lahm. Die Schüler trugen Schilder mit eindeutigen Parolen: »Ausbeutung«, »Bereicherung auf Kosten der Schwächsten«, »Dann doch lieber zu Fuß«, »Nieder mit der SPD«. Die Polizei wurde mit Eiern und Tomaten beworfen und ging mit Knüppeln auf die jungen Leute los, setzte Reiterstaffeln und schließlich Wasserwerfer ein. Am Ende schlugen einige Demonstranten auch Scheiben von Straßenbahnen ein, ein Fahrscheinautomat wurde in Brand gesetzt und schließlich mit Steinen geworfen. Zwölf Personen wurden verletzt und 39 verhaftet.

Das hatte Köln schon lange nicht mehr gesehen: Es waren die heftigsten Krawalle seit 1945. »Pennäler-Krawall« titelte der »Express« am anderen Tag: »Pennäler stürmten enthemmt weiter, hier zu den Takten von Beatmusik, dort aufgepeitscht von kriminellen Einpeitschern.« SPD-Oberbürgermeister Burauen schrieb am 27. Oktober 1966 in einem Artikel im »Express« mit dem Titel »Ich klage an«: »Das waren aber keine Pennäler, sondern Gammler und sonstige Müßiggänger, die auf Kosten unserer Gesellschaft leben, ohne ihren Beitrag ihr Leben zu fristen gedenken. ... KÖLN LEBT UND BESTEHT AUCH OHNE DIE, DIE MIT UNSERER STADT UNZUFRIEDEN SIND: WIR KÖNNEN AUF EINE GANZE REIHE VON IHNEN GANZ GERN VERZICHTEN!«
Doch auf die Schüler und Studenten hatte die Demonstration eine stimulierende Wirkung. Nach einer kurzen

Nacht trafen sich am kommenden Tag – Samstag, dem 22. Oktober 1966 – erneut Schüler und jetzt auch mehr Studenten und blockierten die Straßenbahnen am Rudolfplatz. Da es damals regnete und ein ordentlicher Demonstrant noch mit Regenschirm zur Demonstration ging, ist diese Demo als »Regenschirmdemonstration« in die Geschichte der '68er Revolte eingegangen. Manch ein Student kam im Straßenanzug mit Schlips und Kragen – und eben dem Regenschirm – zur Demonstration. Für viele Studenten bedeutete die Teilnahme ein erstes Ausbrechen aus der bisherigen Ordnung – ein Ausbrechen aus der Enge und den Zwängen der fünfziger Jahre. Es zeigte sich schon in ihrem Äußeren, wie stark sie noch in der alten Zeit verwurzelt waren. Das mit dem Schlipstragen sollte sich daher auch rasch legen.

Die Demonstration hatte ein gerichtliches Nachspiel. Die KVB schickte postwendend dem AStA-Chef Laepple eine Rechnung über 89 292 Mark für die entstandenen Schäden. Da Laepple nicht zahlte, ging es vor Gericht: Das Landgericht sprach ihn frei, doch der Bundesgerichtshof hob dieses Urteil zwei Jahre später wieder auf mit der Begründung, auch Sitzstreiks seien ein Gewaltakt. Das Urteil ging als »Laepple-Urteil« in die Rechtsgeschichte der Bundesrepublik ein.

Vom Rudolfplatz gehen wir nun ein Stück über den **2** **Hohenzollernring.** Auf der Höhe des UFA-Kinos erblicken wir auf dem Mittelstreifen der Straße – auch wenn man es auf den ersten Blick nicht erkennen mag – ein Kunstwerk: **Ruhender Verkehr** von Wolf Vostell. In dem Betonklotz befindet sich ein Automobil – und zwar das des Künstlers, ein Opel Kapitän L, Baujahr 1964, mit dem amtlichen Kennzeichen K-HM 175, in das der Beton gegossen

»Der ruhende Verkehr« an seinem ursprünglichen »Standort« in der Domstraße, 1969

wurde, während das Autoradio noch lief. Auch verschiedene Zeitschriften und Zeitungen wurden als Dokumente in diesen Sarg mit eingemauert. Vostell setzte sich mit seiner »Ereignisplastik« kritisch, aber auch ironisch mit dem zunehmenden Autoverkehr auseinander. Der Straßenverkehr wurde sinnbildlich durch ein einbetoniertes Auto zur Ruhe gebracht. Betonierung, das bedeutet eben auch einen Hinweis auf krankhafte, verhärtete

Wolf Vostell (1932–1998), der als Sohn eines Eisenbahnschaffners in Leverkusen geboren wurde, studierte nach einer Lehre als Photolithograph an der Werkkunstschule Wuppertal, an der École des Beaux-Arts in Paris und an der Staatlichen Kunstakademie Düsseldorf. Er trat 1958 mit ersten Straßenhappenings in Paris auf und siedelte ein Jahr später nach Köln über. Seine Leitidee lautete: »Kunst ist Leben, Leben ist Kunst«. 1959 nahm er eine Professur für Typographie an der Werkschule Wuppertal an. Als einer der ersten Künstler setzte er sich mit dem neuen Medium Fernsehen auseinander. 1962

organisierte er das Fluxus-Festival (zusammen mit Nam June Paik und George Maciunas) [→. S. 249]. Vostell wurde der Begründer des Happenings. Sein größtes und aufwändigstes Happening war 1964 »In Ulm, um Ulm und um Ulm herum«. Für sein 14tägiges Happening »Dogs and Chinese not allowed« bezog Vostell das gesamte U-Bahnnetz der Stadt New York mit ein. 1971 zog er nach Berlin. Der Holocaust und die Berliner Mauer gehörten zu den zentralen Themen seines Werks. Das Land Berlin ernannte Vostell 1992 zum »Professor ehrenhalber«.

und verkrustete Verhaltensweisen und gesellschaftliche Zustände. Damit versuchte Vostell, traditionelle Denk- und Handlungsschemata aufzubrechen. Er verwendete mit dem Beton das Material, das zu jener Zeit verbaut wurde und das kühl und abstoßend wirkte.

Das 1969 erschaffene einbetonierte Auto wurde ursprünglich in einer Reihe mit parkenden Autos vor einer Parkuhr in der Domstraße aufgestellt; dort befand sich die Galerie art intermedia. Der jetzige Standort auf dem Ring entspricht nicht den Intentionen von Vostell, der den »Ruhenden Verkehr« bewusst zwischen parkenden Autos platziert hatte. Ein Parkplatz

wurde für das Kunstwerk nicht geopfert. So steht es dort, wo es keinem sonderlich weh tut und nicht auffällt.

Wir biegen jetzt in die Ehrenstraße ein und ein Stück weiter in den **3** Friesenwall. Auf der rechten Seite befindet im Parterre des Hauses Nr. 62 die **Wohnung von Kurt Holl.** Von au-

Kurt Holl am Schreibtisch des Rektors
der Universität im November 1968,
Titelseite der Zeitschrift der Katholischen
Deutschen Studenten-Einigung,
Januar 1969

ßen ist uns ein Blick in die Wohnung gestattet. Rundum Bücher bis an die Decke, eine weibliche Büste im Fenster, eine Lampe aus den zwanziger Jahren. Eine Wohnung wie aus dem Bilderbuch eines gediegenen Bildungsbürgers – so möchte man meinen. Hier wohnt einer der führenden Köpfe der '68er Revolte in Köln: Kurt Holl. Der 1938 in Nördlingen, einer Stadt in der Nähe von Augsburg, geborene Holl kam 1953 nach Köln und besuchte dort das Gymnasium Kreuzgasse. Bereits nach dem Examen wurde er führender Aktivist im Sozialistischen Studentenbund (SDS) und war an zahlreichen Aktionen der '68er-Bewegung in Köln intensiv beteiligt. 1976 wurde Holl aus dem Schuldienst entlassen, da er – so das Innenministerium des Landes NRW – »1968/69 zu den treibenden linksradikalen Kräften an der Universität Köln gehörte« und ihm »die für einen Beamten notwendige charakterliche Eignung« fehle. Als Sozialhilfeempfänger wurde er als Pflichtarbeiter auf dem Friedhof Melaten eingesetzt. Als er zusammen mit anderen Betroffenen die »Aktionsgemeinschaft der Pflichtarbeiter Kölns« gründete, wurde er von der Pflichtarbeit freigestellt und erhielt das Verbot, den Friedhof zu betreten, weil er »unter den dort vom Sozialamt zugewiesenen Pflichtarbeitern Unruhe und Unfrieden stiftete.« (so der damalige Dezernent Lehmann-Grube). Dennoch kam es Wochen später zu einem Streik der Pflichtarbeiter auf allen Kölner Friedhöfen, bei dem eine tarifgerechte Bezahlung gefordert wurde. 1980 konnte Holl doch noch Lehrer werden; er unterrichtete bis zu seiner Pensionierung am Abendgymnasium. Gesellschaftspolitisch aktiv blieb Kurt Holl auch nach der '68er Zeit: 1979 ließ er sich im EL-DE-Haus einschließen, um die Inschriften der Gestapo-

Sich ein Denkmal gesetzt: Publikation 30 Jahre danach

Gefangenen im Keller zu fotografieren – dies gab den Anstoß, die erhalten gebliebenen Gefängniszellen der Gestapo als Gedenkstätte herzurichten. Seit vielen Jahren engagiert er sich im »Rom e.V.« für Roma und Sinti. 1998 gab er zusammen mit Claudia Glunz eine bedeutende Dokumentation zu den '68ern in Köln heraus.

Jetzt geht es weiter über die Ehrenstraße, dann über die Benesisstraße zur **4** **Hahnenstraße.** Sie war während der '68er Revolte wohl der beliebteste **Demonstrationsweg.** Häufig bewegten sich die Demonstranten nicht nur gemächlich, sondern es ging »go and stop« voran: Untergehakt lief man

oben, v.l.n.r.: »Go and Stop«-Demonstration auf der Hahnenstraße, hier Protest gegen das Attentat auf Rudi Dutschke und gegen Springer am 13. April 1968. Protestzug gegen den Tod von Benno Ohnesorg durch die Innenstadt, 7. Juni 1967. Kundgebung auf dem Neumarkt, links Erwin K. Scheuch, 7. Juni 1967

Rudolfplatz und Neumarkt hin und her. Auch der Trauer- und Protestzug am 7. Juni 1967 zum Tod des Studenten **Benno Ohnesorg,** der am 2. Juni in Berlin während einer Demonstration

100 Schritte, dann ging es wieder 100 Schritte normal weiter, dann wieder rasch. Da kam – trotz aller wichtigen Politik – Spaß auf und ein Gruppenerlebnis entstand. Auch bei den KVB-Demonstrationen spielte die Hahnenstraße eine wichtige Rolle; hier wurden die Bahnen blockiert und hier liefen die Demonstranten zwischen

gegen den Schah des Iran von einem Polizisten erschossen worden war, führte von der Universität kommend, am Rudolfplatz vorbei über die Hahnenstraße zum Neumarkt. Das Besondere der Demonstration war, dass der Zug neben Studentenvertretern wie Klaus Laepple auch von Professor Erwin K. Scheuch angeführt wurde. Zu diesem Zeitpunkt war die '68er Revolte weit mehr als eine Studenten- oder Pennäler-Bewegung. 94 Dozenten der Universität hatten eine Protestnote gegen die »Anwendung polizeilicher

Auf unserem Weg zum Neumarkt kommen wir am **5** **Amerika-Haus** vorbei. Dort fand am 12. Mai 1970 eine regelrechte Straßenschlacht statt. Der **Protest gegen den Vietnam-Krieg** der

Machtmittel« unterzeichnet, vor einem Polizeistaat gewarnt und gefordert, gegen Demonstranten nicht mehr mit scharfen Waffen vorzugehen. Scheuch hielt schließlich die Hauptrede bei der Kundgebung auf dem Neumarkt. Wenige Jahre später wurde indes aus Scheuch ein scharfer Kritiker der '68er.

unten, v.l.n.r.: Sit-in gegen den Vietnam-Krieg auf dem Rudolfplatz, 1970. Protestzug gegen den Vietnamkrieg, April 1968. Demonstration gegen den Vietnam-Krieg vor dem Amerika-Haus, 12. Mai 1970

USA bestimmte ganz wesentlich das Bewusstsein der damaligen jüngeren Generation. Vor dem Amerika-Haus war es in den Jahren zuvor wiederholt zu Protestaktionen gekommen. Der

Demonstration gegen den Vietnam-Krieg vor dem Amerika-Haus, 12. Mai 1970

Schriftsteller Paul Schallück sprach dort im Dezember 1967 vor Demonstranten. Im April 1968 führte ein Protestzug des »Politischen Nachtgebets« (zu dem wir gleich mehr kennen lernen werden) hier vorbei, ein großes Transparent »Golgatha ist Vietnam« vor sich hertragend. Nachdem die USA in Kambodscha einmarschiert waren, gab es rundum in der Welt Proteste. Die Demonstration in Köln am 12. Mai 1970 eskalierte. Die amerikanische Flagge war mit einem Hakenkreuz bemalt; auf einer Tafel wurde bei »Mörder Nixon« das x im Namen des US-Präsidenten durch ein Hakenkreuz ersetzt. Dies war historisch doch arg kurz gegriffen – erst recht für junge Deutsche, deren NS-Opa vielleicht

noch zu Hause auf der Couch saß. Schließlich hatten die Amerikaner vor nicht viel mehr als zwanzig Jahren wesentlichen Anteil daran gehabt, dass Deutschland die Nazi-Diktatur hinter sich lassen konnte. Und vielleicht wäre eine ganze Reihe der Demonstranten gläubige Hitler-Jungen und Parteimitglieder geworden, wenn die Amerikaner sich nicht engagiert hätten. Dies sei gesagt, auch wenn die '68er Generation sich anrechnen lassen kann, wesentliche Impulse zur Aufarbeitung der NS-Vergangenheit Deutschlands gegeben zu haben. Auf Spruchbändern und mit Sprechchören wurde »Für den Sieg der Revolution in Indochina« geworben. Den Platz vor dem Amerika-Haus hatte die Polizei abgesperrt, so dass man sich nach der friedlich verlaufenen Demonstration vor dem Apostelnkloster und auf der

Hahnenstraße versammelte. Farbbeutel mit roter Farbe trafen die Polizisten auf ihren weißen Helmen. Schutzgitter wurden weggerissen, die mit einem Hakenkreuz übermalte US-Flagge angezündet, Molotow-Cocktails und vereinzelte Steine flogen. Die Situation eskalierte, als berittene Polizei mit Schlagstöcken eingriff. Die Demon-

spiegelte sich die Radikalisierung der Proteste deutlich wider.

Ein Stück weiter erreichen wir den **6** **Neumarkt,** der – wie wir bereits wissen – für jede Revolution (oder die sich dafür hält) ein zentraler Ort in

Artikel aus der Kölnischen Rundschau, Mai 1968

58 **Kölnische Rundschau**

Küßt euch doch im Grüngürtel!

Darf öffentlich gebützt werden?

VON PETER ESPE UND WOLFGANG DREHSEN (FOTOS)

Das Schauspiel erregte Aufsehen, doch das Publikum war ungnädig. „Das darf wohl nicht wahr sein!" wurde geschimpft. Und: „Ts – ts – ts – ts!" Das Publikum bestand aus Passanten. Und das Schauspiel war ein küssendes Paar am Neumarkt.

Beinahe belustigt guckt die gemütliche Dame hin. Die mei sten jedoch schauen weg.

stranten warfen mit Steinen von den Straßenbahngleisen auf die Polizisten und beschimpften sie als »Nazis« und »Mörder«. Dann setzte die Polizei Tränengas ein. Mehrere, zumeist unbeteiligte Personen wurden verletzt. In der Demonstration vom 12. Mai 1970

Köln gewesen ist. Zunächst gilt es als Kontrast zu den gewalttätigen Ausschreitungen von vorhin über etwas Sanfteres zu berichten: über das **öffentliche Küssen** auf dem Neumarkt, das im Mai 1968 die Gemüter erregte. Den Anlass dazu bot ein Urteil aus Mün-

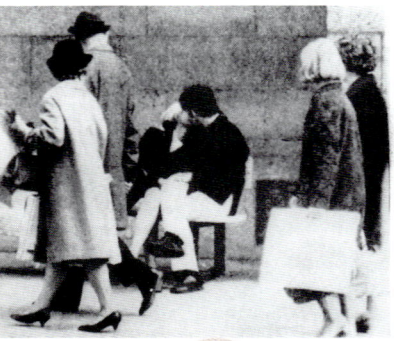

Öffentliches Küssen, Mai 1968

chen, wonach öffentlich ausgetausch-te Zärtlichkeiten nicht länger bestraft werden sollten. Auf Anregung der »Kölnischen Rundschau« wurde die Probe auf das Exempel gemacht. Eine 20jährige und ein 23jähriger, gutbür-gerlich miteinander verlobt, küssten sich »heftig und ausdauernd« (wie es in der »Kölnischen Rundschau« hieß) auf einer Bank am Neumarkt sowie unter der Ampel bei Karstadt und in der Schildergasse. Die meisten Passan-ten bemühten sich angestrengt, nicht hinzuschauen; einige wenige schimpf-ten: »Schämt ihr euch denn gar nicht?!« oder »Könnt ihr das nicht zu Hause machen?!« Der herbeigerufene Schutzmann gab den Tipp: »Wenn Sie sich schon küssen müssen, dann gehen Sie doch in den Grüngürtel.«
Zur gleichen Zeit berichteten die Zeitungen noch darüber, dass Mütter wegen Verletzung der Aufsichtspflicht zu mehr-monatiger Gefängnishaft ver-urteilt wurden, weil ihre Kin-

der sich der »sündigen Liebe« schul-dig gemacht hatten – obwohl sie nach heutigen Bestimmungen bereits voll-jährig waren. Erst 1974 sank diese Al-tersgrenze von 21 auf 18 Jahre. Doch fortschrittliche Geister forderten be-reits damals, Jugendlichen intime Erfahrungen vor der Ehe zu gestatten und auch das damals heiß diskutierte »petting« (das Herumfummeln) zu er-lauben. Die Antibabypille, seit 1961 auch in Deutschland auf dem Markt, galt für viele lange als Inbegriff des moralischen Verfalls. Das Thema Ver-hütung spielte dabei keine Rolle, denn schließlich durften Mädchen und jun-ge Frauen keinen Geschlechtsverkehr vor der Ehe haben, und Ehefrauen soll-

Sexualkunde-Atlas, 1969

1969 wurde das Sexualstrafrecht in der Bundesrepublik reformiert: Homosexualität zwischen Erwachsenen wurde gestattet, der Straftatbestand des Ehebruches abgeschafft und die Unzucht mit Tieren straffrei gestellt.

Der Neumarkt war in jenen Jahren auch ein wichtiger Ort für den Aufbruch im Bereich der **Kunst.** Kunst sollte im Gegensatz zur traditionellen Kunstszene demokratisiert werden. Wolf Vostell gründete mit anderen Künstlern die Gruppe »Fluxus«, die Festivals in Wiesbaden, Kopenhagen und Paris veranstaltete. Der Name der

ten Kinder bekommen. 1964 unterstützten 140 Ärzte und 45 Universitätsprofessoren das Ulmer Manifest, das die Pille verurteilte und Ärzten auferlegte, die Pille nicht zu verschreiben. 1968 verkündete Papst Paul VI. die Enzyklika »Humanae Vitae«, in der er Katholiken untersagte, die Pille oder ein anderes Verhütungsmittel zu benutzen. Und so weltfremd wird bekanntlich bis heute im Vatikan gedacht. Doch ab Anfang der siebziger Jahre war die Pille auch in Deutschland fest etabliert. Die **sexuelle Revolution** war nicht mehr aufzuhalten. Die Hippies provozierten in den sechziger Jahren die bürgerliche Ordnung mit ihrer Parole »Make love not war«. Der Film »Das Wunder der Liebe« von Oswald Kolle wurde zum Synonym für sexuelle Freizügigkeit und Aufklärung. Bundesfamilienministerin Käte Strobel brachte einen heiß diskutierten »Sexualkunde-Atlas« heraus, damit Lehrer sich auf das neue Schulfach »Sexualkunde« vorbereiten konnten.

Protest gegen Schließung des X-Screen Filmfestivals in der Oper, Oktober 1968

Gruppe (lat. = fließen) weist darauf hin, dass ihre Mitglieder die Grenzen der klassischen Kunstgattungen überwinden wollten, aber auch zwischen Kunst und Leben, Künstler und Laien. Häufig bedienten sie sich – mittels Happenings und ungewohnten Materialien – der Provokation, um das Publikum an- und aufzuregen, fest gefügte Vorstellungen abzulegen. Viele

oben: Der Schriftsteller Rolf Dieter Brinkmann for-
dert die Galeristen des 2. Kunstmarktes in der Kunsthalle zur Solidarität auf, Oktober 1968. Unten links:
Auftritt in der Ausstellung »Happening und Fluxus«,
1970. Unten rechts: Kunstmarkt in der Kunsthalle,
1970

linke Studenten konnten damit allerdings nichts anfangen. Sie lehnten
die moderne Kunst in völligem Unver-
ständnis als bürgerliche Kunst ab. In
Köln wurde auf einer Veranstaltung

über Kunst und Revolution am 6. Mai
1968 festgelegt: »Was vermögen Happenings im Schlachthaus gegen den
Krieg in Vietnam?« Die gewöhnungs-
bedürftigen Aktionen eines Otto Muehl
und Hermann Nitsch wurden als »bour-
geoise Dekadenz in Potenz« (Kurt Holl
rückblickend) abgelehnt.
1968 fanden im noch im Bau befindlichen **U-Bahnhof Neumarkt** Kunst-

Aktionen statt. LABOR e.V. (Labor zur Erforschung akustischer und visueller Ereignisse Köln; Vorsitzende: der Musiker Mauricio Kagel und Wolf Vostell) zeigten unter dem Titel »5 Tage Ren-

von Kunstzensur, gegen den einige Hundert Menschen demonstrierten, indem sie u.a. die Oper besetzten. Kulturdezernent Hackenberg [→ S. 190] solidarisierte sich mit den Künstlern mit dem denkwürdigen Diktum: »Ich will mit dafür sorgen, dass in dieser Stadt möglichst große Freiheit herrscht, auch Freiheit für die Kunst.« Er förderte zudem, dass 1969 zum ersten Mal der **»Neumarkt der Künste«** stattfinden konnte, der von jungen Künstlern und Galeristen in Eigenregie veranstaltet wurde. 40 Aussteller boten neben Verkaufständen auch Aktionen,

Erst verpönt – dann verehrt

»Der Aufruhr der Künste endet zuerst auf dem Markt, dann im Museum; die Revolutionäre werden zu Klassikern, die Öffentlichkeit macht ihren Frieden mit jenen, die sie geärgert haben; Preisträger erhalten ihre Preise für das, was zuvor noch als komplettes Chaos gegolten hat.« *(Der Schriftsteller Jürgen Becker anlässlich der Verleihung des Literaturpreises der Stadt Köln am 26. Oktober 1968 über späte Anerkennung der Kunst)*

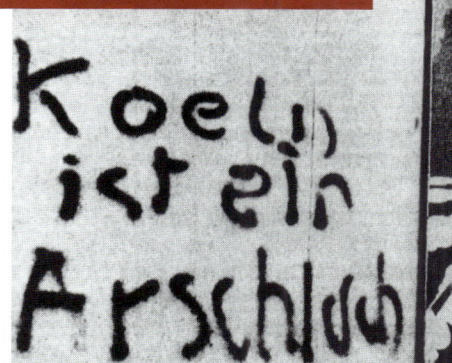

Graffiti des Düsseldorfers Jörg Immendorf, 1970

nen« Environments. X-Sreen (ein Kölner Studio für unabhängigen Film) organisierte ein experimentelles Underground-Filmfestival. Zu Berühmtheit hat ihm die Kölner Staatsanwaltschaft verholfen: Am 16. Oktober 1968 beschlagnahmte sie dort gezeigte angebliche Pornofilme. Der U-Bahn-Schacht wurde aus baupolizeilichen Gründen geschlossen. Ein klarer Fall

Lesungen, Filmvorführungen und Musikdarbietungen. 1970 fand der zweite »Neumarkt der Künste« in noch erweiterter Form statt: rund 110 Künstler, 32 Galerien und 13 Künstlergruppen nahm daran teil. Der »Neumarkt der Künste« wollte damit eine Alternative zum offiziellen Kunstmarkt bilden, der in der Kunsthalle stattfand und der kommerziell sehr erfolgreich war, aber nicht jeder Galerie oder jedem Künstler offen stand. Über die Teilnahme entschied der Verein progressiver deutscher Kunsthändler. In der **Kunsthalle** kam es am 14. Februar 1970 zu einem handfesten Skandal bei der Verleihung des Kunstprei-

Spannung erzeugt und aufgestaute Emotionen ent(de)frustiert!« Immendorf hatte zu alledem noch die Kunsthalle mit dem Graffiti »Köln ist ein Arschloch« verziert. Einige Monate später, am 6. November 1970, führte die Eröffnung der Ausstellung »Happening & Fluxus« im **Kölnischen Kunstverein** erneut zu einem Skandal. Nach einer Idee von Vostell sollte eine kalbende Kuh im Mittelpunkt stehen, doch das Ordnungsamt sah darin Tierquälerei. Die »Sodoma-Aktion« von Otto Muehl und eine barbusig spielende Cellistin taten ihr Übriges, um empörte Proteste entstehen zu lassen. Sie führten zum Austritt von 280 Mitgliedern des Kunstvereins, unter ihnen Oberbürgermeister Burauen.

»Politisches Nachtgebet«
in der Antoniterkirche, 1970

ses der Stadt anlässlich Eröffnung der Ausstellung »Jetzt – Künstler in Deutschland heute.« Zwei Männer versprühten Trockenschaum aus Feuerlöschern und vernebelten damit den ganzen Saal. Zu der Aktion bekannten sich Angehörige der Düsseldorfer »Lidl-Akademie« um den Maler Jörg Immendorf. In einem Flugblatt hatten sie das »totale Happening« angekündigt: »Jeder spürt es und lebt mit! Die letzten Schranken zwischen Objekt und Mensch werden abgeschafft! Das Massenreaktionstheater probt heute! Sie erleben es gratis! Die Feuerlöschmolekularkunst. Denn nur durch Aktion und Reaktion wird

Wir gehen jetzt über die Schildergasse zur **7** **Antoniterkirche,** wo von 1968 bis Mitte der siebziger Jahre das – weit über Köln bekannt gewordene – **Politische Nachtgebet** stattfand. Es war aus einem »Ökumenischen Arbeitskreis« entstanden und hatte zunächst Ostern 1968 mit der bereits erwähnten Demonstration unter dem Motto »Golgatha ist Vietnam« auf sich aufmerksam gemacht. Die führenden Köpfe waren die von der Befreiungstheologie Lateinamerikas geprägte evangelische Theologin Dorothee Sölle, ihr Mann, der Religionspädagoge und ehemalige Benediktiner Fulbert Steffensky sowie der evangelische Theologe, Berufsschullehrer und von 1970 bis 1978 Studentenpfarrer Klaus Schmidt. Die Nachtgebete sollten nach dem Wunsch der Veranstalter in der katholischen Kirche St. Peter stattfinden, wurden jedoch von Kardinal Frings verboten. Man erhielt daraufhin Gastrecht in der evangeli-

fanden auch danach regen Zuspruch, so dass sie jeweils am nächsten Tag wiederholt wurden. Sie waren eine Mischung aus politischen Informationen, deren Konfrontation mit biblischen Texten, einer kurzen Ansprache,

Plakate zum »Politischen Nachtgebet« am 2./3. September und 4./5. November 1969

schen Antoniterkirche, auch wenn der Präses der evangelischen Kirche Rheinland das am liebsten verboten hätte. Die Initiatoren des politischen Nachtgebetes waren davon überzeugt, dass theologisches Nachdenken ohne politische Konsequenzen einer Heuchelei gleichkomme und jeder theologische Satz auch ein politischer sein müsse. Zum ersten Nachtgebet am 1. Oktober 1968 drängten sich rund 1 000 Menschen in die Antoniterkirche. Das Thema lautete: »CSSR – Dominikanische Republik – Vietnam«. Die monatlichen Veranstaltungen

aus Diskussion und Aufrufen zur Aktion. Nach dem Kölner Vorbild entstanden »Politischen Nachtgebete« in mehreren deutschen Städten und in den Niederlanden und in der Schweiz.

Zur nächsten Station gehen wir über die Kreuzgasse in die Brüdergasse und dann weiter die Krebsgasse bis wir nach einiger Zeit die **8** **Schwalbengasse** erreichen. Seit einigen Jahren ist nichts mehr von dem zu erkennen, was für die Geschichte der '68er relevant ist. Wo mittlerweile ein Altenheim steht, befand sich der von der Breite Straße bis hierhin erstreckende Sitz des Verlags DuMont Schauberg. In der Schwalbengasse war die Druckerei untergebracht. Und DuMont Schauberg druckte damals dort auch die örtliche Ausgabe der **Bild-Zeitung.** Der Springer-Verlag und insbesondere dessen Flaggschiff Bild-Zeitung waren die ideologischen Hauptfeinde der '68er – und das Gleiche galt wohl auch umgekehrt. Die Studenten machten Verlag und Bild-Zeitung wesentlich für die Hetze gegen sie verantwort-

lich. Für das Attentat auf Rudi Dutschke in Berlin am 11. April 1968 war schnell Springer als Hauptverantwortlicher ausgemacht. In der gesamten Bundesrepublik löste dies eine enorme Protestwelle aus. In Köln kam es zwei Tage später, am Ostersamstag, nach einer Laufschritt-Demonstration vom Neumarkt über die Hahnenstraße zum Rudolfplatz anschließend zu einem Sit-In vor dem Druckhaus in der Schwalbengasse. Etwa 300 Demonstranten blo-

Demonstration gegen das Attentat auf Rudi Dutschke und gegen Springer am 13. April 1968

ckierten die Ausfahrt der Druckerei, um die Auslieferung der Bild-Zeitung zu verhindern. Die Polizei räumte daraufhin den Eingang.

Überschrift »Studenten, Springer und die Demokratie« (auch im Express eine Tag später abgedruckt) erklärte sich Neven DuMont gesprächsbereit

Verleger Alfred Neven DuMont gab sich liberal, gestattete den Protest auf dem Firmengelände und diskutierte mit Vertretern des SDS und des Republikanischen Clubs. Die Quittung folgte auf den Fuß: Springer kündigte den Druckauftrag. Den Druck der Bild-Zeitung übernahm kurz darauf das SPD-eigene Druckhaus Deutz; Proteste von Angestellten und Arbeitern im April 1968 blieben ohne Wirkung. In einem Kommentar im »Kölner Stadt-Anzeiger« vom 15. April 1968 unter der

Demonstranten blockieren die Ausfahrt in der Schwalbengasse, Polizei räumt die Sitzblockade. Alfred Neven DuMont diskutiert mit den Demonstranten

gegenüber den Studenten und attackierte zugleich die publizistische Macht des Springer-Verlags (»ein einsamer Gigant«) und die tendenziöse Berichterstattung, wie er sie kurz zuvor bei den Attacken des Blattes auf ihn erleben konnte (»kann einem leicht Angst und Bange werden«).

Und weiter: »Stellen wir die Studenten auf die Probe, ob sie eine echte Demokratie mit uns zu führen bereit sind. Die Mehrzahl wird bereit sein.«

sich der Tagungsort des **Republikanischen Clubs.** Er wurde in Köln im Oktober 1967 gegründet. Zur gleichen Zeit entstanden in rund 30 anderen Städten

Im »Republikanischen Club« unter dem Bild von Rosa Luxemburg und Karl Liebknecht, 1968

Der Kölner Stadt-Anzeiger erließ ein demokratisches Redaktionsstatut. Darin hieß es: »Kein Redakteur darf veranlasst werden, in der Zeitung eine Meinung zu äußern, die seiner Überzeugung widerspricht. Aus seiner Weigerung darf ihm kein Nachteil erwachsen.« Wie lange dieses Redaktionsstatut Gültigkeit behielt, ließ sich nicht ermitteln.

Wir spazieren nun die Schwalbengasse hinunter, biegen nach rechts in Auf dem Berlich und dann wenige Meter später links in die Elisenstraße und stoßen dann auf die Straße **9 Am Römerturm.** Im Haus Nr. 17 befand

ähnliche Clubs. Gegen die Große Koalition in Bonn verstanden sich diese Clubs als außerparlamentarische Opposition. Im Unterschied zu dem studentischen und linksradikalen SDS war der Republikanische Club ein Zusammenschluss von älteren, zumeist bereits im Beruf stehenden Menschen. Der Club sollte laut Satzung ein Diskussions- und Aktionsforum für alle radikaldemokratisch orientierten Personen und Gruppen bieten. Diese demonstrative Offenheit des Clubs betonte auch sein Sprecher Karl-Otto Hondrich anlässlich der Eröffnung der Clubräume am 2. März 1968 gegenüber den Gästen: »Sie sind das Hin-und-Her-Reden leid. Sie fordern ein Programm. Der Republikanische Club hat keins! Sie geben sich damit zufrieden. Sie haben sich damit abgefunden, dass Sie mit Liberalen und Sozialisten, Kritikern der Kölner Kommunalpolitik und Theoretikern des internationalen Klassenkampfes unter einem Dach sind. Sie sind froh, dass Sie wenigstens nicht festgelegt werden.« Einige wenige politische Grundsätze wurden anschließend dennoch formuliert. Diese Offenheit führte allerdings Anfang der siebziger Jahre auch zum Ende des Republikanischen Clubs, weil er zwischen jenen, die sich dem sozial-

ehemalige Widerstandskämpfer Ferdi Hülser, Jungsozialisten der SPD wie Manfred Güllner und Michael Klein, Gewerkschafter wie Günter Rombey. Der Republikanische Club stellte sich bewusst in die Tradition der Rätebewegung von 1918/19, woran im November 1968 anlässlich der 50. Wiederkehr mit einer Ausstellung in den Clubräumen erinnert wurde. Während der '68er Revolte in Köln gingen vom Republikanischen Club zahlreiche Initiativen zu Protestaktionen aus.

»The Stowaways«, **September 1968**

liberalen Bündnis anschlossen und jenen, die den Aufbau von Kader-Parteien befürworteten, zerrieben wurde. Entsprechend bunt gestaltete sich auch die Mitgliedschaft des Clubs. Es gehörten ihm u.a. an: die Professoren René König, Erwin K. Scheuch, Karl-Heinz Volkmann-Schluck, Liberale wie der spätere Bundesinnenminister Gerhard Baum und Professor Ulrich Klug, vom Politischen Nachgebet Dorothee Sölle und Klaus Schmidt, Kommunisten wie Steffen Lehndorff und der

Wir gehen nun gerade aus weiter zur Zeughausstraße. Schräg gegenüber vom Römerturm beginnt die **10 Friesenstraße.** Ungefähr in der Mitte der Straße gibt es noch heute den **Sartory,** der bereits damals eine Bühne für Musikgruppen bot. Dort wurde im September 1968 ein »Kölner Beatfestival« ausgetragen. Den ersten Preis gewann die Gruppe »Stowaways« mit

v.l.n.r.: Publikum beim Konzert der Rolling Stones in der Sporthalle, 30. März 1967. Plakate zum Konzert. Mick Jagger bei einem Konzert in der Sporthalle, 1973

Hartmut Priess, Peter Schütte und Erry Stoklosa. Sie hatten sich zwei Jahre zuvor unter dem Namen »Beatstones« gegründet. 1970 stieß Tommy Engel zu ihnen, der zuvor bei den »Black Beats« war. Die »Bläck Föös« waren geboren und landeten bereits 1970 mit »Drink doch eine met« einen Riesen-Hit. In Köln entstand eine Reihe politischer Rock- und Popbands. Der Kölner Gruppe »The Can« gelangen internationale Erfolge. Die Kölner Zeitschrift »Sounds« wurde ab 1968 das führende deutsche Magazin für Popmusik. Die Rock- und Popszene spielte auch in den folgenden Jahrzehnten eine wichtige Rolle in Köln.
Popmusik und Protestlieder übten einen sehr starken Einfluss auf die '68er Generation aus. Selbst die nicht explizit politische Musik der Beatles, die zu jener Zeit größte Erfolge feierten, hatte einen großen Einfluss. Sie schuf eine neue weltweite Jugendkultur und

eine Aufbruchstimmung, gerade weil die Erwachsenen häufig verständnislos und ablehnend darauf reagierten. Der Song »I can't get no Satisfaction« der Rolling Stones wurde zur Hymne der Bewegung, und wurde beispielsweise während der Rektoratsbesetzung in der Universität immer wieder gespielt. Politische Protestlieder von Joan Baez und Bob Dylan oder von Franz Josef Degenhardt spielten eine große Rolle. Jimi Hendrix, Frank Zappa und viel andere zählten zu den Helden. Das legendäre Woodstock-Festival im August 1969 hatte auch hier zu einem neuen, selbst bestimmten Lebensgefühl von Freiheit und Ungebundenheit beigetragen. Die Konzerte der Rolling Stones am 30. März 1967 und von Jimi Hendrix am 13. Januar 1969 in der Kölner Sporthalle stellten für viele ein nachhaltiges Erlebnis dar.

Abschließend machen wir noch einen **Abstecher,** der für die Geschichte der '68er Zeit in Köln unvermeidlich ist: zur Universität. Die '68er Revolte war vor allem eine Studentenbewegung, auch wenn Schüler, wie bei den KVB-

Demonstrationen, eine wichtige Rolle gespielt haben, aber Arbeiter bestenfalls vereinzelt erreicht wurden. Die Universität – und die Pädagogische Hochschule – bildeten daher wesentliche Schauplätze im Jahr 1968. Die Universität wurde zum großen Versuchslabor und die Selbstbestimmung im eigenen Wirkungskreis umzusetzen, zu einer Art persönlichen Verpflichtung für die Protestierenden. »Unter den Talaren – der Muff von tausend Jahren« lautete 1968 die Protestparole an den Universitäten. Mit ihr wurde anstelle der Ordinarienherrlichkeit demokratische Mitbestimmung in Lehre und Forschung gefordert. Im Herbst 1967 brodelte es unüberhörbar. Das bis dahin allgemein übliche traute Miteinander von Professoren und Studenten hatte sein Ende gefunden.

Demonstration gegen die Notstandsgesetze, hier der IG Druck und Papier, 1968

Anlass war zunächst, dass der Kanzler der Universität, Dr. Wagner, den einstimmigen Beschluss des Studentenparlaments, dem AStA-Vorsitzenden Klaus Laepple alle ihm von der KVB auferlegten Kosten für die Schäden bei den Demonstrationen 1966 zu erstatten, beanstandete und Regressforderungen gegen jene androhte, die eine solche Auszahlung vornehmen

Barrikaden versperren den Haupteingang der Universität, 30. Mai 1968

würden. Lebhafter Streit entstand auch darüber, dass die Bitte von Studentinnen, das »Herrenbesuchsverbot« in den Wohnheimen abzuschaffen, vom Kanzler abgelehnt wurde. Er fürchtete offenkundig den Verfall der Sitten, zumal das Studentenparlament kurz zuvor beschlossen hatte, Antibabypillen auch an unverheiratete Studentinnen abzugeben. Dies brachte nun das Fass zum Überlaufen. Kanzler Wagner musste sich am 9. November 1967 auf dem bislang größten Teach-In der Kritik der Studentenschaft stellen. Welche Ausmaße die Bewegung bereits angenommen hatte, zeigte der »Protest-Sit-In« am 3. Februar 1968, zu dem der SDS aufgerufen hatte. Zur allgemeinen Über-

raschung – selbst der Aktivisten – beteiligten sich an dem Sit-In im Foyer des Universitätsgebäudes über 3 000 Studierende. Damit begann die heiße Phase des Unikampfs.

Am 11. Mai 1968 nahmen einige Tausend Kölner, unter ihnen vor allem Studenten, am Sternmarsch nach Bonn und an der Kundgebung gegen die Notstandsgesetze im Hofgarten in Bonn teil, wo auch Heinrich Böll sprach. Am 30. Mai 1968, dem Tag der Verabschiedung der Notstandsgesetze, entwickelten sich Barrikadenkämpfe vor der Universität: Demonstranten errichteten aus Holzlatten Barrikaden und versperrten damit den Haupteingang der Universität. Dagegen gingen rechte Studenten mit Feuerwehrschläuchen vor. Die Universität erhielt damals den Namen »Rosa-Luxemburg-Universität«, der mit weißer Farbe am Haupteingang auf das Gebäude aufgemalt wurde. Nicht alle haben dies so ganz ernst genommen: Einige hingen über »Rosa« ein Schild mit dem Namen »Radio« – was die Kölner Universität zur Radio-Luxemburg-Universität machte. Den Höhepunkt bildete die Besetzung des Rektorats im November 1968. Während der Senat am 23. November 1968 an einem geheimen Ort über eine neue Disziplinarordnung beriet, besetzten rund Hundert Studenten das Rektorat. Die Glastüre zum Rektorzimmer wurde mit einem Hammer eingeschlagen. Drei Tage und Nächte herrschten die Studenten im Rektorat und wiederholten pressewirksam ihre Forderungen. Marx- und Che-Poster hingen sie über den Türen und auf den Wänden auf und rauchten die Zigarren des Rektors. Selbst nachts schallte durch

die leeren Flure der Universität Musik der Beatles und der Rolling Stones – und vor allem die Hymne der Besetzer: »Satisfaction«. Interessierte Schüler, Journalisten und Bürger kamen vorbei, um sich das Treiben anzuschauen und einen Blick in das Heiligtum der Universität zu werfen. Auf einer turbulenten Versammlung von rund 1700 Studenten billigte eine Mehrheit von rund 200 die vom SDS durchgeführte Aktion. Nach drei Ta-

links: **Rosa-(Radio)-Luxemburg-Universität, 30. Mai 1968**. Rechts: **Werbung für eine Veranstaltung** im Olshausen-Keller im Studentenheim in der Hans-Sachs-Straße, Juni 1968

gen ging die Besetzung friedlich zu Ende.

Die Forderungen der Studenten wurden im Lauf der Zeit radikaler. Statt einer drittelparitätischen Besetzung von Professoren, nichtwissenschaftlichen Uni-Mitarbeitern und Studenten verlangten sie nun die gleichberechtigte Beteiligung in allen Gremien von 50 Prozent. An der philosophischen Fakultät wurde Anfang 1969 die erste konsequente Räteverfassung an einer deutschen Universität als Satzung ihrer Fakultät beschlossen. Spätestens seit Anfang der siebziger Jahre ebbte die Protestwelle an der Universität ab. Die Universität hatte lebhafte Zeiten erlebt und auch sie war danach nicht mehr so wie zuvor.

JENS HAGEN's KLEINE TIP's FÜR APOMENSCHEN

1.
Wenn dich einer fragt: "Warum muß ich bei der Scheißkälte die Flugblätter verteilen, die ihr im warmen Stübchen gebastelt habt?" Dann gib ihm Lenins Worte vom "nützlichen Idioten" zu lesen.

2.
Wenn ein aus dem Fürsorgeheim geflohener Jugendlicher zu dir kommt und sagt: "Gib mir 'n warmen Pullover!" Dann laß ihn Marx lesen.

3.
Wenn deine Freundin Marx-Lektüre leid ist und mit dir ins Bett will, dann sag ihr: "Warte, bis ich Bakunin zuende gelesen habe!" Und gib ihr solange Reich zu lesen.

4.
Wenn ein Demonstrant vor Gericht muß, dann bleib zu Hause und denke über Strategiefragen nach.

5.
Wenn ein Genosse in den Knast muß, dann tröste ihn und sage: "Hätte Ho-Chi-Minh nicht im Knast gesessen, dann hätten wir heute auch nicht sein schönes Gefängnistagebuch."

6.
Wenn ein Genosse totgeschlagen worden ist, dann tröste die Hinterbliebenen und sage: "Sein Tod ist nicht umsonst gewesen, auch Karl und Rosa werden heute noch gelesen."

7.
Wenn du Bücher klauen gehst, dann tu das nur bei Genossen. Erstens geht's da einfacher und zweitens kannst du einem kapitalistischen Buchhändler sowieso nicht erklären, daß Eigentum Diebstahl ist.

8.
Wenn ein Typ schon sechs Stunden lang nach einer Schlafstelle gesucht hat, schick ihn weg und sage: "Mao mußte auf dem langen Marsch 6000 Kilometer zu Fuß gehen."

9.
Wenn einer, anstatt übers Selbstverständnis der APO zu diskutieren, die Beatles hört, dann schmeiß ihm nen Aschenbecher in die Fresse.

10.
Wenn ein Arbeiter klagt, er verdiene nicht genug, um seine siebenköpfige Familie zu ernähren, dann erzähl ihm was von Konsumverzicht.

»Jens Hagen's kleine Tips's für Apomenschen«, Dezember 1969

Umbrüche

**Autofreier Sonntag
am Rudolfplatz,
25. November 1973**

Je mehr wir in die Gegenwart kommen, desto weniger ist es ein Fall für die Geschichtsschreibung. Dennoch wollen wir in unserem »historischen Stadtführer« den Bogen bis zur Jetzt-Zeit schlagen und einige grundlegende Veränderungen in den letzten 30 Jahren aufzeigen. Es waren Jahre tief greifender Umbrüche im wirtschaftlichen, sozialen, politischen und gesellschaftlichen Bereich, die von den meisten Zeitgenossen kaum in ihrer z.T. revolutionären Bedeutung erkannt worden sind.

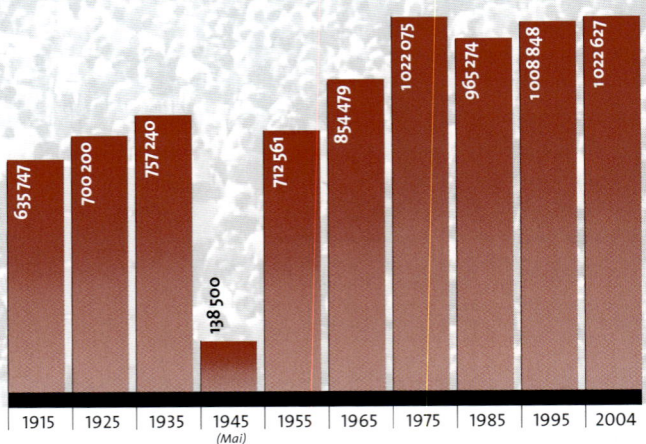

**Die Bevölkerungs-
entwicklung in Köln
1915–2004**

1915	1925	1935	1945 (Mai)	1955	1965	1975	1985	1995	2004
635747	700200	757240	138500	712561	854479	1022075	965274	1008848	1022627

Köln wurde in den letzten 30 Jahren **größer und bevölkerungsreicher.** Am 1. Januar 1975 trat die **kommunale Gebietsreform** in Kraft: Die Städte Porz und Wesseling, die Gemeinde Rodenkirchen sowie Teile der Gemeinden Bornheim, Brauweiler, Brühl, Frechen, Hürth und Lövenich wurden nach Köln eingemeindet. Damit wuchs Köln flächenmäßig von etwa 25 000 auf fast 43 000 Hektar, die Einwohnerzahl stieg auf über eine Million – aber nur für kurze Zeit, denn Wesseling gelang es ein Jahr später, sich wieder aus den Fängen Kölns zu lösen und eine selbstständige Stadt zu bleiben (ein Verlust von 2 200 Hektar). Erst 1991 konnte die Million dann wieder übersprungen werden. Köln belegt damit nach Berlin, Hamburg und München den

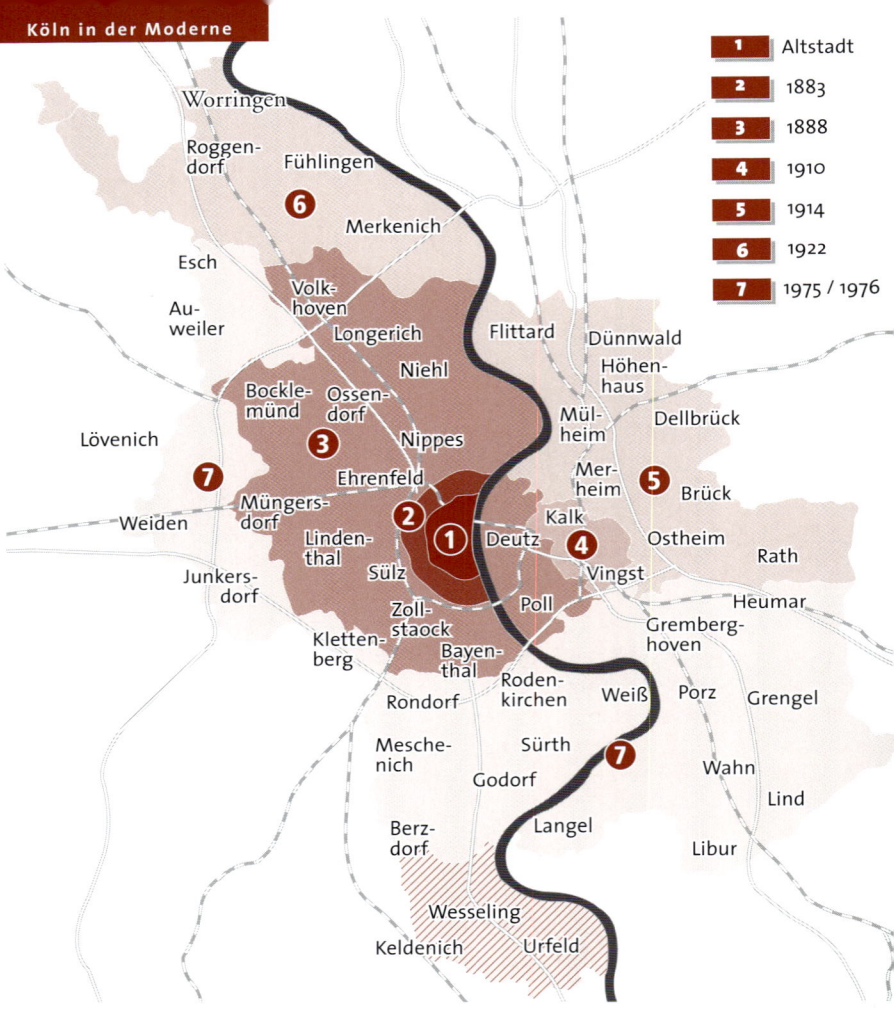

1	Altstadt
2	1883
3	1888
4	1910
5	1914
6	1922
7	1975 / 1976

**Kölner Stadt-
erweiterungen
1883–1975/76**

vierten Rang bei den einwohnerstärksten Städten. Auch die Zusammensetzung der Bevölkerung änderte sich deutlich: Köln wurde **internationaler.** Der Anteil der Ausländer wuchs deutlich [→ S. 276 f.]. Gleichzeitig wurde Köln auch **weniger katholisch:** Die nach Köln gezogenen 130 000 Vertriebenen waren zumeist protestantisch, und infolge des wachsenden Anteils der Ausländer leben heute in Köln schätzungsweise 90 000 Moslems. Waren 1925 noch 77 Prozent der Kölner katholisch, 18 Prozent evangelisch und 2,5 Prozent jüdisch, so änderten sich die Zahlen im Jahr 2004 auf 41,4 Prozent katholisch, 17,6 Prozent evangelisch und 0,3 Prozent jüdisch. Bereits 32,5 Prozent hatten eine andere oder keine Religionszugehörigkeit.

Die **Kölner Wirtschaft** war in den letzten Jahrzehnten von einem umfassenden wirtschaftlichen **Struktur-wandel** erfasst. Die Verlagerung vom produzierenden Sektor auf den Dienstleistungssektor setzte sich in den siebziger Jahren fort und beschleunigte sich seit den achtziger Jahren erheblich. Die Anzahl der Beschäf-

»Halle Kalk« der Bühnen der Stadt Köln in einer ehemaligen Produktionshalle der KHD, 2004

tigten im Produktionssektor verringerte von über 160 000 (1980) auf knapp 145 000 (1990) und bis auf rund 87 261 (2004). Gleichzeitig stieg sie im Dienstleistungssektor von knapp 259 000 (1980) auf 298 000 (1990) und bis auf über 352 621 (2004) – also auf rund drei von vier Beschäftigten. Selbst bedeutende, traditionsreiche Industriebetriebe blieben nicht verschont: Die Chemische Fabrik Kalk stellte Ende 1993 ihre Produktion ein. Klöckner-Humboldt-Deutz schrumpfte erheblich zusammen, stand 1987 vor dem Aus und konnte nur in abgespeckter Form als Deutz AG fortgeführt werden. Felten & Guilleaume wurde 1998 an die Bonner Moeller-Gruppe verkauft. Die Gummiwerke Clouth

in Nippes wurden Ende 2005 geschlossen. Dieser Wandel der Kölner Wirtschaft wurde bereits am Beispiel einer Tour durch Kalk ausführlich im Band »Das neuzeitliche Köln« beschrieben [→ *S. 195 ff.*]. Auch durch den Umzug der Bundesregierung von Bonn nach Berlin gingen Tausende Arbeitsplätze im Raum Köln/Bonn verloren. Dies führte insgesamt zu einer hohen **Arbeitslosigkeit** und wachsender sozialer Not. Doch gleichzeitig gibt es immer mehr Reiche, so dass die soziale Kluft größer wird.

Relikt der Chemischen Fabrik Kalk: Um den Wasserturm entstanden die **»Köln Arcaden«**, 2004

Der während der '68er Revolte eingeleitete **gesellschaftliche Wandel** setzte sich fort: Köln wurde – wie wir auf unserer Tour sehen werden – in den letzten 30 Jahren deutlich schwulen-freundlicher [→ *S. 271 ff.*] und frauen-freundlicher [→ *S. 281 ff.*]. Auch politisch gab es Umbrüche: Im Rathaus gab es einen Machtwechsel von der SPD zur CDU [→ *S. 279 ff.*], neue Parteien entstanden und Bürgerinitiativen brachten sich ein – etwa bei der Besetzung der ehemaligen Stollwerck-Fabrik [→ *S. 283 ff.*].

Elend: Nichtsess-hafte in der Anno-straße, 1992

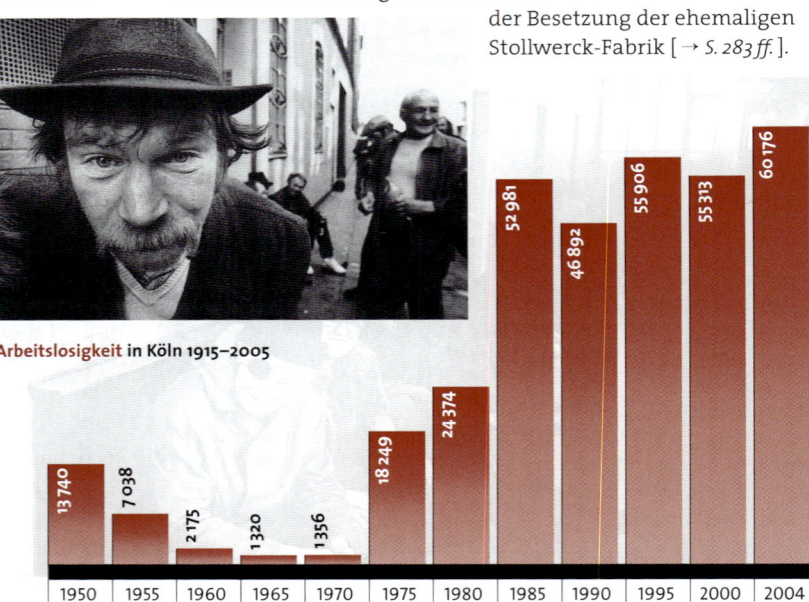

Arbeitslosigkeit in Köln 1915–2005

1950	1955	1960	1965	1970	1975	1980	1985	1990	1995	2000	2004
13 740	7 038	2 175	1 320	1 356	18 249	24 374	52 981	46 892	55 906	55 313	60 176

Rundgang

Unseren Rundgang beginnen wir ein wieder einmal am **1 Rudolfplatz.** In diesem Fall könnte es aber auch je-der andere Platz in der Stadt sein. Wir erinnern an den **autofreien Sonntag am 25. November 1973.** Dieser Tag wird vielleicht einmal in den Geschichts-büchern der Stadt – wie der Republik insgesamt – als Tag einer Zeitenwen-de in Erinnerung bleiben, in der der Glauben an einen unaufhaltsamen Fortschritt und eine von ständigem

Wachstum getragene Wirtschafts-blüte einer wirtschaftlichen und sozi-alen Umstrukturierung und Krise wich. Angesichts der ersten Ölpreiskrise war es bundesweit zu einem Fahrverbot für Autos und Motorrädern gekom-men. Auf den Autobahnen wurde Fahr-rad gefahren. Die Straßen der Stadt luden zum Spazieren ein. Kinder spiel-ten auf ansonsten stark befahrenen Plätzen. Doch diese Idylle trog. Tatsäch-lich empfand die Gesellschaft die ins-gesamt drei autofreien Sonntage als einen tiefen Schock. Die arabischen

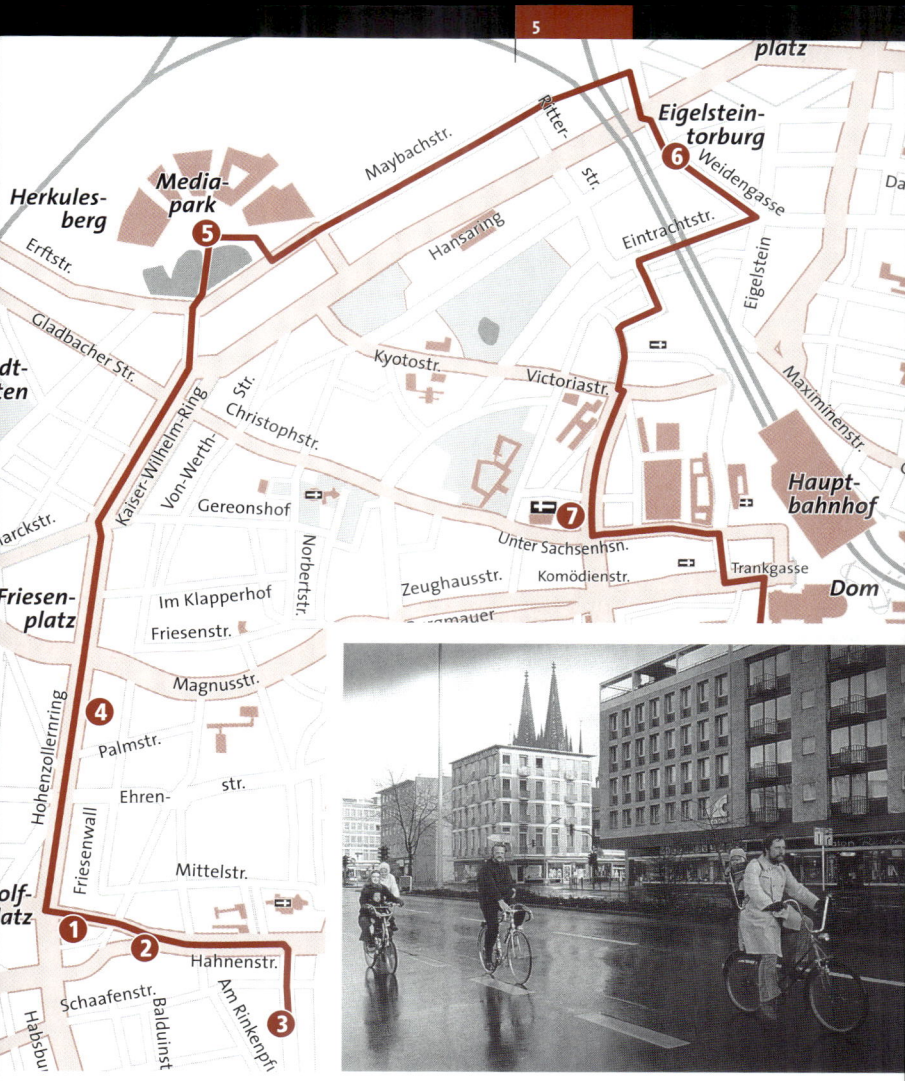

Der autofreie Sonntag, November 1973

Ölförderländer hatten während des Yom-Kippur-Krieges gegen Israel im Oktober 1973 das Erdöl drastisch verteuert und die Fördermenge um ein Viertel verringert, bzw. die Einfuhr in die USA und Niederlande und schließlich in andere westliche Staaten eingestellt, um sie von einer weiteren Unterstützung Israels abzubringen. Bis zum Frühjahr 1974 vervierfachte sich der Ölpreis. Mit den Fahrverboten sollte nicht allein Öl eingespart, sondern ein politisches Zeichen gesetzt werden. Die sonst so mobile Gesellschaft war auf einmal buchstäblich zum Stillstand gezwungen worden. Das sprunghafte Ansteigen der Benzin- und Heizölkosten zeigte, wie ver-

Titelseite von Club of Rome:
»Grenzen des Wachstums«

wundbar die Wirtschaft und wie störanfällig die moderne Zivilisation war. Die Warnungen des Club of Rome vor den »Grenzen des Wachstums« waren knapp ein Jahr zuvor zumeist noch abgetan worden. Jetzt erhielten sie für viele eine beängstigende Aktualität. Die Arbeitslosigkeit stieg 1974 auf fast vier Prozent. 1973 wurde ein Anwerbestopp von Arbeitnehmern außerhalb der Länder der Europäischen Gemeinschaft ausgesprochen.

Schlendern wir nun vom **2** Rudolfplatz in Richtung Neumarkt, dann können wir uns in eine glanzvolle Zeit zurückversetzen: in die guten Tage des **1. FC Köln.** Hier, wie auf den Straßen der Innenstadt, ließen sich die Helden in Autokorsos nach ihren großen Erfolgen feiern. Was wäre ein Buch über das moderne Köln, das den 1. FC Köln nicht erwähnt. Und zu einem Kapitel über »Umbrüche« gehört der 1. FC allemal. Er ist sogar seit vielen Jahren im stetigen Umbruch begriffen. Ein ständiges Auf und Ab – mehr jedoch ein Ab – zwischen Abstieg, Wiederaufstieg, Abstieg ... prägt

Empfang des Deutschen
Fußballmeisters 1. FC Köln, 1962

oben: **Die Mannschaft des FC von 1964**
links: **Der Höhepunkt: das Double; Hennes Weisweiler**
mit Meisterschale und DFB-Pokal, 1978

die Vereinsgeschichte in den letzten Jahren. Der FC ist ein Fußballclub – aber auch mehr als das: Er scheint fast eine Kultgemeinschaft mit seinen Fans zu bilden. Zwar lieben auch andere Städte ihren Fußballclub, doch in Köln ist eine verschworene Symbiose mit der Stadt entstanden: »Der« Kölner lässt auf seinen Club nichts kommen, auch nicht – und gerade nicht – in schweren Zeiten. Do stonn mer zosamme.

Der 1. FC Köln ist – immer noch – Kölns erfolgreichster Fußballclub. Die Konkurrenz des mittlerweile untergegangenen Südstadtvereins Fortuna Köln war nur kurzfristig. Der 1. FC Köln wurde 1948 durch den Zusammenschluss des Kölner Ball-Spiel-Clubs von 1901 und der Spielvereinigung Sülz 07 gegründet. Der Verein wurde 1962 und 1964 Deutscher Fußball-Meister sowie 1968, 1977, 1978 und 1983 Pokalsieger. Mit dem legendären Trainer Hennes Weisweiler, der bereits 1949–52, 1955–58 und 1976–80 Trainer war, erreichte der Club 1978 den Höhepunkt seiner Vereinsgeschichte: Er gewann das Double, d.h. er wurde im gleichen Jahr Deutscher Meister und Pokalsieger. Jeder, der etwas auf sich hält, kann noch heute die Namen der Fußballer der legendären Mannschaften aufzählen: Machen Sie den Test! (Für die Auflösung siehe die vordere Innenklappe.) Zumindest seien hier doch die ganz berühmten Namen genannt: Hans Schäfer, Wolfgang Overath, Hannes Löhr, Toni Schumacher, Pierre Littbarski, Wolfgang Weber, Karl-Heinz Thielen ...oder Heinz Hornig, dem der Autor als Junge auf der Straße hinterher lief, um ein Autogramm zu ergattern; welch ein Triumph war es damals, ein Autogramm eines Heinz Hornig erhalten zu haben! »Der Kleine mit den krummen Beinen«, erinnert sich der Grafiker.

nicht seine Fans, wenn nicht zumindest zweimal der unmittelbare Wiederaufstieg gelungen wäre und beim dritten Mal lediglich eine weitere Ehrenrunde notwendig war. Gerade in der Zeit, in der der Verein in der zweiten Liga spielte, strömten die Fans zu seinen Spielen. Sie wollten den FC sehen – ihn wieder siegen sehen; dass dies jetzt in der zweiten Liga geschah, war dabei gar nicht so wichtig. Der Abstieg konnte doch nur ein Malheur

Geißbock Hennes Der Geißbock ist das Maskottchen des 1. FC Köln. Die Fußballer und der Verein werden daher auch die »Geißböcke« genannt. Nach Brehm's Tierleben gilt der Geißbock bzw. Ziegenbock als störrisch, bockig eben. Nach der Bibel (Mt 25,32) trennt der Weltenrichter die Gerechten von den Ungerechten wie der Hirte die Schafe von den (Ziegen-) Böcken. Zudem gilt der Ziegenbock als Sinnbild für den Sünder, für Unkeuschheit und für den Teufel. Ein Schelm, der sich etwas dabei gedacht hat, ausgerechnet den Geißbock zum Maskottchen des Vereins zu machen? Es kam so: Auf einer Karnevalssitzung – wo denn auch sonst – im Jahr 1950 erhielt Präsident Franz Kremer von Zirkusdirektorin Carola Williams einen Geißbock geschenkt. Er erhielt den Namen »Hennes«, nach dem Vornamen des Trainers Hennes Weisweiler, und wurde fortan – wie später auch seine Nachfolger – bei jedem Heimspiel hinter dem eigenen Tor postiert. Der Kult mit den Geißbock ist gewaltig. Das Clubhaus heißt natürlich »Geißbockheim«. Der Fanclub bietet eine breite Palette von Fanartikeln rund um den Geißbock an: »Überschlagtasche Geißbock«, »Kiddy T-Shirt Böckchen« in hellblau und rosa, »Polo Shirts Geißbock« in unterschiedlichen Farben, »Key Holder Geißbock«, »Tank Top bockig« oder die »Boxershorts Bock bzw. Rammbock«. Der Geißbock scheint der Kölner Mannschaft – verhältnismäßig – Glück zu bringen; sie gilt traditionell als heimstark. Es ist nicht bekannt, ob dem Geißbock nach Heimniederlagen Essensentzug droht. Derzeit amtiert Hennes VII.

FC-Fans, wie immer voll dabei

In den neunziger Jahren begann der sportliche Niedergang: 1998, 2002 und 2004 stieg der 1. FC Köln in die Zweite Bundesliga ab – unfassbar für einen wahren Kölner. In Köln brach jedes Mal eine Welt zusammen. Aber der FC wäre nicht der FC und seine Fans

sein, auch wenn er sich dann noch zweimal wiederholte. Für die Fans stand ohnehin zumeist der Schuldige für den wiederholten Niedergang fest:

Die Mannschaft konnte es nicht sein – und an Köln lag es sowieso nicht. Der Trainer – unfähig, das falsche System spielend! Der Schiedsrichter – ungerecht und unfair! Der Präsident – ahnungslos und abgehoben! Mit dem Ex-Spieler Wolfgang Overath als Präsident fällt diese Ebene als zukünftiger Sündenbock weg – für's Erste wenigstens. Unter Trainern heißt es, wer nach Köln gehe, müsse schon wissen, worauf er sich einlasse. Hingegen wird über das – sicherlich nur böswillige – Gerücht, nach Karneval hätten sich bei einigen Spielern auch schon mal Anlaufschwierigkeiten eingestellt, ebenso mit großer Milde hinweggesehen wie über die ein oder andere unnötige Niederlage. Niederlagen sind für die Fans ohnehin häufig »unglücklich« und zeigen im Kern doch nur das Potential für einen Aufstieg zur wahren Größe. Der Verein hat denn wohl auch zu Recht bereits in den fünfziger Jahren den Ehrentitel »Diva von Rhein« erhalten.

In der Nähe vom Rudolfplatz stoßen wir auf leibhaftige Zeugnisse, wie in den letzten 25 Jahren die **3** **Schwulenbewegung** in Köln erstarkte. Hier befindet sich einer der Schwerpunkte der schwulen Szene in Köln. Die Brennerei Weiß ist seit einigen Jahren fest in schwuler Hand, und unweit von hier befindet sich in der **Schaafenstraße/ Mauritiuswall** das berühmte »Bermudadreieck« mit dem »Schampanja«, der ältesten Kneipe vor Ort, dem »Park« und dem früheren »Corner« sowie den

anderen Lokalen, die sich um sie herum angesiedelt haben. Auch an anderen Stellen der Stadt ist die schwule Kneipenszene vertreten. Von den Straßen Kölns ist ein selbstbewusstes schwu-

Das **SCHULZ** in der ehemaligen Tanzschule in der Bismarckstraße, 1983

les Leben nicht mehr weg zu denken. Köln ist mit seinen schätzungsweise 90 000 Schwulen und Lesben nach Berlin die schwule Hochburg Deutschlands, die weit nach Europa ausstrahlt – das Zentrum West der Schwulenbewegung. Das liberale Klima Kölns gegenüber Schwulen und Lesben wird gerühmt – nicht zuletzt von ihnen selbst. Zur schwulen Hymne – nicht nur in Karnevalszeiten gesungen – wurde das Lied »Köln – der geilste Arsch der Welt«. Dennoch: Es gibt auch ein schwules Überfalltelefon, das eine wachsende Zahl von Fällen meldet. Bereits im Januar 1972 entstand in Köln nach amerikanischem und britischem Vorbild eine schwule Selbstorganisation, die Gay Liberation Front (GLF). Das **Schwulen- und Lesbenzentrum**

Köln – der geilste Arsch der Welt *(Refrain)*
Hier geht man gern verlor'n,
Köln ist von hinten und von vorn
die Stadt, die hat, was uns gefällt.
Leben kann man überall,
doch für uns – auf jeden Fall –
ist Köln der geilste Arsch der Welt!

links: Auf der Parade der CSD mit der Regenbogenfahne, 2004. Unten: Die Parade in der Nähe des Heumarkts, 2003

(SCHULZ) wurde 1982 in einer ehemaligen Tanzschule in der Bismarckstraße gegründet und konnte 1985 ein großes neues Haus am Kartäuser Wall in der Südstadt beziehen. Neben einem Café gab es Veranstaltungsräume, offene Jugendarbeit, ein Sozialwerk mit Aids-Präventionsarbeit. 2003 musste das Zentrum wegen Finanzproblemen geschlossen werden. Während die Feiermeilen boomten, blieb der Erfolg des Zentrums aus. Seit vielen Jahren widmet sich das **Centrum Schwule Geschichte** in der Vogelsanger Straße in Ehrenfeld sehr verdienstvoll der Erforschung der Geschichte homosexueller Männer in Köln und im Rheinland durch Dokumentation, Ausstellungen und Publikationen. Der **Sportclub Janus,** Kölns schwul-lesbischer Sportverein, hat derzeit 1085 Mitglieder und besteht seit 25 Jahren. »Erfrischend anders seit 1980« lautet denn auch sein Slogan. Wie für jeden Kölner und jede Kölnerin spielt auch für Schwule und Lesben der Karneval eine wichtige Rolle: »Rosa Funken« erfreuen u.a. mit den »Rosa Sitzungen« die Herzen. Nur »Alaaf« heißt es nicht, sondern »aloha«.

Unbestrittener Höhepunkt der Szene ist in jedem Jahr der **Christopher Street Day (CSD)** – eine Demonstration schwul-lesbischer Stärke und der Forderung nach Homoehe und rechtlicher Gleichstellung. Mit dem CSD wird an den Protest der Schwulen und Lesben gegen eine Razzia der Polizei im »Stonewall Inn« auf der Christopher Street in New York am 28. Juni

1969 erinnert. Der damalige Protest gegen staatliche Willkür gilt als Beginn der schwulen Emanzipationsbewegung in den USA. 1991 fand in Köln der erste CSD mit nur einigen Hundert Teilnehmern und rund 5 000 Zuschauern schaftliche Bedeutung für die Stadt hat. Mindestens 53 Millionen Euro hätten die auswärtigen Besucher in den »Wirtschaftskreislauf« gebracht – von den einheimischen Besuchern ganz zu schweigen.

CSD-Parade, 2003

am Straßenrand statt. Innerhalb weniger Jahre wuchs der Kölner CSD zum größten seiner Art in Europa und zählt nach Karneval und Ringfest zu den drei größten Veranstaltungen in Köln. Beim gesamteuropäischen Euro-Pride, der 2002 in Köln stattfand, gab es sogar (erstmals) mehr Besucher als beim Rosenmontagszug. Seit 2003 ist die Parade Teil des »ColognePride«, der sich mit über 100 Veranstaltungen über zwei Wochen erstreckt. Der CSD hat sich zu einer Art Rosenmontagszug im Sommer entwickelt, bei dem bis zu 750 000 Menschen zusammenströmen. Er ist zum Familienfest geworden, das vom Baby bis zur Oma besucht wird, die so manch durchtrainierten Oberkörper und blanken Hintern zu sehen bekommen. Es ist sogar amtlich: Das Statistische Amt der Stadtverwaltung kommt aufgrund einer Erhebung zum CSD 2002 zum Schluss, dass der CSD eine erhebliche wirt-

Wir wenden uns nun – wie sagt man neu-deutsch so gerne – dem zweiten »Entertainment-Highlight« oder »Mega-Event« zu, dem **4 Ringfest.** Es wird seit 1993 veranstaltet und hat sich zu einer der größten Musik-Freiluftveranstaltungen der Welt entwickelt. Die Veranstalter meinen natürlich, es sei das größte Fest weltweit – wir sind ja schließlich in Köln. Jeweils an einem Augustwochenende zieht bzw. zog das Ringfest bis zu zwei Millionen Popmusik-Fans nach Köln. Thematisch wird eine breite Palette von Schlager und Folk, Rock und HipHop geboten. Die besondere Attraktion für die Besucher besteht zweifellos darin, dass sie alles kostenlos erhalten: »umsonst und draußen« lautet die Devise. Internationale Popstars, nationale Größen und die lokale Musikszene sind vertreten – in den Glanzzeiten bis zu 200 Bands, die

links: **Bühne auf dem Ringfest, 2005**
unten: **Ringfest an der Christopstraße, 2002**

zeitgleich auf den verschiedenen Bühnen spielten. Vom Rudolfplatz bis zum Friesenplatz und schließlich zum Mediapark reihten sich Bühne an Bühne. Um die Besucherströme zu entzerren, stand sogar eine Bühne auf dem Neumarkt. Das Ringfest zeigt eindrucksvoll die Stärke Kölns als Musik- und Medienmetropole. Ohne die Unterstützung von WDR, RTL, VIVA und Radio Köln wäre es nicht denkbar. Das Ringfest wurde parallel zur Popkomm gegründet, der internationalen Messe der Popmusikindustrie, die von 1989 bis 2003 in Köln stattfand. Die Initiative zur Messe ging von Dieter Gorny aus, dem Geschäftsführer des Musiksenders Viva. 2004 siedelte die Popkomm nach Berlin über, der Sender Viva folgte ein Jahr später. Ein herber Verlust für die Stadt, die jedoch

zumindest das Ringfest erhalten konnte, wenn auch in abgespeckter Form. Als Ersatz zur Popkomm wurde mit beachtlichem Erfolg die **co/pop** entwickelt, das Festival für elektronische Popkultur.

Die Bedeutung der Medien für Köln zeigt sich bei unserer nächsten Station, dem **5 Media-Park.** Wir gehen den Ring entlang und biegen am Allianz-Gebäude in die Hermann-Becker-Straße ein. Der Media-Park entstand seit 1987 auf dem 20 Hektar großen Gelände des ehemaligen Güterbahnhofs Gereon. Die Sanierung einer alten Industriebrache durch die Ansiedlung moderner Medien war ein deutliches Zeichen für die rasch wachsende Bedeutung der Medienbranche in der Stadt. Der kanadische Architekt Eberhard Zeidler hatte 1987 den Wettbewerb gewonnen, der einer der größten in der Kölner Nachkriegszeit war. Seine Grundidee stellt eine moderne Version des historischen Rathausplatzes von Siena dar: Um einen zentralen, halbrunden Platz mit einem künstlichen See gruppieren sich einzelne trapezförmige Baublöcke, die durch schmale

Media-Park, 2005
unten: Das KOMED-Haus,
2005

Straßen untereinander und zum Platz hin verbunden sind. Mit dem Großkino Cinedom, das 3 600 Sitzplätze bietet, wurde 1992 in Rekordzeit das erste Gebäude errichtet. Doch es stand lange einsam und verlassen in der unfertigen Park-Landschaft herum. Das gesamte Projekt Media-Park stockte, geriet in Gefahr und konnte nur durch veränderte Nutzungen fortgeführt werden. Ende 2003 wurde der Media-Park mit der Vollendung des letzten Gebäudes fertiggestellt. 250 Medien- und Dienstleistungsunternehmen mit 5 000 Beschäftigten sind nun hier angesiedelt, Kunst und Kultur, Aus- und Weiterbildung, Forschung und Entwicklung spielen ebenso eine Rolle.

Im umgekehrten Uhrzeigersinn befindet sich neben dem Cinedom (Block 1) der Musictower (Block 2), die Media-Park Klinik (Block 3), das forum (Block 4), MediaPark 5 mit Büros und Geschäften (Block 5), das Literaturhaus (Block 6), das KOMED-Haus (Block 7) mit dem 1997 fertig gestellten Kommunikations- und Medienzentrum, das Bildung, Kultur und Forschung im Medienbereich vereint. Außerdem findet sich im Block 7 das Mediengründerzentrum Leonardo sowie das Zentrum für interaktive Medien (ZIM) als unabhängige Verbraucherberatungsstelle in Sachen Multimedia. Es folgt daneben der 148,5 Meter hohe KölnTurm, der gemeinsam mit drei weiteren Baukörpern eine Einheit bildet (Block 8). Eines dieser Gebäude beherbergt das Jolly Hotel MediaPark mit 220 Zimmern. Im Block 10 befinden sich Eigen-

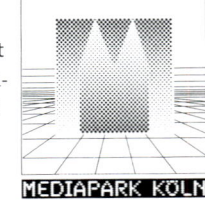

Logo Mediapark Köln

tumswohnungen (Block 9 gibt es nicht), es folgt die »Wohnschlange« (Block 11–15) und das Umspannwerk (Block 16). In der Maybachstraße 109/109a befindet sich ein weiterer Bau mit Wohnungen und Ladenlokalen.

Köln hat sich seit den achtziger Jahren zu einer bedeutenden **Medienstadt** entwickelt. Neben dem großen, mehr als 200 Jahre alten Verlagshaus M. DuMont Schauberg und den traditionell in Köln vertretenen öffentlich-rechtlichen Anstalten wie dem Westdeut-

gesamt bot der Medienbereich im Jahr 2000 bereits rund 50 000 Menschen Arbeit, also über zehn Prozent der sozialversicherungspflichtig Beschäftigten Kölns. Zählt man die eng vernetzte Informations- und Kommunikationswirtschaft hinzu, handelt es sich sogar um rund 90 000 Beschäftigte. Doch waren in den letzten Jahren auch deutliche Rückschläge zu verzeichnen. Die Deutsche Welle zog aus dem asbestverseuchten Hochhaus in Bayenthal nach Bonn um, Viva wechselte 2005 nach Berlin. Der Medienstandort Ossendorf, das sogenannte Coloneum mit seinen Studios, wurde ein Flop. Der Wegzug des Hauptsteuerzahlers RTL nach Hürth konnte 2004 nur verhindert werden, indem die Stadt zu günstigen Bedingungen ein Filetstück im Herzen Stadt zur Verfügung stellte: die Messehallen, aus denen der Sender ab 2010 ausstrahlen wird.

Blick in die **Weidengasse,** 2005

schen Rundfunk, der Deutschen Welle und dem Deutschlandfunk siedelten sich seit 1988 auch private Sender in Köln an, allen voran RTL, VOX und der Musiksender VIVA. Zudem entstanden eine Reihe von neuen Rundfunksendern, unter denen Radio Köln führend ist. Zahlreiche Produktionsfirmen machen Köln zum wichtigsten Standort für TV-Produktionen in Deutschland: Ein Drittel des deutschen Fernsehprogramms wird in Köln produziert. Ins-

Wir gehen über die Maybachstraße am Media-Park-Gelände vorbei bis zur Krefelder Straße, biegen nach rechts ab, überqueren den Ring und gelangen zur **6** **Weidengasse.** An einigen Stellen der Straße kann man sich ein wenig wie in Istanbul fühlen. Die Weidengasse ist wie die Keupstraße in Mülheim und einige andere Orte in Köln ein türkisches Zentrum mit zahlreichen Geschäften und Restaurants. In Köln leben derzeit fast 200 000 Ausländer (rund 20 Prozent der Bevölkerung). Die ersten ausländischen Arbeitskräfte wurden in den fünfziger Jahren nach Deutschland angeworben, weil aufgrund des raschen Aufschwungs insbesondere in der Bauwirtschaft und der Metallindustrie ein großer Mangel an Arbeitskräften entstanden war. Im September 1961 waren bereits 13 000 Arbeiter aus Italien, Spanien und Griechenland in Köln beschäftigt. Die größte Gruppe stellten zunächst die Italiener, die ab 1967 von den Türken überrundet wurden. Allein Ford beschäftigte bereits im Oktober 1962 2 500 Italiener und 2 000 Türken. Im September 1964 wurde im Deutzer Bahnhof dem millionsten ausländischen Arbeitnehmer in der Bundesrepublik ein feierlicher Empfang bereitet. 1970 lebten bereits 69 000 in Köln. Im Jahr 2000 setzte sich die ausländische Bevölkerung folgendermaßen zusammen: 41,7 Prozent Türken, 11,4 Prozent Italiener, 8,5 Prozent aus dem ehemaligen Jugoslawien, jeweils 4 Prozent aus Griechenland und dem Iran, 11 Prozent aus anderen Ländern der Europäischen Union sowie 2 Prozent Polen.

Man rief damals Arbeitskräfte, aber es kamen Menschen, die bald auch ihre Familien nachholten. Durch den Zuzug der Familien glich sich die Sozialstruktur der Ausländer dem der deutschen Bevölkerung an, allerdings haben Ausländer nach wie vor mehr Kinder und sind durchschnittlich jünger. Sie tragen erheblich zur sozialen Sicherung und dem Wohlstand der Bundesrepublik bei. Auch die rasante Entwicklung der Kölner Wirtschaft nach dem Krieg wäre ohne ausländi-

sche Arbeitnehmer nicht denkbar gewesen. Noch Mitte der neunziger Jahre füllen Ausländer vor allem Lücken aus: In unattraktiven und oftmals schlecht bezahlten Berufen wie

Empfang auf dem Deutzer Bahnhof für den millionsten ausländischen Arbeitnehmer im September 1964

im Gastgewerbe, Reinigungsbetrieben und dem Kraftfahrzeugbau bewegt sich der Anteil der ausländischen Arbeitnehmer zwischen 27 und 45 Prozent. Gleichzeitig gibt es auch viele ausländische Geschäftsleute. Im Jahr 2003 wurde in Köln eine türkisch-deutsche IHK gegründet.

Ein gutes Stück weiter erreichen wir an der Ecke **7** **Unter Sachsenhausen/Tunisstraße** das ehemalige Gebäude der **Herstatt-Bank.** Die Herstatt-Bank, die ihre Tradition auf ein 1782 gegründetes Bankhaus zurückführte und 1955 von Iwan D. Herstatt wiedergegründet wurde, hatte sich rasch zu einem der führenden privaten Bankhäuser in Köln entwickelt. Der 1957 vollendete repräsentative Bau im Banken- und Versicherungsviertel Unter Sachsenhausen war der in Stein gebaute Ausdruck dieses Aufstiegs. Als am 26. Juni 1974 das Bundesaufsichtsamt für das Kreditwesen bekannt gab, es habe der Herstatt-Bank wegen Defiziten in Mil-

anteilseigner wurde stark in Mitleidenschaft gezogen. Hans Gerling musste für die Herstatt-Gläubiger 210 Millionen Mark zahlen und aus diesem

oben: **Werbung der Herstatt-Bank** kurz vor dem Zusammenbruch. Unten: Menschenmenge **vor der geschlossenen Herstatt-Bank**, Juni 1974

liardenhöhe die Fortführung der Geschäfte untersagt, war dies die größte deutsche Bankenpleite seit der Weltwirtschaftskrise 1929. Einen Tag später verlangten Tausende Sparer Zutritt zur Bank und forderten ihre Sparguthaben zurück. Vergeblich. Betroffen waren 65 000 Kunden, unter ihnen die Katholische Kirche und die Stadt Köln. Jahrelange Devisen- und Edelmetallspekulationen hatten die Bank in den Ruin und zum Konkurs getrieben. Der Gerling-Konzern als Haupt-

Grund für 100 Millionen Mark 51 Prozent seines Versicherungsunternehmens verkaufen. Es dauerte Jahre, bis er wieder Hauptanteilseigner in seinem Konzern werden konnte. Lange wurden Prozesse um die Entschädigung der Herstatt-Gläubiger geführt. Der Gläubigerausgleich hatte für die Sparer ein halbwegs glimpfliches Ende, da sie immerhin 60 Prozent ihrer Einlagen zurück erhielten. Doch der größte wirtschaftspolitische Skandal in der Geschichte der Kölner Nachkriegswirtschaft führte zu einem spürbaren Vertrauensverlust der Sparer und zog weitere deutsche Privatbanken in Mitleidenschaft.

Am Dom vorbei und Unter Goldschmied erreichen wir das **8** **Rathaus**
als unsere nächste Station. Um die
Jahrtausendwende kam es im Kölner
Rathaus zu einem politischen Umbruch, zum **Machtwechsel:** Die SPD
verlor nach 43 Jahren die Macht an
die CDU. Neben bundespolitischen
Gründen kam hinzu, dass die SPD bei
der Kommunalwahl im September
1999 wegen eines Skandals ohne einen eigenen Oberbürgermeister-Kan-
didaten da stand. Ihr Kandidat, Oberstadtdirektor Klaus Heugel, musste
von seinem Amt und von der Kandidatur zurücktreten, als bekannt wur-

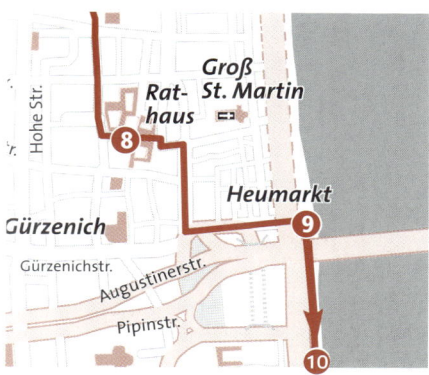

benennen. Zum ersten direkt gewählten Oberbürgermeister wurde Harry
Blum von der CDU gewählt, der jedoch
nach nur 169 Tagen Amts-
zeit starb. Die Oberbürger-
meisterwahl im September
2000 gewann der bisherige
Bürgermeister und Latein-
lehrer Fritz Schramma von
der CDU gegen eine ehema-
lige NRW-Wissenschafts-
ministerin von der SPD, von
der die Wählerschaft wohl
meinte, dass sie ihre besseren Tage bereits hinter sich
hatte. Die Kommunalpolitik
sollte weiter nicht zur Ruhe
kommen: Der 1999 geschlossenen Koalition von CDU

**Harry Blum vor einem Plakat zur
OB-Kandidatur, 1999**

de, dass er Kenntnisse aus seiner Tätigkeit als Aufsichtsratsvorsitzender
der Stadtwerke-Holding über den Ver-
kauf von Felten & Guilleaume zu ver-
botenen »Insidergeschäften« genutzt
hatte. Aufgrund des Wahlgesetzes
konnte die SPD wenige Wochen vor
der Wahl keinen neuen Kandidaten

und FDP folgte 2002 zum ersten Mal
in einer Großstadt ein Koalition von
CDU und Bündnis 90/Die Grünen. Nach
der Kommunalwahl 2004 regierte in
Köln eine große Koalition aus CDU und
SPD, die Anfang November 2005 aus-
einanderbrach. Der politische Umbruch in den letzten 30 Jahren geht
ohnehin über diesen Machtwechsel
hinaus. Auffallend ist die Veränder-
ung der politischen Landschaft: 1980

Kommunalwahlen 1946–2004. **Wahlergebnisse in Köln.**

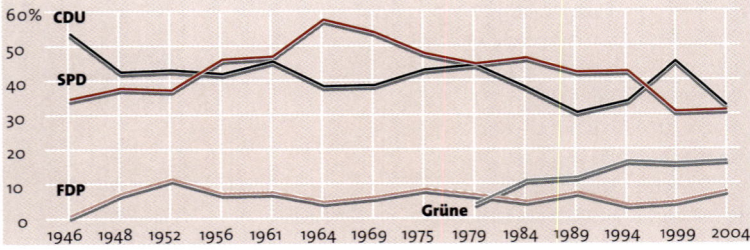

Bundestagswahlen 1949–2005. **Wahlergebnisse in Köln.**

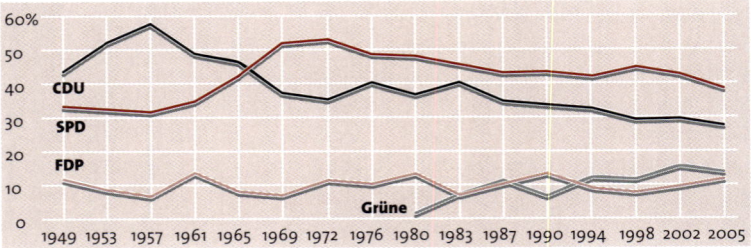

kandidierten zum ersten Mal **die Grünen** zum Rat, schafften 1985 den Sprung in den Rat und etablierten sich in Köln als drittstärkste politische Kraft.

Eine besondere Herausforderung für Politik und Gesellschaft bildet seit Ende der achtziger Jahre der erstarkte **Rechtsextremismus** und die Welle rechtsextremer Gewalt. In den sechziger Jahren blieb die NPD in Köln noch chancenlos, bei der Kommunalwahl 1989 gewannen rechtsextreme Parteien rund neun Prozent. Die Reps waren mit 7,4 Prozent im Rat vertreten. Entsetzen rief 1991 weit über Köln hinaus der von einer Ratspartei, der »Deutschen Liga«, verbreitete Steckbrief gegen eine Roma-Frau aus. Auch Köln blieb nicht von fremdenfeindlichen Anschlägen verschont; so

wurde in Worringen ein Anschlag auf Wohnungen von Ausländern verübt. Doch gegen die neue Gefahr von rechts erhob sich ein entschiedener Protest der Mehrheit: Die Gruppe »Arsch huh, Zäng ussenander« organisierte am 9. November 1992 ein Konzert auf dem Chlodwigplatz, zu dem 100 000 Besucher kamen. Seit 2004 sitzt mit »pro Köln« allerdings wieder eine rechtsextreme Partei mit Fraktionsstärke im Rat.

In den letzten Jahren wurde Köln seinem Ruf als **Hauptstadt des Klüngels** gerecht. Dem Heugel-Skandal folgte 2002 der Skandal um dessen politischen Ziehsohn und Nachfolger im Amt des Fraktionsvorsitzenden, Norbert Rüther, der Gelder vom Müllunter-

Hetzplakat der
Deutschen Liga,
1990

nehmer Trienekens angenommen hatte. Gemeinsam mit dem Parteikassierer und seiner linken Hand in der Fraktion, Manfred Biciste, schleuste er zumindest einen Teil davon in die Partei ein, indem dazu »Spendenquittungsempfänger« benutzt wurden. Der Skandal um die SPD war noch nicht abgeschlossen, da wurde auch bei der CDU ein Parteispendenskandal entdeckt, der den Parteivorsitzenden Richard Blömer das Amt und eine erneute Kandidatur zum Landtag kostete.

Wir gehen vom Rathaus über den Heumarkt zur **9** **Marksmannsgasse** in Richtung Rheinufer. Dort erinnern in **Pflastersteine** gehauene Namen von **Aids-Opfern** an die Schrecken der Anfang der achtziger Jahre ausgebrochenen Immunschwäche-Krankheit. Es handelt sich um die »Denkrauminstallation« »Namen und Steine« von Tom Fecht. In Köln sind bislang ca. 800 Personen an Aids gestorben und 2 000 mit HIV infiziert; die meisten von ihnen Homosexuelle. Als Antwort auf die Krankheit entstand 1985 aus einer Selbsthilfegruppe die Aids-Hilfe in Köln. Zu ihren umfassenden Aktivitäten gehören Selbsthilfe- und Gesundheitsförderung, die zur Gründung der Schwulen Initiative für Pflege und Soziales (Schwips) führten, die Interessensvertretung und Solidarität mit HIV-Positiven und Aids-Kranken sowie Präventionsmaßnahmen. 1991 führte die Kölner Stadtverwaltung als erste Stadt in der Bundesrepublik die ambulante psychosoziale Betreuung von Menschen mit HIV und Aids als Pflichtleistung nach dem Sozialhilfegesetz ein. Nach wie vor ist in der Aids-

Forschung der entscheidende Durchbruch nicht gelungen, obwohl eine verbesserte medikamentöse Therapie die Krankheit mildert. Dies scheint in wachsendem Maße dazu zu führen, dass die Gefahr unterschätzt wird. Denn in den letzten Jahren steigen die Zahlen der Neuinfektionen wieder.

»Namen und Steine« von Tom Fecht erinnern an die Aids-Opfer

Am Rheinufer entlang in Richtung Südstadt geht es zu unserer nächsten Station, dem **10** **Bayenturm.** Hier hat seit 1994 der **»FrauenMediaTurm«** mit dem Feministischen Archiv und Dokumentationszentrum seinen Sitz. Das Zentrum wurde 1984 von Alice Schwarzer, der Verlegerin der in Köln erscheinenden Zeitschrift »Emma« gegründet; heute ist sie »Vorstands-

Demonstration gegen
das Urteil zum §218, 1975

vorsitzen-
de« des Vereins.
Die Nutzung der Bibliothek im vierten
Stock und die Turmführungen sind
kostenfrei, bedürfen allerdings einer
Anmeldung. Auch die Kölner Frauenbewegung konnte in den letzten 30
Jahren einen durchschlagenden Erfolg
verzeichnen. Die bewegten Frauen
haben wirklich einiges erreicht. Der
Kampf gegen den § 218 stand am Anfang. Im Mai 1971 gründete sich auch
in Köln eine Frauengruppe »Aktion
218«. Ein im Juni 1972 im Gürzenich
abgehaltenes bundesweites Tribunal
gegen den § 218 endete zwar
noch in einem Fiasko, doch
als im Februar 1975 das Bun-
desverfassungsgericht sein
Urteil gegen die Reform des
§ 218 verkündete, kam es zu
machtvollen Demonstratio-
nen von Frauen durch die Kölner Innenstadt. Am 6. August
1976 wurde das Kölner Frauen-

zentrum in der Eifelstraße 33 eingeweiht. Die Themen innerhalb der
Frauenbewegung wurden immer viel-
fältiger. 1977 eröffnete der Frauenbuch-
laden, der nach über 25 Jahren 2004
dicht machen musste. Zu den größten
Erfolgen zählt zweifellos, dass das Thema »Gewalt gegen Frauen« – gerade
auch in der bis dahin tabuisierten
Zone Ehe – öffentlich gemacht und
Frauenhäuser für bedrohte Frauen geschaffen wurden. 1976 wurde in Dell-
brück das erste, vom Verein »Frauen
helfen Frauen« angemietete Frauenhaus gegründet, als erstes autonomes
Frauenhaus in der Bundesrepublik.

Diese Aktivitäten haben mit
dazu beigetragen, dass heute
in der Bundesrepublik ein
Gewaltschutzgesetz besteht,
das prügelnde Männer aus
der häuslichen Wohnung
verweist. 1981 wurde in Köln
die erste Frauengleichstel-

FRAUEN
BUCH
LADEN

Werbung für den
Frauen-Buchladen

lungsstelle in der Bundesrepublik gegründet, aus dem 1989 das Frauenamt entstand. 1986 wurde der Frauengeschichtsverein gegründet, der Stadtführungen anbietet, eine Dokumentation betreibt und Publikationen veröffentlicht.

Nach unserem Rundgang machen wir noch zwei **Abstecher.** Der erste führt uns ein gutes Stück vom Bayenturm weiter in die Südstadt zum ehemali-

schlossenen Türen im Rathaus getroffen werden konnten, sondern dass die Bürgerinnen und Bürger sich verstärkt unmittelbar einbringen wollten. Die »Bürgerinitiative Südliche Altstadt« (BISA) war bereits 1971 gegründet worden und damit eine der ältesten Bürgerinitiativen in der Republik. Sie wehrte sich gegen den Abriss der Fabrik und forderte, dass stattdessen in den alten Fabrikgebäuden Wohnungen, Werkstätten und Büros

Demonstration für den Erhalt der Stollwerck-Fabrik, 1980

gen Gelände der traditionsreichen **Stollwerck-Fabrik** [→ *Das neuzeitliche Köln, S. 176 ff.*] zwischen Annostraße und Rheinufer. 1975 bezog Stollwerck den Fabrikneubau in Porz. Sein Besitzer Hans Imhoff hatte sich beim Grundstücksverkauf an einen Investor eine goldene Nase verdient. Über die Frage, wie das Gelände genutzt werden sollte, war ein monatelanger heftiger politischer Streit in der Stadt ausgebrochen. Grundlegend neu war, dass dabei wichtige politische Entscheidungen nicht mehr (nur) hinter ver-

für die Menschen des Viertels, insbesondere die sozial Schwachen, gebaut werden sollten. Im Mai 1978 wurde ein Ideenwettbewerb ausgeschrieben, den die Kölner Architektengruppe dt8 gewann. Ihr Entwurf sah vor, 60 Prozent der Fabrikgebäude abzureißen und den Rest umzubauen. Dies unterstützte die von der SPD angeführte Ratsmehrheit, die eine umfassende Sanierung des Severinsviertels erreichen wollte. Der BISA gelang es, sich

In den Räumen der Fabrik: Fuzzy Allan Jones

den Bau einer Musterwohnung genehmigen zu lassen, um zu beweisen, dass ein Abriss unnötig sei. Als bei einem Fest ein dreizehnjähriger Junge durch Sturz in einen ungesicherten Aufzugsschacht ums Leben kam, wurde die Baustelle geschlossen und der Weiterbau der Musterwohnung gestoppt. Daraufhin beschloss der Stadtentwicklungsausschuss am 20. Mai 1980 den Abriss der Fabrik. Einen Tag später wurden die Gebäude besetzt. Etwa 500 Menschen zogen in die alten Fabrikgebäude ein, ein buntes Völkchen von BISA-Mitgliedern, Obdachlosen und Alternativen. »Macht Stollwerck zum Bollwerk!«, lautete die Losung. Nach 49 Tagen **Besetzung** einigten sich die Stadt und die Besetzer schließlich auf ein friedliches Ende und die letzten etwa 150 Besetzer verließen das Gelände. Die Stadt begann daraufhin unmittelbar mit dem Abriss der Fabrik. Die geschlossenen Vereinbarungen wurden jedoch in wesentlichen Punkten gebrochen. Große Teile des Fabrikgeländes wurden

abgerissen. Erhalten blieb der »Annoriegel«, bei dem man zumindest auf den zweiten Blick die alten Fabrikgebäude erkennen kann. Der Komplex war Bestandteil der Besetzung gewesen. Der daran angrenzende Rundbau wurde abgerissen und auf altem Grundriss wieder errichtet. 1991 war die Sanierung des Geländes abgeschlossen. Es entstanden Mietwohnungen und Eigenheime. Das 1987 eröffnete Bürgerhaus Stollwerck zählte allerdings nicht zur alten Stollwerck-Fabrik, sondern war ein ehemaliges Proviantmagazin der preußischen Militärverwaltung. Manche führende Aktivisten der Besetzung zeigten sich besonders enttäuscht über die Reaktion der etablierten Politik und die mangelhaften Beteiligungsmöglichkeiten der Bürger und gehörten später zu den Gründern der Grünen.

Der nächste und letzte Abstecher führt uns nach Braunsfeld zur **Vincenz-Statz-Straße/Friedrich-Schmidt-Straße.** Dort erinnert am Eingang zum Stadtwald ein Denkmal an die **Entführung** des Arbeitgeberpräsidenten Hanns Martin **Schleyer** am 5. September 1977, die hier begann. Der **Terrorismus** der »Rote Armee Fraktion« (RAF) hatte die Innenpolitik der Bundesrepublik in den siebziger und achtziger Jahren beherrscht. Der »Deutsche Herbst« des Jahres 1977 nahm in Köln seinen Anfang. Schleyer befand sich in dem von einem Chauffeur gefahrenen Auto auf dem Weg von seinem Dienstsitz am Oberländer Ufer zu seiner Zweitwohnung in der Raschdorffstraße. Begleitet wurde er von einem Wagen mit drei Sicherheitsbeamten der Polizei. Monate zuvor waren Generalbundesanwalt Siegfried Buback und Bankier Jürgen Ponto getötet worden. In der Vincenz-Statz-Straße wurden die beiden Fahrzeuge von einem gelben Mercedes, der sich in den Weg stellte, gestoppt. Es begann sofort ein blutiges Gemetzel. Fünf Terroristen eröffneten unvermittelt das Feuer; zwei von ihnen hatten sich als ein Pärchen mit einem Kinderwagen getarnt, aus dem nun die Maschinengewehre genommen wurden. Mit mehr als 100 Kugeln ermordet wurden der Chauffeur Heinz Marcisz sowie die drei Sicherheitsbeamten, der Polizeihauptmeister Reinhold Brändle und die Polizeimeister Helmut Ulmer und Roland Pieler – die beiden letzten 24 bzw. 20 Jahre alt, die beiden ersten Familienväter. Schleyer wurde unverletzt aus dem Auto gezerrt. Die Entführer forderten die Freilassung

von elf inhaftierten Terroristen, an ihrer Spitze Andreas Baader und Gudrun Ensslin. Die Bundesregierung

oben: **Entführung von Schleyer** und Mord an den Begleitpersonen in der Vincenz-Statz-Straße, 5. September 1977. Unten: **Denkmal** am Eingang zum Stadtwald

ging nicht auf die Forderung ein. Am 13. Oktober wurde daraufhin die Lufthansa-Maschine »Landshut« von drei arabischen Terroristen entführt, um den Druck auf die Regierung zu erhöhen. Die Geiseln wurden in der Nacht auf den 18. Oktober 1977 auf dem Flughafen von Mogadischu, der Hauptstadt Somalias, durch den Einsatz der Sondereinheit GSG 9 befreit. Unmittelbar danach töteten sich im Stuttgarter Gefängnis Stammheim die RAF-Mitglieder Baader, Ensslin und Raspe. Am 19. Oktober wurde daraufhin Hanns Martin Schleyer ermordet und im französischen Mülhausen aufgefunden. Nach 45 Tagen war das Geiseldrama zu Ende – 45 Tage, in denen die Bundesrepublik den Atem angehalten hatte.

Museums-Tour

Das Kölnische
Stadtmuseum
im ehemaligen
Zeughaus

Hoffnung auf ein großes stadtgeschichtliches Museum

Auf der Museums-Tour erfahren wir, wie die Geschichte der Stadt im letzten Jahrhundert in den historischen Museen Kölns überliefert und dargestellt wird. Das große stadtgeschichtliche Museum für die mittelalterliche und neuzeitliche Geschichte fehlt in Köln nach wie vor. Hier ist eine Wunde des Zweiten Weltkrieges immer noch nicht verheilt. Das 1936 eröffnete »Haus der Heimat« in den ehemaligen Deutzer Kürassierkasernen wurde im Krieg zerstört und nicht wiederaufgebaut. Es verfügte über 20 000 Quadratmeter Ausstellungsfläche, während sich das Kölnische Stadtmuseum in der Zeughausstraße mit 2 000 Quadratmetern begnügen muss und nur einen Bruchteil seiner Objekte zeigen kann. Doch die Hoffnung auf ein großes stadtgeschichtliches Museum steigt. Mittlerweile konnte der Parkplatz für den Erweiterungsbau erworben werden und ein bislang ungenanntes Kölner Stifter-Ehepaar stellt das Geld für den Ausbau zur Verfügung. Der Grundstein soll bis Anfang 2007 gelegt und das erweiterte Haus mit einer neuen Konzeption der Ausstellung im Jahr 2008/09 fertig gestellt werden.

rechts: Das EL-DE-
Haus, heute Sitz
des NS-Dokumen-
tationszentrums
der Stadt Köln,
2005

In den letzten 20 Jahren sind **weitere stadtgeschichtliche Museen** entstanden. In der ehemaligen Gestapozentrale im EL-DE-Haus besteht seit 1981 die Gedenkstätte Gestapogefängnis und seit 1997 die Dauerausstellung »Köln im Nationalsozialismus« des NS-Dokumentationszentrums der Stadt Köln. Am Butzweilerhof, dem Standort des ersten Kölner Flughafens, wird seit einiger Zeit an einem Luftfahrtmuseum gearbeitet. Ein Besuch des Straßenbahn-Museums in Thielenbruch und des Rheinischen Industriebahn-Museums im Bilderstöckchen lohnt sich. Im Juni 2005 konnte das Kölner Karnevalsmuseum seine Tore öffnen.

Rundgang

Wir beginnen mit dem **1** **Käthe-Kollwitz-Museum** in der Neumarkt-Passage (geöffnet: dienstags bis freitags 10–18 Uhr, samstags/sonntags 11–18 Uhr). Auch wenn es sich nicht um ein stadtgeschichtliches Museum handelt, soll es in unsere Museums-

pazifistisch ist. 1983 kaufte die Kreissparkasse Köln 60 Kollwitz-Arbeiten, die der Stadt angeboten worden waren, die sie jedoch nicht erwerben konnte. Durch Zukäufe entstand mit über 300 druckgraphischen Blättern, 170 Handzeichnungen und 15 Plastiken die größte Kollwitz-Sammlung der Welt. Sehr bekannt wurde der druckgraphische Zyklus – ihr Hauptwerk – »Ein

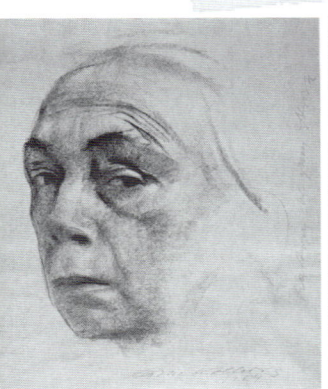

Käthe Kollwitz, Selbstbildnis von 1924
rechts: **Käthe-Kollwitz-Museum,** Ausstellungsraum

Tour aufgenommen werden. Denn die sozial- und zeitkritischen Arbeiten von Käthe Kollwitz (1867–1945) spiegeln die Zeit eindrucksvoll wider, und zudem begegnen wir ihr und ihren Kunstwerken mehrfach auf unseren Touren durch die Stadt. Das Käthe-Kollwitz-Museum stellt eines der schönsten und ungewöhnlichsten Museen Kölns dar. Es ist nur einer Künstlerin gewidmet und wurde – einzigartig in der Bundesrepublik – von einem Geldinstitut, der Kreissparkasse Köln, gegründet. Es wird nach wie vor von ihm finanziert, obgleich Kollwitz' Kunst ausgesprochen sozial engagiert und

Weberaufstand«, den sie in den Jahren 1893 bis 1897 schuf. Als sie ihn 1898 auf der »Großen Berliner Kunstausstellung« zeigte, verweigerte ihr Kaiser Wilhelm II. wegen des sozialkritischen Inhalts die Verleihung der »kleinen Goldmedaille«, denn das »käme ja einer Herabwürdigung jeder hohen Auszeichnung gleich. Orden und Ehrenabzeichen gehören auf die Brust verdienter Männer!« Ach ja ... Von eindrucksvoller künstlerischer Kraft zeugen auch der Grafikzyklus der »Bauernkrieg« (1903–1908) oder die Holzschnittzyklen »Krieg« (1922–23), die sie als überzeugte Pazifistin nach dem Tod ihres Sohnes im Ersten Weltkrieg zeigen, sowie »Proletariat« (1925) und die späte lithographische Folge

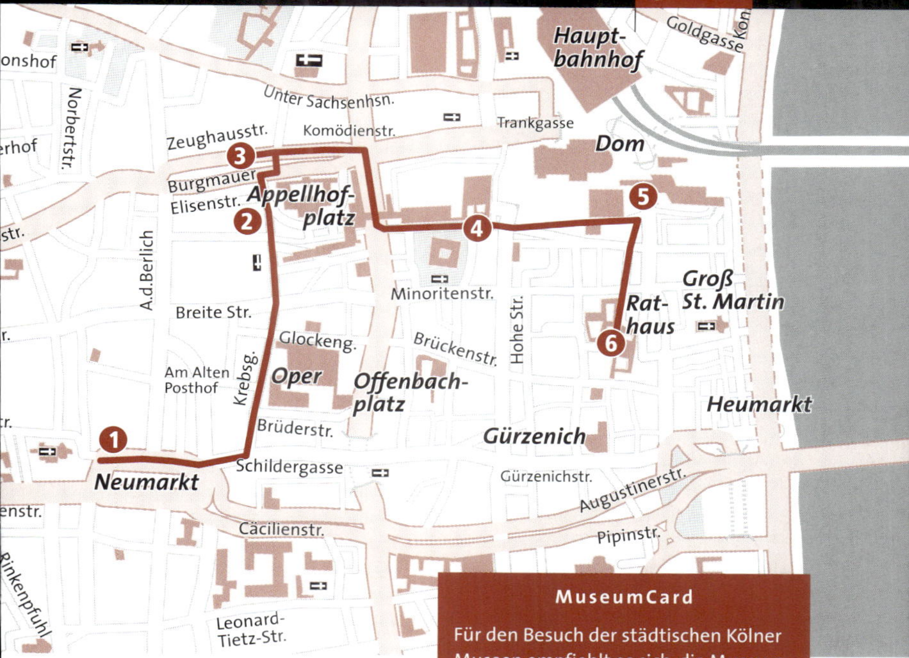

Map labels: onshof · Norbertstr. · erhof · Zeughausstr. · Unter Sachsenhsn. · Komödienstr. · Trankgasse · Haupt-bahnhof · Goldgasse · Kon · Burgmauer · Elisenstr. · Appellhof-platz · Dom · A.d.Berlich · str. · Breite Str. · Minoritenstr. · Hohe Str. · Groß St. Martin · Rat-haus · Glockeng. · Brückenstr. · Am Alten Posthof · Krebsg. · Oper · Offenbach-platz · Heumarkt · Brüderstr. · Gürzenich · Neumarkt · Schildergasse · Gürzenichstr. · Augustinerstr. · enstr. · Cäcilienstr. · Pipinstr. · Rinkenpfuhl · Leonard-Tietz-Str.

❶ ❷ ❸ ❹ ❺ ❻

MuseumCard

Für den Besuch der städtischen Kölner Museen empfiehlt es sich, die Museum-Card zu nutzen. Sie erlaubt den einmaligen Besuch aller städtischen Museen (nicht jedoch des NS-Dokumentationszentrums) an zwei aufeinander folgenden Öffnungstagen. Am 1. Tag ist zudem die Nutzung der KVB im Preis mit eingeschlossen. Einzel-MuseumCard (für eine Person): 12,20 g; Family-MuseumCard (für zwei Erwachsene und zwei Kinder): 24,50 Euro.
Weitere Informationen zu den Museen unter: www.museen-koeln.de

»Tod« (1934–1935). Vor allem in den zwanziger Jahren engagierte sie sich politisch mit mehreren Plakat-Motiven. Berühmt wurde das Plakat »Nie wieder Krieg«, das sie zum Mitteldeutschen Jugendtag in Leipzig 1924 schuf. Zudem zeigt das Museum Plastiken und Selbstporträts von Käthe

Kollwitz. Auf unseren Rundgängen sind wir ihr bereits dreimal begegnet: bei den »Trauernden Eltern« in Alt St. Alban und dem Grabrelief für die Familie Levy auf dem Jüdischen Friedhof in Bocklemünd sowie dem Engel von Barlach in der Antoniterkirche, der ihre Gesichtszüge trägt [→ *S. 34 f. und 42 f.*].

Plakat von
Käthe Kollwitz,
1924

links: Eingang des EL-DE-Hauses, **von innen**
rechts u. unten: Das Hausgefängnis der Gestapo,
heute Gedenkstätte

Über die Schildergasse und die Krebsgasse erreichen wir am Appellhofplatz
die nächste Station, das **2** **EL-DE-
Haus** [→ *S. 150 ff.*]. Heute befindet sich

hier das NS-Dokumentationszentrum
der Stadt Köln mit der 1981 eröffneten
Gedenkstätte Gestapogefängnis und
seit 1997 mit der Dauerausstellung
»Köln im Nationalsozialismus«, Son-
derausstellungsraum, Gruppenräumen
und Bibliothek (geöffnet: dienstags

bis freitags 10–16, samstags und sonntags 11–16 Uhr). Wir beginnen mit einer Besichtigung der **Gedenkstätte Gestapogefängnis** im Keller. Die ehemaligen Häftlingszellen mit den Wandinschriften der Gefangenen erinnern am eindringlichsten an die nationalsozialistische Schreckensherrschaft in Köln. Unmittelbar nach der Übernahme des EL-DE-Hauses ließ die Gestapo im Keller des Gebäudes das Hausgefängnis einbauen. Die Häftlinge blieben hier, solange sie von der Gestapo verhört wurden, mitunter allerdings

Bombenschäden geräumt und renoviert wurde. In die Zelle 7 wurde eine Dunkelzelle von nur 2,6 Quadratmetern mit einer schmalen Steinbank und einem vorgelagerten Raum für »verschärfte Vernehmungen« eingebaut. In diesem Zustand von 1943–45 ist das Hausgefängnis weitgehend bis heute erhalten geblieben, da die Zellen nach dem Krieg als Aktenkeller und Rumpelkammer dienten. Lediglich die Trennwände zwischen den Zellen 2 und 3 sowie den Zellen 5 und 6 wurden im Lauf der Zeit herausgerissen.

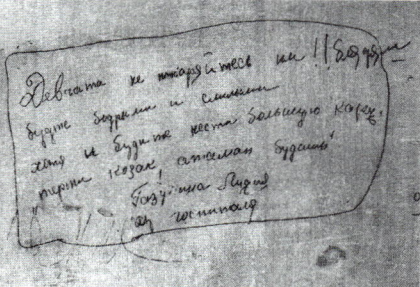

links: **Russische Inschrift** aus Zelle 3 (Auszug:... *»Mädels, unterwerft Euch denen nicht!! den Hurensöhnen! Seid mutig und tapfer ...!«*) rechts: **Deutsche Inschrift** aus Zelle 1

mehrere Wochen und sogar Monate. Das Hausgefängnis bestand aus zehn Zellen, Wascräumen und sanitären Einrichtungen sowie im hinteren Teil aus Räumen für die Wachleute der Gestapo. Die Zellen verteilen sich auf zwei enge, rechtwinklig angelegte Gänge. Vier Zellen (1 bis 4) liegen zur Elisenstraße hin, die sechs anderen Zellen (5 bis 10) zum Appellhofplatz. Das Gefängnis liegt im Souterrain, in das durch kleine mit Eisengittern gesicherte Fenster Tageslicht dringt. Die Geräusche der vielen Häftlinge konnten draußen gehört werden. Bauliche Veränderungen wurden während des Krieges durchgeführt, nachdem 1943 das Haus nach schweren

Dies ist durch eine hellere Markierung kenntlich gemacht worden. Auch die Eisengitter zu den Treppenaufgängen und im Flur sind weitgehend original. Vom Hausbunker im Tiefkeller, der nur den Gestapobeschäftigten offen stand, sind die Stahltüren und Entlüftungsanlagen gut erhalten geblieben. Im Tiefkeller wurden Häftlinge gefoltert. Von hier aus waren die Schreie der Gefolterten nicht so leicht zu hören wie aus dem Gefängnis oder den Büros der Gestapobeamten.

Alltag im Gestapogefängnis

Die Größe der Zellen beträgt bei einer Länge von 3,7 bis 4,2 und einer Breite von 1,1 bis 2,3 Metern zwischen 4,6 Quadratmetern (Zelle 8 und 9) und 9,0 (Zelle 6) bzw. 9,3 Quadratmetern (Zelle 7). Die Zellen waren für ein bis bestenfalls zwei Personen gedacht, doch wurden sie – insbesondere in den letzten Kriegsjahren – extrem überbelegt. Selbst die Gestapo sprach im November 1944 von einer acht- bis zehnfachen Überbelegung. Geht man von einer normalen Belegung von ein bis zwei Personen aus, waren acht bis zwanzig Personen in den Zellen eingesperrt. Nach einer französischen Inschrift in Zelle 8 sollen in Zelle 6 bis zu 33 Häftlinge eingepfercht gewesen sein. An den Wänden und im Boden sind noch deutlich die Einkerbungen für die Befestigung der ursprünglich vorhandenen Pritschen zu erkennen, die wohl in den letzten Monaten des Krieges entfernt wurden, um Platz zu gewinnen. Die Gefangenen wurden nur morgens und nachmittags zur Toilette geführt, ansonsten hatten sie ihre Notdurft in einen Eimer in der Zelle zu verrichten. Das Essen war zu wenig zum Leben und zu viel zum Sterben: Zum Frühstück gab es Ersatzkaffee mit einer Scheibe Brot, mittags eine Wassersuppe und abends wieder Brot mit Muckefuck bzw. Tee. Einen Hofgang gab es nicht. Die Gefangenen kamen nur aus den Zellen, wenn sie zu den Toiletten geführt wurden – und wenn sie zu den Verhören mussten.

In den Zellen sind rund 1 800 selbstständige Inschriften oder Zeichnungen vorhanden, jedoch lässt sich bei genauem Hinsehen eine Vielzahl weiterer kleiner Eingravierungen erkennen. Sie wurden mit Bleistift, Kreide- und Kohlestücken sowie mit Lippenstift geschrieben oder mit Eisennägeln, Schrauben oder Fingernägeln eingeritzt. Mehr als 600 Inschriften – mehr als ein Drittel – sind in kyrillischer Schrift von Russen und Ukrainern verfasst, weitere 230 in anderen ausländischen Sprachen, vor allem in Französisch, Polnisch und Niederländisch. Die Inschriften stammen aus der Zeit von Ende 1943 bis zum März 1945, als sich eine große Anzahl von Zwangsarbeiterinnen und Zwangsarbeitern sowie Kriegsgefangenen in Köln befand. Nur von wenigen Inschriften wissen wir, wer sie geschrieben hat und welches Schicksal der Schreiber erlitten hat. Die Geschichte hinter einer Inschrift sei exemplarisch genannt [→ *S. 293*].

Auf der ersten Etage beginnt die **Dauerausstellung** »Köln im Nationalsozialismus«. Der Ort der Opfer – die Gedenkstätte – wird nun mit dem Ort der Täter – den ehemaligen Büros der Gestapobeamten – verbunden. Das Haus selbst ist das erste Exponat der Ausstellung. Die Dauerausstellung

Blick in die Dauerausstellung
»Köln im Nationalsozialismus«

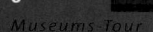

Hier bei der Gestapo / haben zwei Freunde gesessen aus / dem Lager Messe seit dem 24.12.44, Kurow Askold und Gaidai Wladimir, / jetzt ist schon der 3.2.45. Heute ist der 3.2., 40 Leute wurden gehängt. Wir haben schon 43 Tage gesessen, das Verhör geht zu Ende, jetzt sind wir / mit dem Galgen an der Reihe. Ich bitte diejenigen, die uns kennen, / unseren Kameraden auszurichten, dass auch wir in diesen Folterkammern / umgekommen sind / Heute ist der 4.2.45, 5.2., 6.2., 7.2., 8.2.45, 9.2., 10.2. *(Inschrift von Askold Kurow in Zelle 1)*

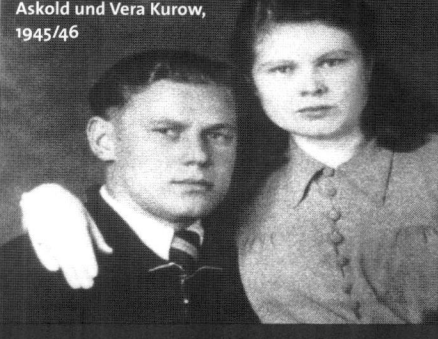

Askold und Vera Kurow, 1945/46

Askold Kurow wurde am 13. Januar 1926 in Likino Dulowo im Raum Moskau geboren. Als Sechzehnjähriger wurde er im Oktober 1942 mit zahlreichen anderen Jugendlichen in einem Zug mit mehr als 1 000 Personen unmittelbar nach Köln verschleppt. Hier war er bei der »Bauhilfe Barackenbau« als Zwangsarbeiter eingesetzt und half beim Bau von Baracken für ausgebombte Kölner. Nach einer Denunziation wurde er am 24. Dezember 1944 von der Gestapo verhaftet und im EL-DE-Haus inhaftiert. Er hatte Sabotageakte begangen, sich mit Nazi-Gegnern getroffen und aus Postpaketen Lebensmittel und Waffen geplündert. Askold Kurow gelang Mitte Februar 1945 auf abenteuerliche Weise die Flucht aus dem EL-DE-Haus: Er war im Tiefkeller eingesetzt, um Akten zu transportieren und als der wachhabende Gestapobeamte durch das Klingeln des Telefons ins Gefängnis gerufen wurde, konnte Askold Kurow über den Heizungskeller, der sich über beide Stockwerke erstreckt, fliehen, weil an dieser Stelle die Fenster nicht vergittert waren. Es gelang ihm, ins Bergische zu kommen und dort Vera Sergejewa wieder zu treffen, eine junge Frau, die im gleichen Zug wie er nach Köln gekommen war und die er im Messelager kennen gelernt hatte. Nach der Befreiung kehrte er in die Sowjetunion zurück, musste jedoch erst vier Monate in einem Arbeitsbataillon im Ural verbringen, weil er der Kollaboration (Zusammenarbeit mit den Deutschen) beschuldigt wurde. Er heiratete Vera und siedelte in ihre Heimat nach Usbekistan über. Dort starb Askold Kurow am 3. Juli 2000.

behandelt die Entwicklung des Nationalsozialismus in Köln in seiner gesamten Breite, beschränkt sich also nicht – wie es früher häufig üblich war – auf das Thema »Widerstand und Verfolgung«. In einem Eingangs-

bereich wird auf die Geschichte des EL-DE-Hauses und des NS-Dokumentationszentrums hingewiesen. Eine Luftbildaufnahme vom März 1945 zeigt den Endpunkt der Entwicklung: die zerstörte Kölner Innenstadt. Daran schließt sich auf zwei Etagen die Darstellung von 15 Themen an: »Aufstieg und Machtergreifung«, »Gleichschaltung«, »Der nationalsozialistische Machtapparat«, »Die inszenierte Volksgemeinschaft«, »Jugend«, »Köln: Zwischen Alltag und großer Politik«, »Religion oder ›Gottgläubigkeit‹?«, »Rassenpolitik: ›Ausmerze‹ und ›Aufartung‹«, »Rassisch ausgegrenzt und verfolgt« über so genannte »vergessene Opfer«, »Sinti und Roma«, »Jüdisches Schicksal«, »Zwischen Anpassung und Widerstand«, »Im Krieg«, »Zwangsarbeit« und »Kriegsende«.

In unmittelbarer Nähe zum EL-DE-Haus liegt das **3 Kölnische Stadtmuseum** in der Zeughausstraße, das wir, die Burgmauer überquerend, rechts ein Stück am Zeughaus entlang gehend, dann links die Treppenstufen hinunter, erreichen (geöffnet: mittwochs bis sonntags 10–17, dienstags 10–20 Uhr). Bereits in der einführenden Abteilung »Echt kölsch« der Dauerausstellung erinnert der Ford Taunus 17 M an die Ansiedlung der Ford-Werke in Köln 1928 und damit an eine der wichtigsten wirtschafts(politischen) Entscheidungen des 20. Jahrhunderts. Das Modell wurde in den Jahren 1960 bis 1964 in Köln gebaut. Einige Treppenstufen hinunter beginnt unter dem Motto »Soweit wir uns erinnern« der Bereich des Museums, der uns im Rahmen unseres Stadtführers zum »modernen Köln« interessiert. Die Ausstellung geht zurück in die ersten Nachkriegsjahre nach 1945 und rollt die Geschichte bis zum Ersten Weltkrieg sozusagen von hinten auf. Die letzten fast 60 Jahre haben in

dem Museum keinen Niederschlag gefunden! Rechts findet sich unter dem großen Foto »Köln in Trümmern« in einer Vitrine das Modell der »Trümmeraufbearbeitungsanlage« der Firma Friedrich Wassermann, wie sie in den Jahren 1950 bis 1954 am Perlengraben in der Nähe des Wasserturms gestanden hat. Derartige Trümmer-

mühlen zerkleinerten den nicht wieder verwertbaren Schutt zu Ziegelsplitt, der im Straßenbau und zur Herstellung von Schüttbeton bzw. Fertigbetonteilen benutzt wurde. Links gegenüber der Vitrine befindet sich das Original einer Kipplore (auch Kippwagen genannt) der Trümmerbahn. Darüber hängt eine Schaufel von einer Werbeaktion für den »Ehrendienst« des Schütträumens, auf der das Motto zu lesen ist: »1947 Alaaf Schöppe ess jitz Trump«. Rechts sind in einer Hochvitrine Exponate zur Nachkriegszeit ausgestellt: u.a. ein Care-Paket, ein zerkratztes Hitler-Porträt, aus Kriegsmaterial hergestellte alltägliche Haushaltsgegenstände wie ein Sieb aus Trümmerfundstücken oder ein Ata-Streuer aus einer Eierhandgranate sowie als Symbol des beginnenden Wirtschaftswunders ein »Arbeitgeberhut«. Links daneben erinnern eine britische Fünfzentnerbombe sowie zerstörte NS-Hoheitsabzeichen, Trümmerteile, von ren.« Ein Kommentar erübrigt sich. In der angrenzenden Hochvitrine zur »Propaganda« werden u.a. zwei Volksempfänger, eine Uniform des Deutschen Jungvolks in der Hitler-Jugend und zwei große Anschauungstafeln »Die Rassen Deutschlands und des übrigen Europas« ausgestellt. Zudem findet sich daneben an der Wand ein

links: Beim Trümmerbeseitigen eingesetzter Kippwagen. Rechts: Exponate zum Luftkrieg, u.a. Fünfzentnerbombe

britischen Flugzeugen abgeworfene Flugblätter und Exponate einer Ausstellung zum Luftkrieg, die 1936 im »Haus der Rheinischen Heimat« zu sehen war, an den »Luftkrieg«. Rechts an der Wand hängen Gemälde: Peter Heckers »Ruinenlandschaft« von 1947 und Bert Mays »Die Gehängten« von 1945 über die öffentlichen Hinrichtungen in der Hüttenstraße in Ehrenfeld. In der Vitrine darunter werden Dokumente zu »Köln im Krieg« ausgestellt. Darunter ein Wochenspruch von Goebbels von Januar 1944: »Alles kann in diesem Krieg möglich sein, nur nicht, daß wir jemals kapitulie-

Ölgemälde des NS-Oberbürgermeisters Günther Riesen aus dem Jahr 1939. In der gegenüberliegenden Vitrine sind u.a. Orden und Ehrenzeichen ausgestellt: darunter das »Eiserne Kreuz« aus der Ordenssammlung des 1944 verstorbenen Kölner Oberbürgermeisters Peter Winkelnkemper (der gar nicht »gedient« hatte) oder ein »Ehrenkreuz der Deutschen Mutter«, kurz »Mutterkreuz«, genannt. Daran schließt sich eine kleine Vitri-

links: Vitrinen zum Nationalsozialismus und Nachkriegszeit. **Rechts: Die Adenauer-Zeit** im Museum, an der Wand die Gemälde von Hoerle und Hegemann

ne mit der Aufschrift »Verfolgung« an, die u.a. angebrannte Teile einer Tora-Rolle zeigt. Sie gehören wahrscheinlich zu jenen Tora-Rollen, die nach der Pogromnacht 1938 aus Kölner Synagogen zusammengetragen und heimlich auf dem jüdischen Friedhof in Bocklemünd vergraben wurden, wo man sie 1978 entdeckte. Zudem erinnern zwei Fotos an das Schicksal von KZ-Häftlingen, die bei Aufräumungsarbeiten eingesetzt waren. In der Mitte wurde eine Vitrine aufgestellt, deren Exponate vor Augen führen soll, dass der Antisemitismus in Köln keine Erfindung der Nationalsozialisten ist, sondern eine Jahrhunderte alte Tradition hatte: u.a. ein Kapitell aus dem späten 12. Jahrhundert mit der Abbildung einer »Judensau« oder ein Humpen von 1893 mit antisemitischen Motiven. Allerdings werden zur Verfolgung in der NS-Zeit insgesamt selbst größere Opfergruppen nicht erwähnt und die genannten Opferzahlen entsprechen nicht dem Stand unseres Wissens.

Die Zeit der Weimarer Republik, die Adenauer-Zeit, schließt sich an. Wir erkennen an der Wand das große Gemälde von Hoerle »Zeitgenossen«, das auch den Titel unseres Stadtführers schmückt. Links daneben wurde das Gemälde »Liegendes Mädchen« von Marta Hegemann aus dem Jahre 1930 aufgehängt. Hegemann gehörte mit ihrem Mann Anton Räderscheidt 1919 zu den Gründungsmitgliedern der »Gruppe Stupid« [→ *S. 73 f.*]. Das Gemälde von Franz Wilhelm Seiwert »Der Fahnenträger« von 1927 zeigt die sozialistisch-kommunistischen und revolutionären Ideale der Künstlergruppe der »Kölner Progressiven«, zu der Seiwert zählte. In der Vitrine unter den Gemälden erinnert das Notgeld an die Wirtschaftskrise der Zeit und die »Wasserwaage mit der Henry Ford sen. den Grundstein für die Fordfabrik in Köln legte« – so der Text auf der Waage

Der Kölsche Boor

– an die Ansiedlung der Fordwerke. Zudem gibt es in weiteren Vitrinen über »Die Zeit Adenauers« u.a. Dokumente und Objekte zur Novemberrevolution und zur britischen Besatzung. Daran schließen sich zwei Vitrinen zum Ersten Weltkrieg an, u.a. mit Lebensmittelmarken und dem »Sparbrot« [→ *S. 11*]. Bereits von weitem erken-

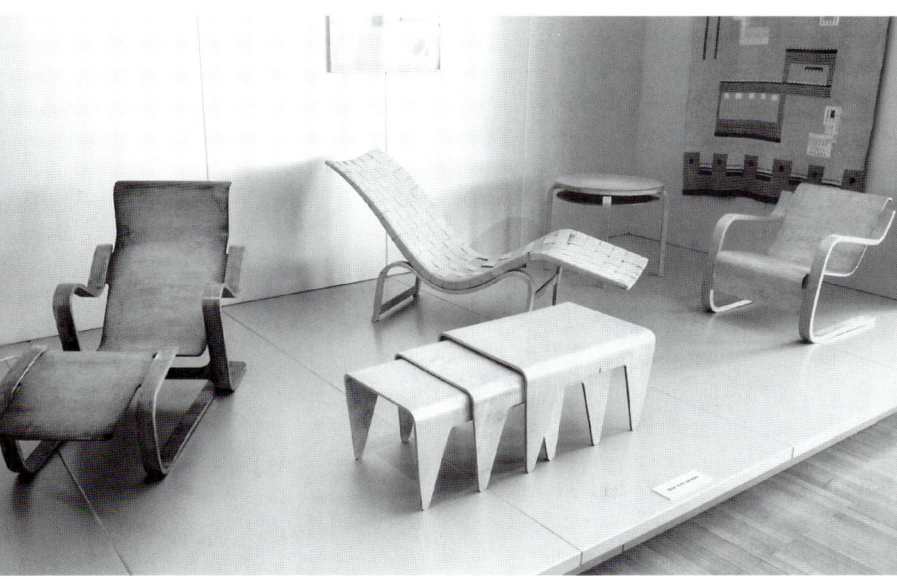

Max und Moritz, Salz- und Pfefferstreuer von Wilhelm Wagenfeld, 1952/53

re 1888 gegründet – wie das Stadtmuseum – und erhielt 1900 am Hansaring ein schönes Gebäude, das nach dem Zweiten Weltkrieg nicht wieder aufgebaut wurde [→ *S. 67 f.*]. Das Museumsgebäude selbst ist als ein

Möbel-Arbeiten des Bauhauses.

nen wir die wuchtige Gestalt des »Kölschen Boors« [→ *S. 43*]. In der oberen Etage ist zum 20. Jahrhundert nichts ausgestellt.

Wir gehen nun zum **4** **Museum für Angewandte Kunst** in der Straße An der Rechtschule (geöffnet: dienstags, donnerstags bis sonntags 11–17, mittwochs 11–20 Uhr). Das Museum wurde als Kunstgewerbemuseum im Jah-

wichtiger Bau der fünfziger Jahre, entworfen von Rudolf Schwarz und Josef Bernard [→ *S. 219 f.*] eine Besichtigung wert. Erst nach dem Umzug des Wallraf-Richartz-Museums in das Doppelmuseum am Rhein kann das Museum für Angewandte Kunst seit 1989 wieder seine umfangreiche

links: »Ball Chair«,
rechts: Die siebziger Jahre

Sammlung in einem eigenen Haus präsentieren. Im Rahmen des Stadtführers »Das moderne Köln« interessiert uns die Abteilung zum Design des 20. Jahrhunderts, die hinter einer Glastüre im Erdgeschoss beginnt. Am besten ist es, zunächst die Treppe hochzugehen. Dort sind »Unikate und Serienerzeugnisse 1900–1945« ausgestellt. Zu sehen sind u.a. eine Wandgarderobe aus Buchenholz und Spiegelglas kurz nach der Jahrhundertwende, das Buffet des Speisezimmers »New York« nach einem Entwurf von Bruno Paul vom »Werkbund« aus dem Jahr 1929 und Teile eines Speisezimmers von Richard Riemerschmid, Direktor der Kölner Werkschulen, von 1928. Das »Bauhaus« ist vertreten mit einer Sitzgarnitur von Ludwig Mies van der Rohe und einem »Long chair« mit drei Tischen (1936) sowie einem freischwingenden Armlehnstuhl und einem Beistelltisch (1928/29) von Marcel Breuer. Stahl, Glas, Chrom und Leder waren die Lieblingsmaterialien der späten zwanziger Jahre. Interessant ist zudem ein Konferenztisch mit acht Stühlen (1930). Darüber hinaus sind alltägliche Gebrauchsgegenstände wie Lampen und Vasen, Tee- und

Kaffeeservices aus den zwanziger und dreißiger Jahren ausgestellt. Eine Etage tiefer finden sich Arbeiten seit den fünfziger Jahren. Ins Auge springt zunächst ein Auto mit einem legendären Ruf, der Karmann Ghia von Volkswagen, Baujahr 1969. Ausgestellt sind von bekannten Designern entworfene Alltagsgegenstände aus den letzten Jahrzehnten wie Gläser, Vasen, Kaffee- und Teeservices, Wasserkessel, Kerzenleuchter, Taschenlampen, Rasierapparate, Schallplattenspieler, Messer, Salz- und Pfefferstreuer. Es handelt sich um berühmt gewordene Beispiele der Serienfabrika-

tion u.a. nach Entwürfen von Le Cor-
busier oder Eero Saarinen. Eine Sammlung von Stühlen und Sesseln enthält
unter anderem ein Exemplar des berühmten »Lounge Chair«, den Charles
und Ray Eames 1956 entworfen haben
(in einer Ausführung aus dem Jahr
1987), und einen »Ball Chair« aus Fiber-
glas (1963) von Eero Aarnio. Zudem
findet sich hier ein Tischcomputer von
1967 und ein Computerarbeitsplatz
»Netsurfer«, nach einem Entwurf von
Terho Asikainen von 1995. Manche
der hier ausgestellten Exponate werden Ihnen auf eine merkwürdige
Weise vertraut sein.

Die nächste Station unserer Tour ist
das **5 Museum Ludwig** (geöffnet:
dienstags bis sonntags 10–18, jeden
ersten Freitag im Monat 10–23 Uhr).
Der Bau des Museums geht zurück
auf die Schenkung der Sammlung des
Aachener Fabrikantenehepaares
Peter und Irene Ludwig von 1975, die
rund 350 Werke moderner Kunst – vor
allem der amerikanischen Pop Art –
umfasste. Das Doppelmuseum Wall-
raf-Richartz-Museum/Museum Ludwig, das zusammen mit dem Bau der
Philharmonie nach den Plänen der
Kölner Architekten Peter Bussmann
und Godfrid Haberer 1987 vollendet
wurde, ist der bedeutendste und bei
weitem gelungenste Bau der achtziger Jahre in Köln. Abermals sorgte
1994 das Ehepaar Ludwig mit einer
Schenkung für eine wesentliche Ver-
änderung der Kölner Museumsland-
schaft: Sie überließen der Stadt 90
Werke von Picasso
und 92 andere
zeitgenössische
Werke unter der
Auflage, dass
für das Wall-

**Das Museum
Ludwig** und
**die Philhar-
monie**

raf-Richartz-Muse-um ein neues Museum gebaut würde, damit aus dem Doppelmuseum am Rhein das alleinige Museum Ludwig entstehen konnte. Seit 2001 stehen daher 8 000 Quadratmeter allein für die moderne Kunst zur Verfügung.

xander Rodtschenko, El Lissitzky und Natalia Gontscharowa, Malerei des Surrealismus, eine eigene Picasso-Abteilung auf dem ersten Stock – der erste Picasso wurde 1914 vom damaligen Wallraf-Richartz-Museum erworben –, Meisterwerke der amerikani-

Max Ernst, Rendezvous der Freunde

Das Museum Ludwig zählt zu den bedeutendsten Museen zur Kunst des 20. Jahrhunderts. Zentrale Werke der Moderne sind vertreten. Kubismus, die Kunst der »Brücke«, Expressionismus, »Blauer Reiter« und weitere Vertreter der Klassischen Moderne wie Max Beckmann, Marc Chagall, Otto Dix, Erich Heckel, Ernst Ludwig Kirchner, Paul Klee, August Macke, Henri Matisse, Karl Schmidt-Rottluff; italienischer Futurismus oder die russische Avantgarde mit Werken u.a. von Kasimir Malewitsch, Ljubow Popowa, Ale-

schen Pop-Art von Jasper Johns, Roy Lichtenstein, Robert Rauschenberg, James Rosenquist, Claes Oldenburg, George Segal und Andy Warhol, führende Vertreter der Gegenwartskunst (seit den 70er Jahren) mit amerikanischer, französischer und deutscher Malerei. Zudem verfügt das Museum über eine bedeutende Graphische Sammlung (Handzeichnungen und Druckgrafik) sowie – zusammen mit dem Agfa Foto-Historama – eine der größten deutschen Fotoabteilungen und eine Sammlung künstlerischer Videofilme. Die Basis der Sammlung zeitgenössischer Kunst bildete die

Schenkung vor allem von Werken des Expressionismus und anderen Vertretern der Klassischen Moderne von Josef Haubrich [→ *S. 220 f.*] Im ersten Obergeschoss findet sich eine Ehrung für Haubrich, die auf die Geschichte und Bedeutung der Sammlung hinweist. Haubrich selbst hatte sich gewünscht, dass die Bilder seiner Sammlung nicht geschlossen gezeigt würden, sondern im Museum verteilt. Unweit von der Hommage an Haubrich hängt das Gemälde von Piet Mondrian »Tableau I 1921«. Sein Ankauf für 440 000 Mark hatte im Jahre 1967 zu einer lebhaften Kontroverse und Pressekampagne geführt, in der sich die (ver)öffentlich(t)e Meinung wenig sachkundig gezeigt hatte.

Neben den bedeutenden Werken der internationalen Kunstszene sind auch Arbeiten von Künstlern zu entdecken, die in Köln wirkten und wirken. Im Raum 01.59 sind einige bedeutende Werke von Max Ernst aufgehängt; vor allem das Gemälde »Rendezvous der Freunde« aus dem Jahr 1922/23, auf dem Ernst neben sich selbst und seinen Freunden aus Paris (ganz rechts seine neue Liebe Gala Eluard) auch die Gefährten aus seiner Kölner Zeit abbildete: Hans Arp und Johannes Theodor Baargeld. Im Raum sind zudem Arbeiten von Kurt Schwitters zu sehen. Vor dem Eingang zu diesem Raum hängt eine weiteres wichtiges Werk von Ernst: »Die Jungfrau züchtigt das Jesukind vor drei Zeugen: André Breton, Paul Eluard und dem Maler« aus dem Jahr 1926. Dass das ungezogene Jesu-Kind den Hosenboden von seiner liebreizenden Mutter Maria so kräftig versohlt bekam und

der Heiligenschein dabei zu Boden rollte, hatte seinerzeit den Vorwurf der Blasphemie provoziert. Das Bild stellte wohl einen Schlussstrich unter die katholische Erziehung und christliche Tradition des Rheinlandes dar, mit der der Maler aufgewachsen war.

Max Ernst, Die Jungfrau züchtigt das Jesukind vor drei Zeugen

Neben diesem Bild hängt ein Werk aus der späteren Schaffensperiode von Ernst, das Gemälde »Frühling in Paris« von 1950. Im Rahmen der Aktion »Entartete Kunst« wurde auch das Werk von Max Ernst »Mariä Verkündung« von 1922 beschlagnahmt; sein Verbleib ist unbekannt.

Auch Wolf Vostell [→ *S. 242*] hat Eingang in das Museum gefunden. Im hinteren Teil des ersten Obergeschos-

links: **Wolf Vostell,** Miss America
rechts: **Gerhard Richter,** Ema

ses sind im Raum zu »Nouveaux Réalistes und Fluxus« zwei Arbeiten von ihm ausgestellt: »Coca Cola« von 1961 und »Miss America« von 1968. Mit den farbenfrohen abstrakten Gemälden von Ernst Wilhelm Nay sind Arbeiten eines weiteren Künstlers, der in Köln gelebt und gewirkt hat, vorhanden. Auch heute in Köln lebende international bedeutsame Künstler sind im Museum vertreten, wie George Brecht, Rosemarie Trockel, die an der Werkkunstschule studierte, und – last not least – einer der weltbekanntesten Künstler der Gegenwart überhaupt, Gerhard Richter. Im zweiten Obergeschoss findet sich sein Werk »Ema, Akt auf einer Treppe« aus dem Jahr 1966. Richter wird im Jahr 2006 die höchste Ehre zuteil, die die Stadt zu vergeben hat: Er wird Ehrenbürger von Köln.

Vom Museum Ludwig aus gehen wir zum **6** **Wallraf-Richartz-Museum** (geöffnet dienstags 10–20 Uhr, mittwochs bis freitags 10–18, samstags und sonntags 11–18 Uhr). Das im März 2001 eingeweihte neue Haus am Rathausplatz ist bereits das vierte Domizil des Museums, wie wir bereits an anderer Stelle erfahren haben [→ S. 219 f.]. Das Museum verfügt zwar kaum über Werke aus der Zeit, die wir in diesem Stadtführer behandeln, doch muss man hier an den Bildersturm der Nazis erinnern, an die Aktion »Entartete Kunst« von 1937, die eine »Säuberung der deutschen Museen von Produkten der Verfallskunst« – wie es hieß – zum Ziel hatte. Im Wallraf-Richartz-Museum kam es 6. Juli

und am 3. November 1937 zu zwei großen Beschlagnahmeaktionen. 45 Gemälde, 143 Aquarelle und Zeichnungen, 295 Grafiken sowie acht Mappenwerke, unter anderem der Zyklus »Der Krieg« von Otto Dix mit 50 Radierungen und die »Krüppelmappe« von Heinrich Hoerle, wurden konfisziert. Bilder von Beckmann, Kallmann, Kokoschka, Purrmann und Scholz sowie eine Grafik von Franz M. Jansen müssen bereits am 6. Juli beschlagnahmt worden sein, da sie in der Münchner Ausstellung »Entartete Kunst« zu sehen waren. 125 Spitzenwerke aus deutschen Museen wurden im Auktionshaus Fischer in Luzern

Wallraf-Richartz-Museum
unten: Titelblatt des Ausstellungsführers
»Entartete Kunst«, 1937

am 30. Juni 1939 versteigert, unter ihnen aus dem Wallraf-Richartz-Museum Werke u.a. von Otto Dix, Ernst Ludwig Kirchner, Otto Mueller, Pablo Picasso und Christian Rohlfs. Kunstwerke, für die man keine Verkaufschancen sah, wurden vernichtet: 1 004 Gemälde und 3 825 Aquarelle, Zeichnungen und graphische Blätter wurden am 20. März 1939 auf dem Hof der Hauptfeuerwache in Berlin in einer **Bilderverbrennung** zerstört. Wieviele davon aus dem Besitz des Kölner

Erich Heckel, Hafen in Göteborg

1937 aus dem Wallraf-Richartz-Museum beschlagnahmte Werke folgender Künstler

Friedrich Ahlers-Hestermann / Max Beckmann / Heinrich Maria Davringhausen
André Derain / Otto Dix / Max Dunken / Max Ernst / Xaver Fuhr / Paul Gauguin
Vincent van Gogh / Erich Heckel / Martha Hegemann / Heinrich Hoerle
Carl Hofer / Hans-Jürgen Kallmann / Ernst Ludwig Kirchner
Josef Kölschbach / Oskar Kokoschka / Rudolf Levy / Walter Albert Lindgens
Franz Marc / Paula Modersohn-Becker / Otto Mueller / Edvard Munch
Heinrich Nauen / Max Pechstein / Pablo Picasso / Hans Purrmann
Anton Räderscheidt / Christian Rohlfs / Karl Schmidt-Rottluff / Werner Scholz
Paul-Adolf Seehaus / Richard Seewald / Maurice de Vlaminck / Karl Walser

Museums waren, ist unbekannt. Die meisten beschlagnahmten Kunstwerke gelten bis heute als vermisst, einige andere sind heute in anderen Museen zu bestaunen, ohne dass man ihre Kölner Herkunft kennt.

Nach dem Krieg gelang es dem Museum, **drei Werke zurückzuwerben:** 1951 Erich Heckels »Hafen in Göteborg« von 1928, 1954 Xaver Fuhrs »Der Ast« von 1928 und 1992 Max Beckmanns »Blick aufs blaue Meer«. 1991 scheiterte der Versuch, das Bild »Das Boskett am Albertplatz in Dresden« von Kirchner zurückzukaufen, obwohl innerhalb von drei Wochen drei Millionen Mark aufgebracht werden konnten – das Bild kostete aber fünf Millionen. Durch Haubrich gelangten sechs bedeutende Gemälde, die 1937 in anderen deutschen Museen beschlagnahmt worden waren, in das Wallraf-Richartz-Museum (bzw. heute in das Museum Ludwig), Werke von Otto Dix,

Ernst Ludwig Kirchner, Erich Heckel, Oskar Kokoschka und Georg Schrimpf. Seit 1987 – dem 50. Jahrestag – erinnert eine Dokumentationstafel im heutigen Museum Ludwig an die Aktion »Entartete Kunst«.

Auch das Gemälde »Madonna mit Kind« von Lukas Cranach d. Ä. in der Mittelalter-Abteilung des Museums hat eine besondere Geschichte zu erzählen, auf die allerdings im feinen Museum mit keinem Wort hingewiesen wird. Das Bild war das fürwahr fürstliche Geschenk der Stadt Köln an Hermann Göring zur Geburt seiner Tochter Edda im Jahre 1938. Die Stadt hatte es im Luzerner Auktionshaus Fischer erworben und mit dem Gemälde »Bildnis eines jungen Mannes« von Vincent van Gogh aus dem Bestand des Museums bezahlt. Es hängt heute im Museum Boymans-van-Beuningen in Rotterdam. 1968 erhielt

links: **Max Beckmann,** Blick aufs blaue Meer
rechts: **Lukas Cranach d. Ä.,** Madonna mit Kind

die Stadt das Cranach-Bild zurück, nachdem in einem längeren Rechtsstreit mit Edda Göring gerichtlich festgestellt wurde, dass das Geschenk sittenwidrig gewesen war.

Abstecher außerhalb der Innenstadt:
Das **Kölner Karnevals-Museum** im Haus des Kölner Karnevals (Maarweg 136 in Köln-Braunsfeld; Tel.: 02 21 / 57 40 00; geöffnet: dienstags, mittwochs, freitags 10–16, donnerstags 10–20, samstags und sonntags 11–17 Uhr) wurde im Juni 2005 eröffnet. Mit seinen rund 1 400 Quadratmetern Ausstellungsfläche handelt es sich um das größte Karnevalsmuseum im deutschsprachigen Raum – der Karnevalshochburg Köln mithin durchaus angemessen. Die moderne Präsenta-

Karnevalsmuseum, Abteilung »Karneval in der Krisenzeit«

seum mit seinen akustischen und visuellen Medien soll – so die Museumsleitung – »die Fünfte Jahreszeit zu einem ganzjährig erfahrbaren Erlebnis werden« lassen und die Faszination des Karnevals auf die Besucher übertragen. Ohne Frage gelingt dies und die meisten werden wohl aus dem Museum beschwingt mit einem Karnevalslied auf den Lippen herausgehen.

Im **Luftfahrtmuseum Butzweilerhof** lohnt sich ebenfalls ein Besuch. Da der Butzweilerhof heute Kasernengelände ist, ist eine Besichtigung jedoch nur bei ausgewählten Terminen möglich, so etwa am Tag des offenen Denkmals. Die Bezeichnung »Butzweilerhof« rührt daher, dass der Flughafen auf dem Gelände eines Bauernhofs gleichen Namens entstanden ist. Der Flughafen wurde 1909 als »Reichsluftschiffhafen Cöln« gegründet und lange Zeit militärisch genutzt. Nach dem

Flughafen Butzweilerhof, 1938

tion zeigt sowohl Großobjekte wie Festwagen, Tragefiguren und Kostümpuppen als auch eine Ausstellung zur Geschichte des Karnevals von den Anfängen bis heute anhand von zahlreichen Dokumenten und Fotos. Themenblöcke präsentieren Sitzungskarneval, Stadtteilumzüge, Schull- und Veedelszöch, Künstler der Bühne und Karnevalsmusik, Dreigestirn und den Alternativen Karneval. Natürlich ist auch Willi Ostermann [→ S. 46 f.] vertreten, dessen nicht schöne, aber markante Stimme zu hören ist. Auch der kritische Blick auf den Karneval in der Zeit des Nationalsozialismus fehlt nicht. Dies wäre vor einigen Jahren noch undenkbar gewesen, als die Präsidenten der großen Gesellschaften die Mär vom Widerstand der Karnevalisten gegen das NS-System heftig verteidigten. Das sehr gelungene Mu-

Abzug der britischen Truppen 1926 entstand hier der erste zivile Verkehrsflughafen Kölns. Rasch erlangte er internationale Bedeutung und es wurden Fluglinien nach ganz Europa eröffnet. Namhafte Luftverkehrsgesellschaften wie die Luft Hansa (damalige Schreibweise), die Imperial Airways (heute British Airways), die

Ensembles, insbesondere die Restaurierung der Empfangshalle und die Einrichtung eines Museums.

Auf zwei bereits im Band »Das neuzeitliche Köln« [→ *S. 291 ff.*] genannte Museen sei zumindest hingewiesen: Im **Straßenbahn-Museum** in Thielenbruch sind auch Bahnen sowie Fahr-

Straßenbahn-Museum in Thielenbruch

Sabena und Air France siedelten sich hier an. Der Kölner Flughafen entwickelte sich nach Berlin-Tempelhof zum zweitgrößten in Deutschland und war als »Luftkreuz des Westens« bekannt. 1935 musste er erweitert werden. Das 1936 errichtete Empfangsgebäude überstand mit Rollfeld, Flugzeughallen und Tower nahezu unversehrt den Zweiten Weltkrieg und hat sich durch die unzugängliche Lage innerhalb der Kaserne bis heute erhalten. Seit Jahren bemüht sich die 1999 gegründete »Stiftung Butzweilerhof« um den Erhalt des Gebäude-

ausweise, Fahrscheinautomaten und Uniformen aus dem 20. Jahrhundert zu bestaunen. Im **Rheinischen Industriebahn-Museum** im Bilderstöckchen wird auch ein Güterwagen der Bauart G10 ausgestellt, mit denen in der NS-Zeit die Deportationen in die Konzentrationslager erfolgten. Diese Wagen wurden damals u.a. im Bahnbetriebswerk Köln-Nippes in Stand gehalten.

Register

Ausgewählte Literatur

ADAMS, WERNER / JOACHIM BAUER (HG.): Vom Botanischen Garten zum Großstadtgrün. 200 Jahre Kölner Grün, Köln 2001

ADENAUER, KONRAD / VOLKER GRÖBE: Lindenthal, Köln 2004

ARETZ, CHRISTA / IRENE SCHOOR: Köln im Film. Filmgeschichte(n) einer Stadt, Köln 2004

BECKER-JÁKLI, BARBARA: Das jüdische Krankenhaus in Köln, Köln 2004

BILLSTEIN, REINHOLD: Das entscheidende Jahr. Sozialdemokratie und Kommunistische Partei in Köln 1945/46, Köln 1988

BILLSTEIN, REINHOLD / EBERHARD ILLNER: You are now in Cologne. Compliments. Köln 1945 in den Augen der Sieger. Hundert Tage unter amerikanischer Kontrolle, Köln 1995

BINDING, GÜNTHER/BARBARA KAHLE: 2000 Jahre Baukunst in Köln, Köln 1983

BOPF, BRITTA: »Arisierung« in Köln. Die wirtschaftliche Existenzvernichtung der Juden 1933–1945, Köln 2004

BUHLAN, HARALD / WERNER JUNG (HG.): Wessen Freund und wessen Helfer? Die Kölner Polizei im Nationalsozialismus, Köln 2000

BROG, HILDEGARD: Was auch passiert: D'r Zoch kütt! Die Geschichte des rheinischen Karnevals, Frankfurt a.M. und New York 2000

BRUNN, GERHARD (HG.): Sozialdemokratie in Köln. Ein Beitrag zur Stadt- und Parteiengeschichte, Köln 1986

CANARIS, VOLKER / TITA GAEHME / JÜRGEN PULLEM: Theaterstadt Köln, Köln 1986

DANN, OTTO (HG.): Köln nach dem Nationalsozialismus. Der Beginn des gesellschaftlichen und politischen Lebens in den Jahren 1945/46, Wuppertal 1981

DERES, THOMAS (HG.): krank – gesund. 2000 Jahre Krankheit und Gesundheit in Köln, Köln 2005

DEUTSCHLANDS STÄDTEBAU. Köln, hg. von Konrad Adenauer und bearbeitet von Franz Bender, Köln 1926 (Reprint Köln 1994)

DIEDERICH, TONI (BEARB.): Revolutionen in Köln 1074–1919, Köln 1973

DIETMAR, CARL: Kölner Mythen, 2. Aufl. Köln 2004

DIETMAR, CARL / WERNER JUNG: Kleine illustrierte Geschichte der Stadt Köln, 9. Aufl. Köln 2002

DÜLFFER, JOST (HG.): Köln in den 50er Jahren, Köln 2001

DÜLFFER, JOST (HG.): »Wir haben schwere Zeiten hinter uns.« Die Kölner Region zwischen Krieg und Nachkriegszeit, Vierow b. Greifswald 1996

EULER-SCHMIDT, MICHAEL (HG.): Kölner Karnevalsmuseum. Tradition, Faszination, Vielfalt, Köln 2005

EYLL, KLARA VAN: In Kölner Adressbüchern geblättert, Köln 1978

FAUST, MANFRED: Sozialer Burgfrieden im Ersten Weltkrieg. Sozialistische und christliche Arbeiterbewegung in Köln, Essen 1992

FINGS, KAROLA: Messelager Köln, Köln 1996

FINGS, KAROLA / FRANK SPARING: Rassismus, Lager, Völkermord. Die nationalsozialistische Zigeunerverfolgung in Köln, Köln 2005

FÖRST, WALTER: In Köln 1918–1936. Kleine Stadtgeschichte im 20. Jahrhundert, Düsseldorf 1982

FRIELINGSDORF, VOLKER: Auf den Spuren Konrad Adenauers durch Köln, Köln 2001

FROHN, HANS-WERNER: Arbeiterbewegungskulturen in Köln 1890 bis 1933, Essen 1997

FUCHS, PETER / MAX-LEO SCHWERING / KLAUS ZÖLLER / WOLFGANG OELSNER: Kölner Karneval, Köln 1997

FUSSBROICH, HELMUT: Architekturführer Köln. Profane Architektur nach 1900, Köln 1997

FUSSBROICH, HELMUT: Architekturführer Köln. Sakralbauten nach 1900, Köln 2005

FUSSBROICH, HELMUT: Skulpturenführer Köln. Skulpturen im öffentlichen Raum nach 1900, Köln 2000

GEGEN DEN BRAUNEN STROM. Kölner WiderstandskämperInnen in Portraits der Arbeiterfotografie Köln, hg. von der Arbeiterfotografie Köln und dem NS-Dokumentationszentrum, Köln 2000

DIE GESCHICHTE DER UNTERNEHMERISCHEN SELBSTVERWALTUNG IN KÖLN 1914–1997, hg. aus Anlaß des 200jährigen Bestehens der Industrie- und Handelskammer zu Köln am 8. November 1997, Köln 1997

HAGSPIEL, WOLFRAM / HILTRUD KIER / ULRICH KRINGS: Köln. Architektur der 50er Jahre in historischen Aufnahmen und neuen Fotos von Dorothea Heiermann, Köln 1986

HEGEL, EDUARD: Das Erzbistum Köln zwischen der Restauration des 19. Jahrhunderts und der Restauration des 20. Jahrhunderts (1815–1962), Köln 1987

HEINEN, WERNER / ANNE-MARIE PFEFFER: Köln: Siedlungen 1888–1938, Köln 1988

HERBERS, WINFRIED: Der Verlust der Hegemonie. Die Kölner CDU 1945/46–1964, Düsseldorf 2003

HILLER, KARL H.: Vom Quatermarkt zum Offenbachplatz. Ein Streifzug durch vier Jahrhunderte musiktheatralischer Darbietungen in Köln, Köln 1986

HISTORISCHES ARCHIV DER STADT KÖLN (HG.): Freier Eintritt – Freie Fragen – Freie Antworten. Die Kölner Mittwochsgespräche 1950–1956, Köln 1991

HISTORISCHES ARCHIV DER STADT KÖLN (HG.): Kunst und Kultur in Köln nach 1945. Musik, Theater, Tanz, Literatur, Museen, Köln 1996

HOLL, KURT / CLAUDIA GLUNZ (HG.): 1968 am Rhein. Satisfaction und ruhender Verkehr, Köln 1998

HOTTES, KARLHEINZ U.A. (HG.): Köln und sein Umland, Köln 1989

GINZEL, GÜNTHER B. / SONJA GÜNTNER (HG.): »Zuhause in Köln ...« Jüdisches Leben 1945 bis heute, Köln u.a. 1998

GOLCZEWSKI, FRANK: Kölner Universitätslehrer und der Nationalsozialismus. Personalgeschichtliche Ansätze, Köln/Wien 1988

JANSSEN, WILHELM: Kleine Rheinische Geschichte, Düsseldorf 1997

KASTNER, DIETER / VERA TORUNSKY: Kleine rheinische Geschichte. 1815–1986, Köln 1987

KELLENBENZ, HERMANN / KLARA VAN EYLL (HG.): Zwei Jahrtausende Kölner Wirtschaft, 2 Bde., Köln 1970

KEMMERLING, FRAUKE / MONIKA SALCHERT: Mieh Hätz wie Holz. 200 Jahre Kölsch Hännesche, Köln 2002

KIER, HILTRUD (HG.): Köln. Die Romanischen Kirchen in der Diskussion 1946/47 und 1985, Köln 1986

KIER, HILTRUD: Das evangelische Köln. Die Kirchen bis 1939, Köln 2002

KIER, HILTRUD: Kleine Kunstgeschichte Kölns, München 2001

KIER, HILTRUD / BERND ERNSTING / ULRICH KRINGS (HG.): Köln: Der Ratsturm. Seine Geschichte und sein Figurenprogramm, Köln 1996

KLEIN, ADOLF / KURT PILLMANN: Vom Praetorium zum Paragraphenhochhaus, Köln 1986.

KLEIN, ADOLF / GÜNTER RENNEN: Justitia Coloniensis. Landgericht und Amtsgericht Köln erzählen ihre Geschichte(n), Köln 1981

KLEIN-MEYNEN, DIETER / HENRIETTE MEYNEN / ALEXANDER KIERDORF: Kölner Wirtschafts-Architektur. Von der Gründerzeit bis zum Wiederaufbau, Köln 1996

Köln. Der historisch-topographische Atlas, hg. vom Dorothea Wiktorin u.a., Köln 2001

KÖLN. DER HISTORISCHE ATLAS, hg. von Heiner Jansen u.a., Köln 2003

KÖLN – SEINE BAUTEN 1928–1988, hg. v. Architekten- und Ingenieurverein Köln von 1875, bearbeitet von Heribert Hall, Köln 1991

KÖLN – SEINE BAUTEN 2000, hg. v. Architekten- und Ingenieurverein Köln von 1875, bearbeitet von Heribert Hall, Köln 2000

KÖLNER AUTOREN-LEXIKON 1750–2000, Bd. 2: 1901–2000, bearb. von Enno Stahl, Köln 2002

KÖLNER UNIVERSITÄTSGESCHICHTE, Bd. 2: Das 19. und 20. Jahrhundert, hg. von Bernd Heimbüchel und Klaus Pabst, Köln/Wien u.a. 1988

KRINGS, ULRICH / FRANK TEWES: Hauptbahnhof Köln. Erlebniswelt mit Gleisanschluss, Köln 2003

KRUPPA, HUBERT / CARL DIETMAR: Deutz – gestern und heute, Köln 2001

LAUM, DIETER / ADOLF KLEIN / DIETER STRAUCH (HG.): Rheinische Justiz, Köln 1994

LEPPER, HERBERT (HG.): Volk, Kirche und Vaterland. Wahlaufrufe, Satzungen und Statuten des Zentrums 1870–1933, Düsseldorf 1998

LINDEMANN, DORIS: Kölner Mobilität. 125 Jahre Bahnen und Busse, hg. von den Kölner Verkehrsbetriebe AG, Köln 2002

MACHAT, CHRISTOPH: Der Wiederaufbau der Kölner Kirchen, Köln 1987

MATHAR, FRANZ: Prosit Colonia. Die vergessenen und die unvergessenen Brauereien, Bier- und Brauhäuser Kölns, Köln 1999

MATZERATH, HORST (HG.): Jüdisches Schicksal in Köln 1918–1945. Katalog zur Ausstellung, Köln 1988

MATZERATH, HORST UNTER MITARBEIT VON BRIGITTE HOLZHAUSER: »... vergessen kann man die Zeit nicht, das ist nicht möglich ...« Kölner erinnern sich an die Jahre 1929–1945, Köln 1985

MIKLOWEIT, IMMO: 125 Jahre Automobiles aus Köln. Autos, Motorräder und Flugzeuge, Köln 1989

MÖLICH, GEORG/STEFAN POHL: Das rechtsrheinische Köln, Köln 1995

MÖLICH, GEORG / STEFAN WUNSCH (HG.): Köln nach dem Krieg, Köln 1995

MÜLLER, JÜRGEN: Ausgrenzung der Homosexuellen aus der »Volksgemeinschaft«. Die Verfolgung von Homosexuellen in Köln 1933–1945, Köln 2003

NEIDIGER, BERNHARD: »Von Köln aus kann der Sozialismus nicht proklamiert werden!« Der Kölner Arbeiter- und Soldatenrat im November/Dezember 1918, Köln 1985

NOELKE, PETER (HG.): Kölner Museumsführer, Köln 1987

NOVY, KLAUS (HG.): Wohnreform in Köln. Geschichte der Baugenossenschaften, Köln 1986

NS-DOKUMENTATIONSZENTRUM DER STADT KÖLN (HG.): Köln im Nationalsozialismus. Ein Kurzführer durch das EL-DE-Haus, Köln 2001

PETRI, FRANZ / GEORG DROEGE: Rheinische Geschichte in drei Bänden sowie Bild- und Dokumentarband, Düsseldorf 1976ff.

PRASS, ILSE / KLAUS ZÖLLER: Vom Helden Carneval zum Kölner Dreigestirn. 1823-1992, Köln 1993

PÜTZSTÜCK, LOTHAR: »Exotenzauber vor Stadtmauer und Haustür«. Völkerschauen im Kölner Zoo 1878–1932, in: Zeitschrift des Kölner Zoos 40 (1997), S. 151–157

ROESELING, GEREON: Zwischen Rhein und Berg. Die Geschichte von Kalk, Vingst, Humboldt/Gremberg, Höhenberg, Köln 2003

ROESELING, SEVERIN: Das braune Köln. Ein Stadtführer durch die Innenstadt in der NS-Zeit, Köln 1999

ROSSMANN, WITICH (HG.): Vom mühsamen Weg zur Einheit. Lesebuch zur Geschichte der Kölner Metall-Gewerkschaften 1848–1951, 2 Bde., Hamburg 1991

RÜTHER, MARTIN: Arbeiterschaft in Köln 1928–1945, Köln 1990

RÜTHER, MARTIN: Köln im Zweiten Weltkrieg, Köln 2005

RUSINEK, BERND-A.: Gesellschaft in der Katastrophe. Terror, Illegalität, Widerstand – Köln 1944/45, Essen 1989

SCHÄFKE, WERNER: Köln. Zwei Jahrtausende Geschichte, Kunst und Kultur am Rhein, Köln 2003

SCHÄFKE, WERNER (HG., UNTER MITARBEIT VON RITA WAGNER): Das Neue Köln: 1945–1995. Eine Ausstellung des Kölnischen Stadtmuseums, Köln 1995

SCHANK, CHRISTOPH: »Kölsch-katholisch«. Das katholische Milieu in Köln 1871-1933, Köln 2004

SCHMIDT, KLAUS: Das gefährdete Leben. Der Kölner Arzt und Gesundheitspolitiker Franz Vonessen, Köln 2004

SCHWALM, FRANK: Porz – Bergisches Tor am Rhein, Köln 2004

SCHWARZ, HANS-PETER: Adenauer. Der Aufstieg: 1876–1952, Stuttgart 1986

SCHÖNBOHM, KURT: Köln. Grünanlagen 1945–1975, Köln 1988

SCHÜNEMANN-STEFFEN, RÜDIGER: Kölner Straßennamen-Lexikon, Köln 1999

SERUP-BILFELDT, KIRSTEN: Zwischen Dom und Davidstern. Jüdisches Leben in Köln von den Anfängen bis heute, Köln 2001

TRIPPEN, NORBERT: Josef Kardinal Frings (1887–1978), 2 Bde., Paderborn 2003/05

WILHELM SOLLMANN. Zum hundersten Geburtstag 1981, 2 Bde., bearb. von Ulrike Nyassi, Köln 1981

DER STADTKONSERVATOR (HG.): Köln: 85 Jahre Denkmalschutz und Denkmalpflege 1912–1997, 2 Bde., Köln 1998

STEHKÄMPER, HUGO (HG.): Konrad Adenauer. Oberbürgermeister von Köln, Köln 1976

STÜRMER, MICHAEL / GABRIELE TEICHMANN / WILHELM TREUE: Wägen und Wagen. Sal. Oppenheim jr. & Cie. Geschichte einer Bank und einer Familie, München/Zürich 1989

WEINHOLD, KURT: Die Geschichte eines Zeitungshauses 1620–1945. Eine Chronik 1945–1970: Der Verlag M. DuMont Schauberg, Köln 1969

WEISS, LOTHAR: Rheinische Großstädte während der Weltwirtschaftskrise (1929–1933). Kommunale Finanz- und Sozialpolitik im Vergleich, Köln u.a. 1999

WILHELM, JÜRGEN (HG.): Das große Köln-Lexikon, Köln 2005

ZAHN, ROBERT VON: Jazz in Köln seit 1945. Konzertkultur und Kellerkunst, hrsg. vom Historischen Archiv der Stadt Köln, Köln 1997

»10 UHR PÜNKTLICH GÜRZENICH«. Hundert Jahre bewegte Frauen in Köln, hg. v. Kölner Frauengeschichtsverein, Münster 1995

Bildnachweis

Der Fotograf
Boris Loehrer, geb. 1973, 2001
Diplom im Fachbereich Foto-
design an der IBKK Bochum, u.a.
freie Mitarbeit im Bachem-
Verlag. www.borisloehrer.de

Serviceadressen

Archive

Historisches Archiv
der Stadt Köln
Severinstr. 222–228
50676 Köln
Tel. 02 21 / 2 21 - 2 23 29
Fax 02 21 / 2 21 - 2 44 50
www.archive.nrw.de
hastk@stadt-koeln.de
Di bis Fr: 9 – 16.30 Uhr,
Mi: 9 – 19:45 Uhr

Historisches Archiv
des Erzbistums
Gereonstr 2 – 4
50670 Köln
Tel.: 02 21 / 1 64 25 80 -0
Fax 02 21 / 1 64 25 80 - 3
www.erzbistumsarchiv-koeln.de
archive@erzbistum-koeln.de
Mo bis Fr: 9 – 13 Uhr,
Mo, Di, Do: 14 – 16 Uhr

NS-Dokumentationszentrum
der Stadt Köln
Appellhofplatz 23 – 25
50667 Köln
Tel. 02 21 / 22 12 63 32
Fax 02 21 / 22 12 55 12
www.nsdok.de
nsdok@stadt-koeln.de
Di bis Fr. 10 – 16 Uhr

Rheinisch-Westälisches
Wirtschaftsarchiv
Unter Sachsenhausen 33
50667 Köln
Tel. 02 21 / 16 40 - 8 00
Fax 02 21 / 16 40 - 8 29
www.ihk-koeln.de/archiv/
index.htm
rwwa@Koeln.IHK.de
Mo, Di, Do: 9.30 – 16.30 Uhr,
Mi 9.30 – 13 Uhr, Fr. 9.30 – 15.30 Uhr

Rheinisches Bildarchiv
Lesesaal im Museum für
Angewandte Kunst
An der Rechtschule, 50667 Köln
Tel. 02 21 / 2 21 - 2 23 54
Fax 02 21 / 2 22 96
www.bildindex.de und
www.museen-koeln.de
rba@rbakoeln.de
Di, Do, Fr: 11 – 17 Uhr,
Mi: 11 – 20 Uhr

Führungen

Centrum Schwule Geschichte,
Köln
Vogelsanger Straße 61
50823 Köln-Ehrenfeld
Tel. & Fax: 02 21 / 52 92 95
www.csgkeoln.de
centrumschwulegeschichte@
hotmail.com
Sa/Son 15 – 18 Uhr (bei Ausstellungen); sonst auf Anfrage

Domforum
Domkloster 4
50667 Köln
Tel. 02 21 / 92 58 47 - 30
Fax 02 21 / 92 58 47 - 31
www.domforum.de
Mo bis Fr: 10 – 18:30 Uhr,
Sa: 10 – 17 Uhr, So: 13 – 17 Uhr

Inside Cologne City Tours
Bismarckstr. 70
50672 Köln
Tel. 02 21 / 52 19 77
Fax 02 21 / 52 86 67
www.insidecologne.de
tour@insidecologne.de
Mo bis Do: 10 – 13 Uhr, 14 – 17 Uhr,
Fr: 10 – 13 Uhr

Köln-Blick
Wolfsstr. 13
50667 Köln
Tel. 02 21 / 2 72 50 96
Fax 02 21 / 2 72 50 97
www.koeln-blick.de
koelnblick@t-online.de

Kölner Frauengeschichtsverein
Marienplatz 4
50676 Köln
Tel. 02 21 / 24 82 65
Fax 02 21 / 2 40 35 87
www.frauengeschichtsverein.de
info@frauengeschichtsverein.de
Di + Do: 10 – 15 Uhr

Köln History Tours
Mülhauser Str. 23
50739 Köln
Tel. 02 21 / 2 94 42 11
Fax 02 21 / 2 94 42 12
www.koeln-history-tours.de
info@koeln-history-tours.de
Mo bis Fr: 10 – 15 Uhr,
Sa + So: 11 – 16 Uhr

KölnTourismus
Unter Fettenhennen 19
50667 Köln
Tel. 02 21 / 2 21 - 3 04 00
Fax 02 21 / 2 21 - 3 04 10
www.stadt-koeln.de
koelntourismus@stadt-koeln.de
Mo bis Sa: 9 – 21 Uhr
Sonn- und Feiertage 10 – 18 Uhr

Museumsdienst Köln
Richartzstr. 2 – 4
50667 Köln
Tel. 02 21 / 2 21 - 2 41 98
Fax 02 21 / 2 21 - 2 45 44
www.museenkoeln.de
museumsdienst@netcologne.de
Mo bis Do: 8.30 – 13 Uhr +
13.30 – 16.30 Uhr,
Fr: 8.30 – 12.20 Uhr

Regiocolonia
Marienplatz 4
50676 Köln,
Tel. 02 21 / 9 65 45 95
Fax 02 21 / 9 65 45 99
www.regiocolonia.de
info@regiocolonia.de
Mo bis Fr: 10 – 15 Uhr,
Sa + So: 11 – 16 Uhr

Spurenlese
Sarah Keppel
Neusser Str. 414
50733 Köln
Tel. 02 21 / 9 77 10 56
Fax 02 21 / 7 02 10 14
www.spurenlese.de
keppel@spurenlese.de

StattReisen
Bürgerstr. 4
50667 Köln
Tel. 02 21 / 73 25 - 113
Fax 02 21 / 73 25 - 3 02
www.stattreisen-koeln.de
info@stattreisen-koeln.de
Mo bis Fr: 10 – 13 Uhr,
Mo, Di, Do: 14 – 16 Uhr